Ditter & Göldenboog

RHEINGAU & WIESBADEN

REISE- UND WEINFÜHRER

IMPRESSUM

Herausgeber: Ditter und Göldenboog

Verlag: Dr. Bernd Ditter
Kommunikation und Marketing GmbH
– Restaurant- und Reiseführer –
e-mail: bernd.ditter@t-online.de

1. Auflage, Juli 2006

Konzept, Recherche, Texte und Redaktion:
Dr. Bernd Ditter, Christian Göldenboog,
Gerd Eis, Claudia Emrich, Maren Grotzke, Marc Peschke, Hildburg Buchler-Müller, Melanie Schlachter-Peschke

Projektleitung: Claudia Emrich

Entwurf und Gestaltungskonzept: Martin Löwen-Mörsdorf, Anna Löwen
Satz und Layout: Anna Löwen, Martin Emrich,
99° Grafikdesign, 65185 Wiesbaden, www.99grad.de

Lektorat: Hanna Hacker, Bettina Buchler

Druck und Verarbeitung: Prinz-Druck GmbH & Co KG,
55743 Idar-Oberstein

Fotonachweis: S. 275

ISBN 3-934962-06-8

INHALT

Karten

Rad- und Wanderkarte 1:40000 Rheingau und Anschlusskarte Unteres Maintal
Rheingau-Taunus-Kartographie Niedernhausen

Topographische Freizeitkarte DTK 25 1:25000 1 Rheingau und Anschlusskarten 2 Wiesbaden und 3 Hochtaunus
Hessisches Landesamt für Bodenmanagement und Geoinformation

260
Bad Schwalbach
Geroldstein
Schlanger
42
Lorchhausen
Wisper
Presberg
Rauen
Lorch
Kloster Eberbach
Stephanshausen
Kie
Nieder-heimbach
Schloss Vollrads
Erb
9
Hall-garten
Trechtings-hausen
Aul-hausen
Marien-thal
Johannis-berg
Oestrich-Winkel
Oestrich
Mittelheim
Winkel
Eibingen
Hattenheim
Assmanns-hausen
Rüdes-heim
Geisen-heim
Rhein
42A
60
Koblenz
Ingelh
am Rh
Nahe
Bingen
Gau-Algesheim
61
48
41
50
BF

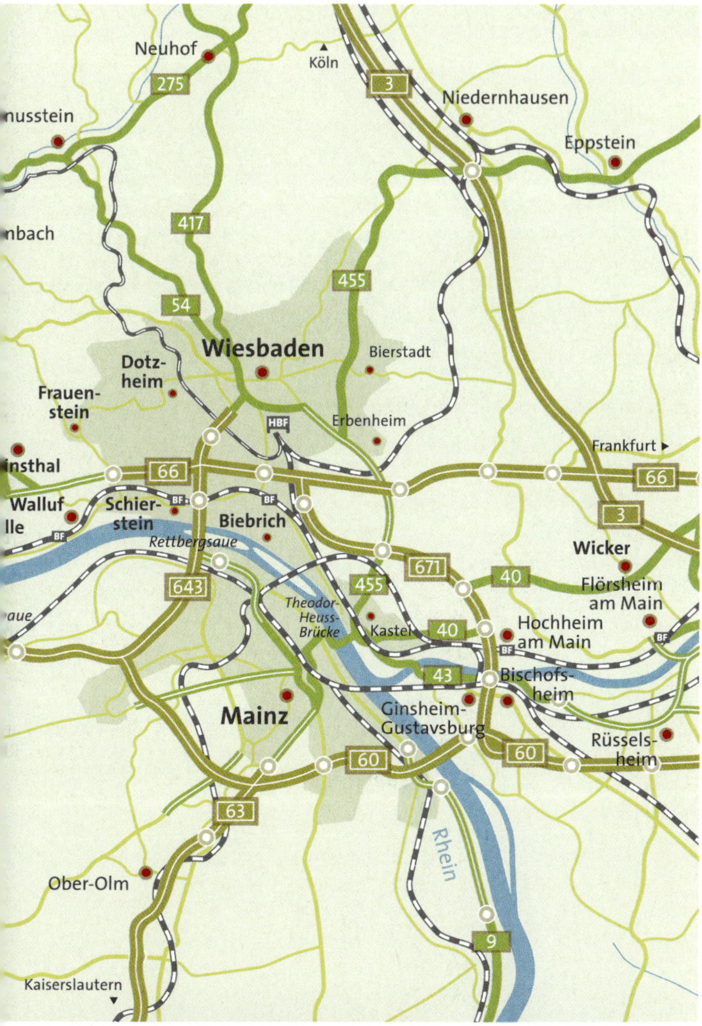
Neuhof
275
Köln
3
Niedernhausen
Eppstein
417
455
54
Wiesbaden
Bierstadt
Dotz-
heim
Frauen-
stein
HBF
Erbenheim
Frankfurt
66
Walluf
Schier-
stein
BF
Biebrich
Rettbergsaue
3
Wicker
671
40
643
455
Flörsheim
am Main
Theodor-
Heuss-
Brücke
Kastel
40
Hochheim
am Main
BF
43
Bischofs-
heim
Mainz
Ginsheim-
Gustavsburg
60
60
Rüssels-
heim
63
Rhein
Ober-Olm
9
Kaiserslautern

DER RHEINGAU: JÜNGLINGSGESICHT MIT KERBEN – EINE EINLEITUNG

Der Landstrich zwischen Flörsheim und Lorchhausen, zwischen Rhein und Rheingaugebirge, den wir in diesem Buch vorstellen, ist ungefähr 60 Kilometer lang und acht Kilometer breit. Ein kleines Stück Land, das in der Literatur beschrieben, ja besungen wurde – und das uns heute noch in vielen Momenten als kleines Paradies erscheint. Wenn die Weinreben hellgrün leuchten, die Sonne auf dem Rhein in Millionen Lichtsplitter bricht, dann ist der Rheingau eine heitere, traumhafte Gegend.

Eine Gegend, in der Geschichte lebendig wird: Die Dichte der Baudenkmäler vergangener Epochen ist imposant, auch wenn nicht verschwiegen werden darf, dass die Zeit einige Kerben in diese Idylle geschlagen hat. Die Aufgaben der Denkmalpflege sowie von Bauherren und Architekten sind gewaltig, will man die eigenständige Physiognomie der Landschaft erhalten. Warum wir diese Aufgaben ernst nehmen sollten? „Die Melodie unseres Lebens ist bedingt durch die begleitenden Stimmen der Vergangenheit", wusste der Wiesbadener Philosoph Wilhelm Dilthey zu sagen.

Und trotzdem: Das von Goethe im „Sankt-Rochus-Fest zu Bingen" beschriebene „weite prächtige Flußtal", die „Ansiedlungen innerhalb der fruchtbarsten Gauen", all das ist immer noch da. Und man möchte Heinrich Bölls Satz „Zuviel Handel, zuviel Geschichte hat dieser breite, grünlichgrau dahinfließende Rhein gesehen, als daß ich ihm sein sommerliches Jünglingsgesicht glauben könnte" widersprechen. In heißen Sommern, wenn der Duft vergorener Trauben aus den alten Kellern steigt, sich mit dem Geruch des Rheinwassers mischt, wenn kühle Kirchenräume Schutz vor Hitze bieten und der Fluss zum Baden reizt, dann haben wir mehr als eine Ahnung davon, wie betörend schön es früher gewesen sein muss.

Eine Reise durch den Rheingau ist eine Reise durch die Kunstgeschichte seit der römischen Besiedelung bis in unsere Zeit: Historische Funde, Kirchen, Schlösser, Burgen und alte Villen laden zur Besichtigung ein. Die Architektur ist sichtbarster Ausdruck des Denkens einer Zeit. Gerade dem Geist des gotischen Bauens lässt sich in vielen Kirchen des Rheingaus – vor allem im Weindorf Kiedrich – wunderbar nachspüren. In der prachtvollen Rheinansicht des Biebricher Schlosses besitzt die Region einen Glanzpunkt der Barockarchitektur. Ganz anders dagegen die Raumwirkung einer romanischen Basilika – etwa des wunderbaren Kirchenbaus in Mittelheim oder der Klosterkirche in Eberbach: Ihr Verzicht auf Schmuckformen und die einfache Schönheit der Mauerflächen beeindruckt bis heute.

Eine architektonische Perle der Region ist Wiesbaden. Ihr eigenwilliges, früher als prunksüchtig beschriebenes Stadtbild fasziniert noch immer. Diese aufregend-unaufgeregte, wunderschöne „Weltkurstadt" gleicht oft einer Theaterbühne, auf der gerade kein Stück gespielt wird.

Den Rheingau zu empfinden und seine Seele zu erfassen ist, ohne sein herrlichstes Naturprodukt, den Wein, zu kennen, nicht vorstellbar. In diesem Führer nehmen wir uns all dieser Rheingauer Schönheiten an.

DER RHEINGAU UND SEINE WEINE

DAS GEHEIMNIS DES RIESLINGS

Der Rheingau ist ein kleines Weinanbaugebiet: Seine potenzielle Rebfläche beträgt 4.152 Hektar (ha), die derzeitige Ertragsfläche beläuft sich auf 3.100 ha. Im Elsass zum Vergleich wachsen Reben auf 14.500 ha, im Bordelais, dem größten Anbaugebiet überhaupt, sind es über 110.000 ha. Es ist eine Kuriosität, dass zwischen Wicker, Flörsheim und Rüdesheim bis nach Lorch derart viel guter Wein gedeiht: 290 Millionen Hektoliter (hl) Wein werden jährlich produziert, 98 Prozent davon zwischen dem 30. und 48. Breitengrad. Wer jemals auf Schloss Johannisberg gewesen ist, wird auf dem Wanderweg unterhalb der Schlossterrasse auf eine Markierung des 50. Breitengrades gestoßen sein. Der 50. Breitengrad gilt im Allgemeinen als die Grenze, an der Weinanbau überhaupt möglich ist.

Wer über den Rheingau spricht, sollte das Geheimnis der nördlichen Anbaugebiete kennen: Während im Süden Frankreichs die Trauben schon Mitte August einen potenziellen Alkoholgehalt von 13 oder 14 Volumenprozent erreichen, beginnt im Rheingau die Lese meist nicht vor dem 15. Oktober. Die mittlere Jahrestemperatur beträgt im Rheingau 9,9° Celsius, durchschnittlich zählt man um die 1.600 Sonnenscheinstunden im Jahr; in Lyon vergleichsweise sind es schon 2.003. Auch die Wasserversorgung ist hier eher gering mit nur 536 mm Jahresniederschlägen. Aber die Rebe liebt, was hart macht. Und so bohren sich die Nebenwurzeln der Reben zumeist zehn bis zwanzig Meter tief in den Boden ein, um an die Nährstoffe für ihr Wachstum heranzukommen.

Diese längere Vegetationsperiode ist es, die im Vergleich zu den südlicher gelegenen Weinanbaugebieten den einzigartigen Charakter der Rheingauer Weine hervorbringt. Gerade der Riesling als spätreifende Rebsorte kann in nördlichen Gefilden sein ganzes Potenzial ausschöpfen: Die Trauben werden zwar nicht so süß wie die südlicher wachsenden, behalten dafür aber ihre fruchtige Säure. Und dies schätzt der Kenner am Rheingauer Riesling: Die Säure transportiert Frische und jene einmaligen, subtilen Fruchtaromen, die wir alle am Riesling so schätzen: eine Zitronen-Ouvertüre im jungen Stadium, später dann Exotisches wie Pfirsich und Mango, bis schließlich Dörrobst und Rosinen zum Vorschein kommen. Die hohe Säure des Rieslings – sie kann ohne weiteres acht bis neun Gramm pro Liter erreichen – ist ein wichtiger Oxidationsschutz. Sie ist daher auch für das enorme Lagerungsvermögen, vor allem der fruchtigen Spät- oder Auslesen, verantwortlich.

All dies lässt sich am besten anhand eines Apfels illustrieren: Ein in Sizilien gewachsener Apfel ist wunderschön anzusehen. Er riecht etwas nach Apfel, und wenn man hineinbeißt, schmeckt er auch etwas danach. Ein Apfel aus dem Rheingau sieht nicht so schön aus, dafür aber hat er einen fruchtig-erfrischenden Geschmack. Dies wird durch einen langsameren Reifungsprozess und die damit verbundene höhere Säure verursacht. Dasselbe Prinzip gilt für die Trauben.

Aber nicht nur dem nördlichen Klima haben die Rheingauweine ihre Besonderheit zu verdanken, es ist auch die Lage am Fluss: Zumeist strömt der Rhein in Richtung Norden, im Rheingau aber fließt er nur von Ost nach West, denn auf der Höhe von Wiesbaden und Mainz versperrt ihm das Taunusgebirge den Weg nach Norden. Dort biegt er in fast rechtem Winkel nach Westen ab, um dann erst 30 Kilometer weiter bei Rüdesheim wieder in seine bevorzugte Richtung zu fließen. Um die Bedeutung der Südausrichtung der Weinberge wussten schon die alten Römer: Sie gewährleistet eine optimale Sonneneinstrahlung.

Ebenso kannten die Römer die Wichtigkeit der Wälder des Taunusgebirges, schützen diese doch vor Winden. Die Weinberge liegen zwischen 80 und 220 Meter über Normalnull, das Relief bildete sich vor 65 Millionen Jahren heraus, als Mitteleuropa durch ein Meer bedeckt war, dessen nördliches Ufer am heutigen Rheingau verlief. Daher auch die bunte Palette verschiedenster Böden – kluge Geologen haben über 280 Bodentypen ausgemacht, hauptsächlich aber sind es Kies, Sand, Ton, auch lehmige Böden, durchsetzt mit Mergel – einem heterogenen Material unterschiedlichster Zusammensetzung, zumeist aus Ton und Kalk –, oder Löss. Letzterer ist ein Feinstaub, der von starken Winden während der Eiszeiten aus den Alpen herübergeblasen wurde und als besonders fruchtbar gilt. Im unteren Rheingau bei Rüdesheim dominieren Schieferverwitterungsböden, und in den Höhenlagen von Kiedrich und Rauenthal ebenso wie auf dem Johannisberg wachsen die Reben in Quarzitböden hinein, die die Beschaffenheit des Taunusgebirges bestimmen.

Das erste überlieferte Zeugnis für den Anbau des Rieslings stammt aus dem Jahr 1435, und seitdem pflegen ihn die Winzer. Gleichzeitig brachten die Zisterzienser Mönche von Eberbach den Spätburgunder in den Rheingau – sein Anbau wird erstmals 1470 erwähnt. In Assmannshausen und Hattenheim, aber auch in anderen Rheingau-Lagen zeigt diese berühmte rote Rebsorte außergewöhnlich betörende Fruchtaromen, die bei den besten Gewächsen an Kirschen erinnern.

Derzeit sind über 90 Prozent der Rebfläche dieser Region mit Riesling und Spätburgunder bepflanzt. Eine historische Tradition, aber auch die aktuell richtige Wahl in einer Weinwelt, die international gesehen immer gleichförmiger zu werden scheint. Dies ist die große Chance des Rheingaus: Es reifen hier individuelle Gewächse, die ihresgleichen suchen. Das Anbaugebiet im Norden der gesamteuropäschen Weinanbauregion bringt diese außergewöhnlichen Weine hervor. Weine mit einer perfekten Balance zwischen der Süße der Frucht und ihrer Säure, Weine, die erfrischend sind und Spaß bereiten, die – gleichzeitig als Erste Gewächse ausgebaut – ideale Begleiter zu einem festlichen Essen sind.

DER RHEINGAU IN ZAHLEN

REBFLÄCHE

Potenziell	**4.152 ha**
Derzeit bestockt	3.137 ha
Davon im Ertrag	3.082 ha

REBSORTEN

1. Riesling	78,18 %
2. Spätburgunder	12,72 %
3. Sonstige weiß	6,10 %
4. Sonstige rot	3,00 %

KLIMA IM 30-JÄHRIGEN MITTEL 1971–2000

Niederschläge	582 mm in 12 Monaten 361 mm in der Vegetationszeit
Sonnenscheinstunden	1.603 h in 12 Monaten 1.272 h in der Vegetationszeit
Mittlere Jahrestemperatur	10,6° C 15,4° C in der Vegetationszeit

LAGEN

Einzellagen	119
Großlagen	12

BETRIEBSSTRUKTUR

Betriebe ab 0,3 ha Rebfläche

Gesamt	767 Betriebe
Davon Haupterwerb	421 Betriebe mit 2.786 ha Rebfläche
Davon Nebenerwerb	346 Betriebe mit 372 ha Rebfläche

VERMARKTUNG

Von 767 Betrieben vermarkten

	225 Betriebe Trauben 508 Betriebe Flaschenwein 257 Betriebe Fasswein 34 Betriebe 100 % Fasswein
Mostverkauf	15,0 %
Fassweinverkauf	25,0 %
Flaschenweinverkauf	60,0 %

WIE KAUFT MAN WEIN?

Wein kauft man nicht wie tiefgekühlte Brötchen. Auch nicht wie Whiskey-Cola. Wein ist ein Produkt, das keine eiligen Käufer verträgt. Schließlich kann der Kauf einer Flasche Riesling oder Spätburgunder im besten Fall der Beginn einer langen Freundschaft sein.

Am reizvollsten ist es natürlich, den ersten Wein-Flirt direkt beim Winzer zu beginnen. Vielleicht hat man ja vorher schon ein Glas getrunken und will nun unbedingt den Schöpfer des Gewächses persönlich kennen lernen: Tatsächlich sind die Winzer die Schöpfer des Weines, und so gibt es nichts Faszinierenderes, als mit einem Solchen einen Schluck zu degustieren und dabei in die Philosophie und das Terroir des Gutes eingeführt zu werden. Und natürlich darf dabei auch über unterschiedliche Geschmäcker diskutiert werden.

Die meisten in diesem Führer empfohlenen Güter sind auf Besuch eingestellt, einige wenige haben sogar eine sechs oder sieben Tage in der Woche geöffnete Vinothek. Aber Vorsicht: Wer direkt beim Winzer einkaufen will, ob er ihn nun kennt oder nicht, sollte vorher anrufen und um einen Termin bitten. Diverse Medien verkaufen inzwischen Weinbauern als Prototypen der romantischen Sachlichkeit: Er trägt Tweed, hat immer einen Windhund an der Leine und sieht aus wie Errol Flynn in den besten Jahren. Sie trägt Kapotte und lehnt mit dem Picknick-Korb voller Weintrauben am weißen Cabrio. Tatsächlich aber treiben sich Winzer, wollen sie überhaupt guten Wein produzieren, viel im Weinberg herum, schwitzen, werden dreckig und vergessen auch schon mal kurz vor der Ernte die Welt um sich herum. All dies sollte beim Besuch eines Winzers berücksichtigt werden. Und selbstverständlich auch

die Jahreszeit. Natürlich reisen die meisten im Frühjahr oder Sommer in den Rheingau, dann, wenn die Abende mild und voller Versprechen sind.

Mai bis August – das ist die Zeit für Liebespaare und Weineinkäufer. Aber warum nicht auch mal im November oder Dezember den Rheingau besuchen, wenn die verbliebenen Blätter an den Reben goldgelb gefärbt sind und die übrige Landschaft mit dem Fasten beginnt. Auch im Herbst und Winter gibt es Tage, an denen sich mit offenem Mantel und aufgeknöpftem Kragen über die Promenade schlendern lässt, um anschließend ungestört Wein shoppen zu gehen. Und selbst im Februar und März, wenn die Erde immer noch dabei ist, sich von der letzten Lese zu erholen, ist die Lust am Wein nicht verboten. Kenner besuchen Winzer, wenn diese Zeit haben.

Nicht selten findet sich bei deutschen Winzern – auch im Rheingau – eine eher unübersichtliche Angebotsliste: Viele Weinbergslagen, jede Lage ein Kabinettwein, eine Spätlese, dazu die Spezialitäten – manche Güter haben 15 Weine auf ihrer Liste, andere 60. Um hier den Einstieg zu erleichtern, haben wir zu jedem empfohlenen Gut eine Kurzbeschreibung dreier Weine angeschlossen. Diese sind prädestiniert für eine erste Annäherung sowohl an die Welt eines Winzers als auch an sein Terroir. Bei dieser Beschreibung geht es nicht um einen konkreten Jahrgang, sondern um den Stil des Weingutes: Dieser drückt sich zwar von Jahr zu Jahr anders aus, weil beispielsweise die klimatischen Bedingungen variieren, aber der Geschmack des Terroirs und die Handschrift des Winzers bleiben unverwechselbar.

Bei einer Degustation konzentriert sich der Weinfreund erst einmal auf den Schankwein, auf den Qualitätswein trocken oder auf den Kabinettwein, handelt es sich hierbei doch um jene Aushängeschilder, nach denen ein Winzer beurteilt wird.

Der Direktkauf beim Winzer bringt nicht unbedingt einen finanziellen Vorteil. Um nicht mit den Einzelhändlern in einen unlauteren Wettbewerb zu treten, verkaufen einige Winzer ihre Produkte sogar zu höheren Preisen als die Händler. Generell gilt, nicht nur im Rheingau, dass Weine von weltbekannten Gütern besser nicht vor Ort gekauft werden – von raren Spezialitäten einmal abgesehen. Bei nicht so bekannten Gütern dagegen sollte sich der Direktkauf vor Ort lohnen. Dieser Führer bietet etwas für jeden Geschmack und Geldbeutel.

BODEN, KLIMA UND CHARAKTER – DAS TERROIR

Ein Gespenst geht um in der Weinwelt. Sein Name ist Terroir, schrieb im Jahr 2003 der Mosel-Winzer Reinhard Löwenstein in seinem oenologischen Manifest „Von Öchsle zum Terroir". Dass deutsche Winzer inzwischen nicht nur über Qualität im Weinberg, sondern gar über ihr Terroir sprechen, ist ein entscheidender Fortschritt. Denn große Weine wie Erste Gewächse lassen sich gar nicht produzieren, ohne dabei an das Terroir zu denken. Was aber versteckt sich hinter dem Begriff Terroir?

Es gibt Winzer und Journalisten – vor allem amerikanische –, die Terroir für ein Marketingkonzept der Franzosen halten. Tatsächlich ist Terroir ein Begriff, der sich nicht eindeutig definieren lässt; die Franzosen mögen das Wort Terroir, weil es französisch ist und auch sehr französisch klingt. Weder im Englischen, im Deutschen noch in einer anderen Sprache existiert ein Wort, das diesen Begriff exakt wiedergibt. Terroir ist die Erde und viel mehr. Es ist das Zusammenspiel sämtlicher natürlicher Faktoren des Weinanbaus, das Zusammenspiel zwischen Boden und Klima ebenso wie die Wechselbeziehung von Landschaft und Weinreben. Terroir bezeichnet all das, was dem Wein seinen charakteristischen Geschmack verleiht. Terroir ist auch Erfahrung und Kultur.

Terroir ist die komplexe Beziehung zwischen Boden, Klima bzw. Mikroklima sowie dem Winzer und seiner Arbeitsweise. Aber auch die richtige Auswahl der Rebsorte prägt entscheidend das Terroir, eine Erkenntnis, die schon vor fast 500 Jahren Olivier de Serres (1539–1619), einer der ersten französischen Agrarwissenschaftler, so ausdrückte: „Das Genie steckt in der Rebsorte." Und im Zusammenspiel mit den klimatischen und geologischen Bedingungen ist der Riesling als spätreifende Rebsorte prädestiniert für den Rheingau.

Als Paradebeispiel für Terroir wird im Allgemeinen die Côte de Blancs angesehen: Eine weiße Küste im Herzen der Champagne, ein zehn Kilometer langer Landstrich mit Kreidehügeln, der sich von Epernay in Richtung Süden erstreckt.

Hier finden sich so wohlklingende Dorflagen wie Chouilly, Cramant, Avize, Oger, Le Mesnil sur Oger, mit einer Rebfläche von insgesamt 2.100 ha, die alle als hundertprozentig klassifizierte Lagen, als sogenannte Grand Crus ausgewiesen sind: Und obwohl diese Lagen so dicht beieinander liegen, jeder dieser Crus bringt sehr unterschiedliche Weine hervor – Mesnil sur Oger ist berühmt für seine Stahligkeit, Cramant dagegen für eine zitronenartige Fruchtigkeit. Wer einen Winzer fragt, wie es denn zu derartigen Unterschieden überhaupt kommen könne, wird erst einmal hören: „Es ist das Terroir."

Dasselbe Prinzip gilt auf gleich hohem Niveau im Rheingau: Die 1.000 ha Rebfläche des Ersten Gewächses variiert sehr stark – da gibt es die Unterschiede im Mikroklima, in den Böden und natürlich auch in den Vorstellungen der Winzer. Aber selbst bei nahe aneinander liegenden Weinbergen sind die Geschmacksunterschiede frappierend: Ein klares Beispiel hierfür ist der Marcobrunn, jener zwischen Erbach und Hattenheim nach Süden geneigte Hang: Der Name, vor 1200 als „markenburne", ab 1275 als „markenborne" erwähnt, kommt von „marka" (= Grenze) und bezeichnet einen Brunnen an der Gemarkungsgrenze Erbach-Hattenheim. Als die Erbacher um 1810 den Brunnen mit einer klassizistischen Umrahmung schmückten, schrieben sie auf den oberen Abschluss „Marcobrunnen Gemarkung Erbach". Die darüber erbosten Hattenheimer schrieben später auf ihre Seite: „So ist es richtig und so soll es sein. Für Erbach das Wasser und für Hattenheim den Wein!" Der Mergelboden des Erbacher Marcobrunns sowie seine unmittelbare Nähe zum Rhein bringen andere Rieslingcharaktere als beispielsweise der nur einen Steinwurf entfernte Hattenheimer Wisselbrunnen hervor. Während Wisselbrunnen-Weine durch eine ebenso kräftige Mineralität wie Kräutrigkeit imponieren, bestechen die Marcobrunner Rieslinge durch subtile Kräuternoten, die eher piano daherkommen. Voilà, das Terroir. Es lebt also nicht nur in Frankreich. Auch im Rheingau ist es präsent, und wer es dort erleben will, sollte sich bewusst, aber zielstrebig an die Unterschiede der einzelnen Lagen herantrinken.

DIE GESCHMACKSRICHTUNGEN – EINE SÜSS-SAURE VERWIRRUNG

Nach der Weingesetzgebung kann auf dem Etikett einer Flasche Rheingauer Wein die Geschmacksrichtung angegeben werden. Es besteht also kein Zwang dazu, was verwirrend sein kann.

Als trocken darf sich ein Wein bezeichnen, der höchstens zwei Gramm pro Liter mehr Zucker als Säure hat, jedoch maximal neun Gramm Zucker pro Liter enthält (g/l). Festgeschrieben wurde diese arithmetische Merkwürdigkeit, damit jede Rebsorte ein individuelles Frucht-Säure-Verhältnis erhält: Beispielsweise verfügen Müller Thurgau oder ein Weißburgunder über relativ wenig Säure, ein solcher Wein mit neun Gramm Zucker würde auf der Zunge als halbtrocken wahrgenommen werden. Im Riesling dagegen werden Säurewerte zwischen sechs und neun Gramm konserviert; daher verträgt ein Rheingau-Riesling mit acht Gramm Säure auch mehr Restzucker, um noch als trocken wahrgenommen zu werden. Für das Etikett bedeutet dies: Ein Riesling mit einem Säuregehalt von 6,5 g/l darf demnach höchstens einen Zuckergehalt von 8,5 g/l aufweisen. Hat der Wein jedoch über acht Gramm Säure, darf der Zuckergehalt trotzdem nur bei dem Grenzwert von neun Gramm pro Liter liegen.

Dementsprechend ist halbtrocken ein Wein, dessen Zuckergehalt nicht mehr als zehn Gramm pro Liter höher liegt als der Gesamtsäuregehalt, maximal aber 18 g/l nicht übersteigt. Ein halbtrockener Wein mit sechs Gramm Säure pro Liter darf also maximal 16 g/l Restzucker enthalten.

Und was ist nun lieblich? Der Restzuckergehalt muss über 18 g/l liegen und darf bis 45 g/l hoch gehen. Lieblich ist allerdings kein Kompliment und somit eine Bezeichnung, die man vielleicht noch auf der Getränkekarte einer Gutsschänke oder eines Restaurants findet, selten aber auf dem Flaschenetikett. Lieblich klingt heutzutage abwertend und schmeichelt auch keinen edelsüßen Weinen wie Beeren- oder Trockenbeerenauslesen. Das gleiche Prinzip gilt für die Geschmacksrichtung süß: Damit werden Weine mit einem Restzuckergehalt von mindestens 45 g/l bezeichnet. Der Verbraucher muss aufpassen und einige Kenntnisse mitbringen, um ein Etikett oder eine Weinbeschreibung richtig zu deuten. Ist auf einer Flasche Wein keine Geschmacksangabe verzeichnet, liegt der Restzuckergehalt zumeist über dem halbtrockenen Bereich.

Um die Verwirrung perfekt zu machen, geistert neuerdings die Geschmacksrichtung feinherb durch die Lande: Feinherb wurde als Ersatzausdruck für halbtrocken in das deutsche Weingesetz gehievt – was besser klingt, allerdings einen kleinen Haken hat: Der Restzucker für die feinherbe Geschmacksrichtung beginnt bei der halbtrockenen Marge von 10 g/l, ihm sind allerdings nach oben keine Grenzen gesetzt. Es empfiehlt sich also bei feinherben Weinen, den Hersteller und seine Weinphilosophie zu kennen.

Prinzipiell gilt: Wer eine trockene Geschmacksrichtung bevorzugt, sollte darauf achten, dass trocken auch auf dem Etikett steht. Ausnahme sind natürlich die Charta-Weine bzw. die Ersten Gewächse. Auf diesen Gewächsen findet sich keine Geschmacksrichtung angegeben, weil sie häufig – aber nicht ausschließlich – etwas über dem gesetzlich festgeschriebenen trockenen Bereich liegen. So trägt man der Tatsache Rechnung, dass die Süße einen hohen Säuregehalt im Wein harmonisch abrundet. Diese Weine wirken saftiger, manchmal auch gefälliger als ein knochentrockener Bruder aus der gleichen Lage. Die Winzer sprechen beim Ersten Gewächs von einem international trockenen Wein als einem idealen Begleiter zu einem Essen.

Wer gerade ein Glas Rheingau-Sekt trinkt, auf dessen Flasche die Geschmacksrichtung trocken angegeben ist, wird schnell merken, keinen im Sinne der herkömmlichen Weingesetzgebung trockenen Wein im Glas perlen zu sehen. Ein Weintrinker, der die trockene Geschmacksrichtung bevorzugt, sollte daher beim Sekt zu brut oder herb greifen, schließlich kann oder darf ein trockener Schaumwein sogar bis zu 35 g/l Restzucker haben.

Um den Konsumenten zu informieren, sind im Rahmen der Europäischen Gemeinschaft folgende Angaben über den Restzuckergehalt auf dem Etikett von Schaumweinen zwingend vorgeschrieben:

- Naturherb (brut nature) bedeutet einen Zuckergehalt unter drei Gramm pro Liter. Manchmal findet sich auf dem Etikett auch die Angabe dosage zéro.
- Extra herb (extra–brut): bis sechs Gramm Zuckergehalt pro Liter.
- Herb (brut): niedriger als 15 Gramm pro Liter.
- Extra trocken (extra–dry): zwischen 12 bis 20 Gramm.
- Trocken (sec): zwischen 17 bis 35 Gramm.
- Halbtrocken (demi sec): zwischen 33 bis 50 Gramm.
- Mild (doux): mehr als 50 Gramm Zuckergehalt pro Liter.

RHEINGAUER WEINE ALS OPTIMALE SPEISEBEGLEITER

Von Gerd Eis, Leiter der Gastronomie Food affairs, ehemals Chefkoch des Restaurants „Ente"

Bei meiner Rückkehr aus Asien brachte ich viele Einflüsse aus dem fernen Osten mit. Gemeinsam mit den Sommeliers in der „Ente" haben wir ausprobiert, wie sich die fernöstlichen Speisen mit den regionalen Weinen kombinieren lassen. Wir waren überrascht, wie viele Möglichkeiten sich ergaben. Besonders die Rieslinge erwiesen sich mit ihrem immensen Aromenspektrum als perfekte Begleiter. Wir experimentierten auch mit ungewöhnlichen Kombinationen und so haben wir mittlerweile richtige Klassiker entwickelt. Aber ebenso zu unseren klassischen Gerichten fanden sich interessante Rieslinge und Spätburgunder, welche sich als hervorragende Essensbegleiter herausstellten.

1. Ausbalancieren der Geschmacksintensität von Speise und Wein

Die Intensität von Speise und Wein sollte ausbalanciert sein. Ein kraftvoller und körperreicher Burgunder überdeckt den Geschmack einer pochierten Forelle. Ein Wildschweinrücken lässt einem leichten Portugieser keine Chance. Kräftige Speisen erfordern volle und alkoholreiche Weine, während leichte Speisen nach fruchtig-frischen Weinen verlangen.

2. Weinbestimmung durch das geschmacksdominierende Produkt

Entscheidend für die Wahl des richtigen Weines ist das geschmacksintensivste Produkt. Dies ist in der Regel die Sauce, somit ist der Wein auf diese abzustimmen.

3. Die Geschmackskomponenten: sauer – salzig – bitter

Bei der Wahl des Weines ist ein weiterer Punkt unbedingt zu beachten: Die Zunge differenziert zwischen sauer, salzig und bitter. Diese Geschmackskomponenten sind die wichtigsten Kriterien für eine gelungene Kombination von Speise und Wein.

Säure, Schärfe und Gerbstoffe in Speise und Wein addieren sich. Von daher sollte ein säurearmes Gericht, beispielsweise ein Risotto, von einem frischen Riesling begleitet werden. Ein Sauerbraten dagegen verlangt nach einem säurearmen Wein. Hier ist eine trockene gereifte Riesling Spätlese, ein Grauburgunder oder ein Silvaner die richtige Ergänzung. Süße in Speise und Wein heben sich gegenseitig auf. Eine reduzierte Sauce hat oft eine leichte Süße, weshalb sich hier eine halbtrockene Riesling Spätlese anbietet. Bei einem Dessert ist eine fruchtige Auslese oder ein Wein höherer Prädikate der optimale Begleiter. Salz betont den Säuregeschmack des Weines; handelt es sich um ein mariniertes oder gebeiztes Produkt, sollte daher ein säurearmer Wein gewählt werden.

Diese Regeln dürfen stets als willkommenes Hilfsmittel dienen, sollen aber in keiner Weise als zwingend angesehen werden. Es ist jedoch ratsam, auf eine Dramaturgie der Weine innerhalb eines Menüs zu achten:

Salate
Ein Salat als Vorspeise soll stets den Appetit anregen. In Kombination mit einem frischen und spritzigen Riesling unterstützt man diese Wirkung. Hierbei ist insbesondere auf ein ausgeglichenes Verhältnis von Essig und Öl zu achten, was durch die Zugabe von etwas Brühe oder auch Kräutern leicht zu erreichen ist. Viel Öl verlangt nach einem kraftvollen und körperreichen, viel Essig nach einem säurearmen und gereiften Riesling. Werden Salate mit Crème fraîche, Sauerrahm oder Joghurt zubereitet, darf der Wein eine nicht zu hohe Säure besitzen. Ein leicht gereifter Riesling bietet sich hier an.

Fische
Für die Weinauswahl bei Fischgerichten ist oft die Zubereitungsart und die Sauce stärker ausschlaggebend als der Eigengeschmack des Fisches. Ausnahmen bilden fettreiche Fische wie Makrele, Lachs, Hecht oder Waller, die sich nicht mit der Säure junger Rieslinge vertragen. Hier empfiehlt sich ein gereifter trockener Riesling oder ein Grauburgunder.
Zu gedünsteten und gedämpften Fischgerichten wie zum Beispiel „Forelle blau" oder feinen Seezungenröllchen passt ein leicht gereifter Riesling.
Zu einem kross gebratenen Zander auf Balsamicolinsen eignen sich kräftigere Rieslinge mit einem feinen Fruchtspiel. Für einen Seeteufel in Rotweinbutter lasse ich gerne die altbekannte Regel Fisch und helles Fleisch – weißer Wein, dunkles Fleisch – roter Wein fallen und greife auf einen Rheingauer Spätburgunder zurück.

Fleischgerichte

Generell greift die klassische Regel helles Fleisch – weißer Wein, dunkles Fleisch – roter Wein bei Fleischgerichten. Wildgerichte bestechen weniger durch die Sauce, sondern vielmehr mit ihrem kräftigen Eigengeschmack. Ein gebratener Rehrücken oder ein Wildschweinragout wird von einem kräftigen Spätburgunder bestens begleitet. Klassische Schmorgerichte werden von der Sauce dominiert, die oft kräftig und durch die starke Reduktion mit einer feinen Süße gepaart ist. Zu einem rheinischen Sauerbraten oder einer rosa gebratenen Lammkeule mit Rosmarinjus bevorzuge ich eine halbtrockene Riesling Spätlese oder ein imposantes Erstes Gewächs. Die Kombination aus Süße und Säure, sowohl im Wein als auch in der Speise, gibt viel Freiraum für ungewöhnliche und interessante Kombinationen. Gekochtes Fleisch, beispielsweise ein Tafelspitz mit Meerrettichsoße, macht eine Kombination sehr schwer; wird eine grüne Sauce zum Tafelspitz gereicht, empfiehlt sich ein Riesling Kabinett mit leichter Reifearomatik.

Käse und Wein

Rotwein zum Käse ist eines der größten Irrtümer in der Kombination von Speise und Wein. Die Bitterstoffe aus der Käserinde kollidieren mit dem Tannin des Rotweins. Ein Brie oder ein Vacherin Mont d´Or harmonieren mit einem leicht gereiften fruchtigen Riesling Kabinett. Hartkäse wie Peccorino, Parmesan oder ein alter Gouda lassen sich vorzüglich mit einer fruchtigen Riesling Spätlese kombinieren. Zu einem Blauschimmelkäse sollte der Wein kräftig sein und über einen hohen Restzucker verfügen. Eine Riesling Beerenauslese oder eine Trockenbeerenauslese bieten sich hier an.

Der französische Koch Brillat Savarin sagte einst: „Essen und Trinken ist eine Notwendigkeit – sich aufs Essen und Trinken zu verstehen eine Kunst." Aber unter der Berücksichtigung der drei hier beschriebenen Kriterien sollte es Ihnen leicht fallen, den richtigen Wein zu Ihrem Essen zu finden. Wichtig ist, dass Sie nie aufhören zu experimentieren. In der „Ente" kombinierten wir unser scharfes Zitronengrassüppchen gerne mit einer fruchtigen Riesling Auslese. Die Süße des Weines puffert die Schärfe der Suppe fein ab und betont den Geschmack des Zitronengrases. Zur klassischen Ente entscheiden wir uns gerne für einen Rheingauer Spätburgunder, bereiten wir sie jedoch asiatisch mit Litschis und rotem Curry zu, bevorzugen wir stets eine saftige halbtrockene Riesling Spätlese oder ein Erstes Gewächs.

Ein gutes Gericht mit einem feinen Wein soll stets Freude bereiten. Meine Philosophie lautet daher: **„Spaß macht, was schmeckt."**

DER ADLER MIT DER TRAUBE – DIE PRÄDIKATSWEINGÜTER (VDP)

Ihrem Terroir fühlten sich Rheingauer Winzer schon immer verpflichtet: 1897 wurde in Rüdesheim die Vereinigung Rheingauer Weingutsbesitzer gegründet, der seinerzeit 15 Mitglieder angehörten. „Absolute Reinheit und Originalität der Weine" schrieben diese Trendsetter gegen Spekulation und Massengeschmack damals auf ihre Fahnen, denen es vor allem darum ging, „naturreine Weine" und bedingungslose Qualität zu produzieren. Kurze Zeit darauf wurden überall in Deutschland derartige Verbände ins Leben gerufen, die sich dann 1910 im nationalen Verband Deutscher Naturweinversteigerer e. V. zusammenfanden. Versteigerer deshalb, weil seinerzeit die Ernte zumeist auktioniert wurde; Handelshäuser traten als Käufer auf. Mehrmals änderte dieser Zusammenschluss im Verlauf seiner wechselhaften Geschichte den Namen. 1972 fand dann endgültig die Umstellung von einem Verband der Versteigerungsvereine auf einen Verband der Weingüter statt. Seitdem firmiert man geschlossen als Verband Deutscher Prädikatsweingüter (VDP).

Aufgenommen in diese Elite des Weinbaus werden die Güter nur nach vorheriger Prüfung. Der Winzer muss unter Beweis gestellt haben, eine überdurchschnittliche Qualität über mehrere Jahrgänge hinweg produzieren zu können. Sein Gut muss über eigene kellerwirtschaftliche Einrichtungen verfügen und sowohl den An- und Ausbau des Weines sowie die Vermarktung kontrollieren. Ein hoher Betriebsstandard als auch die persönliche Integrität des Gutsinhabers sind also entscheidend. Doch auch langjährige Mitglieder können sich nicht auf einmal errungenen Lorbeeren ausruhen: Alle fünf Jahre findet eine von erfahrenen Kollegen durchgeführte Betriebsprüfung statt.

Im Einzelnen bedeutet die Mitgliedschaft im VDP für den Winzer, dass er u. a. über gute und beste Weinbergslagen verfügen und reduzierte Erträge erwirtschaften muss. Können Rheingauwinzer bis zu 100 Hektoliter pro Hektar (hl/ha) ernten, liegt die durchschnittliche Gesamterzeugung aller VDP-Güter im langjährigen Mittel bei 65 hl/ha. Während sämtliche VDP-Güter in Deutschland beispielsweise 1995 nur 49 hl/ha ernteten, lag der Durchschnitt sämtlicher Winzer bei 82,4 hl/ha. Auch müssen die Weinberge umweltschonend bearbeitet werden und auf den Flaschen muss der Adler mit der Traube als VDP-Erkennungszeichen gut sichtbar sein.

So wurde dieser Adler im Laufe der Zeit zum internationalen Erkennungszeichen für den besten deutschen Wein. Derzeit bauen 45 Rheingauer VDP-Güter auf ca. 1.000 ha Fläche ihre Reben an. Die meisten der in diesem Führer empfohlenen Weingüter sind daher auch Mitglied im VDP Rheingau. Dessen Präsident ist seit 1999 Wilhelm Weil aus Kiedrich.

DIE KRONE DES RHEINGAUS – DAS ERSTE GEWÄCHS

Das Erste Gewächs ist entstanden als Reaktion auf das Deutsche Weingesetz. Denn dieses von qualitätsorientierten Winzern als unzureichend empfundene Gesetz zwang sie dazu, eigene Richtlinien für ihre Arbeit zu formulieren.

In Frankreich wurden seit 1935 so genannte Apellations d'Origine Contrôllées geschaffen, Weine also mit einer kontrollierten Ursprungsbezeichnung: Jede dieser Appellationen ist gesetzlich streng festgelegt und mit einer Reihe von Qualitätsvorschriften verknüpft, beispielsweise was die Zahl der Rebstöcke pro Hektar (ha), die Erntemengen und die Methoden der Weinherstellung betrifft. Zentral für eine Ursprungsbezeichnung ist die Idee seines Terroirs: Jene Parzellen oder Lagen eines Weinanbaugebietes, die über die Jahrhunderte besonders gute Gewächse hervorgebracht haben, werden herausgestellt – als Grand Crus, als Premier Crus oder als prestigeträchtige Einzellagen. Dieses seit 200 Jahren gewachsene System gibt dem interessierten Konsumenten klare Anhaltspunkte über Geschmacksrichtung und Qualität eines Weines: Bei einem Wein aus dem Burgund mit dem Etikett Chablis ist ein schnell trinkbarer Durstlöscher im Glas, während Zusätze wie Premier Cru oder gar Grand Cru auf höherwertige Gewächse von entsprechend aromatischer Nachhaltigkeit mit Lagerungspotenzial verweisen.

In Deutschland ist die Lage anders: Hier darf sehr viel gepresst werden – der gesetzliche Höchstertrag im Rheingau liegt bei sage und schreibe 100 Hektoliter pro Hektar (hl/ha). Zusätzlich gibt es noch die Möglichkeit einer zwanzigprozentigen Überlagerung: Ein Betrieb erntet in einem Jahr 120 hl/ha, vermarktet davon 100 hl/ha und lagert den Rest. Falls der Winzer im folgenden Jahr – beispielsweise wegen schlechter klimatischer Bedingungen – nur 80 hl/ha produziert, kann er den Lagerwein verkaufen.

Auch wird dem Konsumenten beim Kauf eines deutschen Weines letztlich nur ein Kriterium mit auf den Weg gegeben: die Oechslegrade.

Kaum jemand, der nicht gerade am Geisenheimer Institut für Weinbau und Rebenzüchtung studiert hat, weiß, worum es bei der nach einem Herrn Oechsle benannten Maßeinheit geht: Die Qualität eines Weines wird über den in der Traube angesammelten Fruchtzucker definiert, dabei wird das sogenannte Mostgewicht in Oechslegraden gemessen.

Oechsle ist eine Maßeinheit für den Reifegrad des Mostes, sie gibt dem Winzer einen Hinweis auf den potenziellen Alkoholgehalt seiner Trauben und somit auf den Beginn der Weinlese. Benannt wurde diese Maßeinheit nach dem Pforzheimer Goldschmied Christian Ferdinand Oechsle (1774-1852), der eine Mostwaage, ein so genanntes Aräometer, zur seriellen Produktion entwickelte. Ab 1830 half diese „Oechsle'sche Mostwaage" deutschen Winzern, den Zustand ihrer Trauben zu analysieren. Dabei wird ein Grad Oechsle als die Gewichtserhöhung definiert, die eintritt, wenn 1.000 ml Most um 1 Gramm erhöht werden. Ein Liter Most mit 75 Oechsle wiegt demnach 1.075 Gramm, ein Liter Most mit 90 Oechsle 1.090 Gramm.

Seit einer Neuformulierung im Jahr 1971 schreibt das deutsche Weingesetz für die jeweiligen Qualitäts- und Prädikatsweine bestimmte Mindestmostgewichte vor. Diese wiederum schwanken stark – von Region zu Region, von Rebsorte zu Rebsorte –, aber grundsätzlich gilt: Kabinett, Spät- und Auslesen sind an diverse Oechslewerte gekoppelt. Für eine Riesling Spätlese benötigt der Rheingau-Winzer ein Mindestmostgewicht von 85 Oechsle, was einem potenziellen Alkoholgehalt von 11,4 Volumenprozent entspricht.

Die Konsequenz dieser Gesetzgebung ist, dass Winzer beispielsweise versuchen, bei der Ernte möglichst viel Oechsle einzufahren, um das Prädikat Spätlese auf ihr Etikett drucken zu dürfen. Außerdem eine Konsequenz des Weingesetzes von 1971, ist die Zusammenfassung bestimmter historischer Einzellagen zu einer sogenannten Großlage, was noch kein Qualitätsmerkmal darstellt.

Vom Terroir war für lange Zeit im deutschen Weinanbau keine Rede mehr. Nur konsequent, denn ein Terroirgeschmack war auch zumeist nicht mehr schmeckbar.

Aber Ehre, wem Ehre gebührt: Tatsächlich waren es einige Rheingauer Querköpfe, die sich als erste diesem gesetzlich verschriebenen Trend zur Undurchsichtigkeit und Massenproduktion widersetzten und 1984 die CHARTA-Vereinigung gründeten. Diese griff dann 1987 die Tradition der hundert Jahre alten Dahlen'schen Karte auf: 1885 hatte Heinrich Wilhelm Dahlen, Generalsekretär des Deutschen Weinbauverbandes, im Auftrag der Preußischen Regierungsbezirke eine Karte mit Begleitbuch über die Güte der Rheingauer Böden erstellt. So klassifizierte auch die CHARTA – allerdings nur für ihre Mitglieder – ihre Spitzenlagen als „von alters her als beste Flächen bekannte Lagen".

Schnell erfreuten sich die nach festgelegten Qualitätsrichtlinien erzeugten CHARTA-Rieslinge wachsender Beliebtheit; zu ihrem Erkennungszeichen auf dem Etikett wurden die drei romanischen Doppelbögen auf schwarzem Grund. Plötzlich erklang auch in anderen Weinregionen Deutschlands der Ruf nach einer seriösen Klassifizierung des Terroirs.

Es war dann der Rheingauer Weinbauverband – also nicht nur einige VDP-Weingüter –, der auf Wunsch der hessischen Landespolitik durch wissenschaftliche Gutachten die komplette weinbauwürdige Fläche seiner Region bewerten ließ: Zusammen mit der Forschungsanstalt Geisenheim für Wein- und Gartenbau wurde eine parzellenscharfe Abgrenzung des kompletten Rheingaus in einer Gütekarte erfasst, wobei qualitativ besonders hochwertige Flächen als „Erste Lagen" klassifiziert wurden, aus deren Trauben die Winzer dann Erste Gewächse herstellen können. Diese juristisch abgesicherte Klassifikation trat 1998 in Kraft: Mit dem Jahrgang 1999 gab es erstmals Weine, die den Begriff „Erstes Gewächs" auf dem Etikett verwenden durften.

Insgesamt können auf 35 Prozent der Rheingauer Lagen Erste Gewächse erzeugt werden. Dies erscheint viel, allerdings muss dabei bedacht werden, dass der Rheingau schon immer ein kleines, homogenes und exzellentes Anbaugebiet war: Ohne große Ausdehnungsmöglichkeiten der Rebfläche, weil durch die natürliche Begrenzung von Rhein und Taunusgebirge klar definiert, gab es hier von vornherein eine Konzentration auf die besten Lagen – vergleichbar nur mit den Grand-Cru-Landstrichen im Burgund oder in der Champagne.

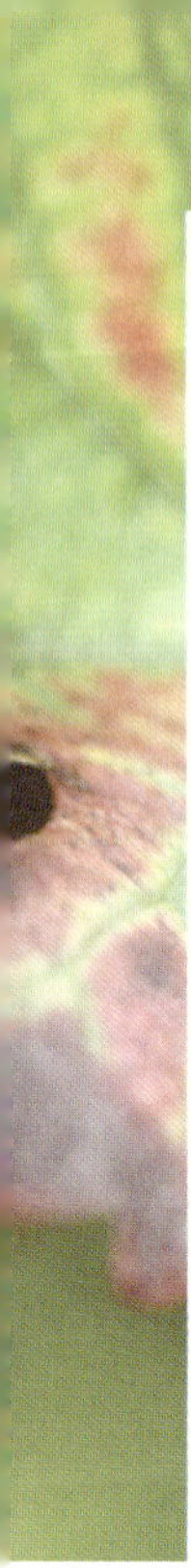

Wer als Winzer derartige Lagen besitzt, kann nicht automatisch Erste Gewächse abfüllen. Der Weg bis dahin ist recht mühsam, denn angelegt ist das Erste-Gewächs-Modell wie ein Filter: Zuerst einmal muss der Winzer bis zum 1. Mai eines jeden Jahres dem Rheingauer Weinbauverband melden, auf welchen Flächen er für den aktuellen Jahrgang ein Erstes Gewächs erzeugen will. Auf diesen Parzellen gilt ein rigoroses Qualitätsmanagement: Der Anschnitt ist auf sechs Augen pro Quadratmeter zu begrenzen, die Trauben müssen von Hand gelesen werden und der Ertrag darf 50 hl/ha nicht überschreiten. Nach dem Abzug auf die Flasche kommt es zu einer sensorischen Prüfung durch eine unabhängige Prüfungskommission. Diese setzt sich im Allgemeinen aus sieben turnusmäßig wechselnden Vertretern der beteiligten Betriebe sowie der Prüfstelle des Regierungspräsidenten Darmstadt und des Weinbauamts Eltville zusammen. Die Kommission fällt eine Tatsachenentscheidung: Wird der Wein abgelehnt – beispielsweise, weil es sich eher um eine gute Spätlese als um ein exzeptionelles Gewächs handelt –, kann er noch einmal zur Prüfung eingereicht werden. Besteht der Wein diese ebenfalls nicht, ist der Vorhang endgültig gefallen: Ungefähr ein Viertel aller zur Prüfung anstehenden Weine werden regelmäßig abgelehnt. Für den Jahrgang 2004 kamen 60 Erste Gewächse in den Handel. Durch diese eingebauten Hürden wird langfristig sichergestellt, dass die im Rheingau erzeugten Ersten Gewächse im Vergleich zur Gesamternte nicht mehr als drei Prozent ausmachen.

Prinzipiell stehen Erste Gewächse für geschmacklich trockene Weine. Beim Riesling bedeutet dies: Das Mostgewicht bei der Lese muss mindestens für eine Spätlese geeignet sein: Der Wein weist mindestens zwölf Volumenprozent Gesamtalkohol bei einem Restzucker bis maximal 13 Gramm pro Liter (g/l) auf. Beim Spätburgunder beträgt der Gesamtalkohol mindestens 13 Volumenprozent, der Restzucker maximal 6 g/l.

Anschließend folgt eine Reifephase: Die als Rieslinge klassifizierten Ersten Gewächse können erstmals ab dem 1. September des auf die Ernte folgenden Jahres verkauft werden, die Spätburgunder Ersten Gewächse erst ab dem 1. September des übernächsten auf die Ernte folgenden Jahres.

Erkennungszeichen der Ersten Gewächse sind drei romanische Bögen auf schwarzem Balken; üblicherweise ist das Logo am unteren Ende des Etiketts zu finden.

Neben einem Ersten Gewächs tauchen seit kurzem auch die Begriffe „Großes Gewächs" sowie „Große Lage" auf – allerdings nicht im Rheingau. Diese Klassifikation ist den VDP-Gütern der Regionen Mittelrhein, Nahe, Rheinhessen, Franken, Saale-Unstrut, Pfalz, Baden, Ahr, Württemberg sowie Mosel-Saar-Ruwer („Große Lage") vorbehalten; sie ist also quasi privatrechtlicher Natur. Dagegen ist der Rheingau vorerst das einzige deutsche Weinbaugebiet mit einer gesetzlich legitimierten Gütezeichenverordnung. Diese hat den Begriff „Erstes Gewächs" ausschließlich für den Rheingau reserviert.

KORK, KAPSEL ODER GLAS – DER VERSCHLUSS

Eine Flasche Wein ohne einen ordentlichen Korken ist wie ein Ölbaum ohne Olive. Das virtuose Ansetzen des Korkenziehers, das Hineindrehen, der anschließende Plopp und das abschließende Führen des Korkens zur Nase – all dies versetzt so manchen Weinfreund in Aufregung. Allerdings: Jeder kennt auch die unliebsame Situation, dass schon der Korken merkwürdig riecht. Ungefähr fünf Prozent der verkauften Weine haben einen eindeutigen Korkgeschmack oder Muffton, hervorgerufen im Wesentlichen durch die Verbindung Trichloranisol. Diese wird in einem recht komplizierten biochemischen Prozess durch Mikroorganismen gebildet, die das Korkmaterial noch während seiner langen Lagerung in den südeuropäischen Produktionsstätten attackieren. Auch das Bleichen oder Imprägnieren der Korken verschafft gegen diese Parasiten keinen zuverlässigen Schutz.

Besonders ärgerlich aber – und noch wesentlich häufiger als die eindeutigen Korker – sind die subtilen Mufftöne: Man riecht am Wein, spürt eine Verunreinigung, trinkt und fragt sich, ob dieser Wein wirklich so schmecken soll, wie er nun schmeckt: irgendwie unsauber, vielleicht modrig, im besten Fall ein leckerer Ton Kellerluft. Die im Aroma intensiveren Rotweine sind vielleicht für derartige Veränderungen nicht so anfällig, ein klarer, reiner, trockener Riesling aber sehr wohl. So sitzt man dann zu Hause bei einer Flasche und diskutiert, ob der Wein nun Kork hat oder nicht – und ob man sie überhaupt zu Ende trinken soll. „Nicht so schlimm", sagt einer der freundlicheren Spezialisten und die Flasche wird geleert, weil es sich ja um eine trockene Spätlese handelt, die vor fünf Jahren einmal erworben wurde – um als Höhepunkt eines gelungenen Abends serviert zu werden.

Nun aber gibt es zwei Alternativen zum Korken, die Drehverschlüsse und Glasstopfen. Beide halten auch im Rheingau Einzug. Traditionalisten rümpfen die Nase, aber inzwischen gibt es VDP-Weingüter, die sich vom Korken, zumindest teilweise, für immer verabschiedet haben. Lange Zeit wurden Drehverschlüsse mit besonders billigen Weinen von schlechtester Qualität assoziiert. Ausgerechnet die Schweizer widersetzten sich als erste diesem Trend: Seit Jahren füllen sie ihren Chasselas mit einem Drehverschluss der französischen Firma Péchiney/Alcanan ab, der als Stelvin bekannt ist. Und dies ist sinnvoll, werden diese Weine doch jung getrunken. Es gibt allerdings noch andere, einfachere Formen von Drehverschlüssen, und diese finden sich häufig bei Rheingauer Literflaschen. All diese Verschlüsse sind geschmacksneutral, allerdings wird als Dichtungsmaterial Polyvinylchlorid (PVC) verwendet. PVC ist ein von Natur aus sehr harter, spröder Kunststoff, der nur mit Hilfe von Weichmachern wie beispielsweise Diethylhexylphthalat (DEHP) genutzt werden kann. Weder PVC noch Weichmacher konnten bisher im Wein nachgewiesen werden. Diskutiert wird aber das Lagerungspotenzial von Weinen mit derartigen Verschlüssen.

Industriell verfügbar ist seit dem Jahr 2003 der Glasstopfen: Die Idee zum sogenannten Vino Lok hatte der Alzeyer Arzt Karl Matheis. Der weltweit führende Aluminiumanbieter ALCO sorgte für die industrielle Verfügbarkeit. Auch dank Vino Lok gibt es keine Kork- oder Mufftöne, außerdem sieht der Glasverschluss besser aus als ein Drehverschluss. Eine einmal geöffnete Flasche lässt sich mit dem Glasstopfen ideal wieder schließen. Allerdings existieren auch hier Unsicherheiten mit dem Dichtungsmaterial: Ob der Glasstopfen 15 Jahre lang einwandfrei auf einer Flasche hält, ist nicht bekannt.

FLÖRSHEIM AM MAIN

Von Ost nach West führt dieses Buch durch den Rheingau und durch die Landeshauptstadt Wiesbaden. Für viele unerwartet, da am Main gelegen, ist Flörsheim der östliche Anfang dieser Region und der Beginn der Rheingau Riesling Route, welche in Lorchhausen endet. Von hier sind es noch 15 Kilometer bis zum Zusammenfluss von Main und Rhein. Mitsamt seinem Ortsteil Wicker ist Flörsheim die erste Rheingauer Weinbaugemeinde. Vor allem die lange Mainpromenade zeichnet die Kleinstadt aus, die einst von Landwirtschaft und Fischfang lebte und bis Anfang des 20. Jahrhunderts eine bedeutende Fayence-Manufaktur besaß. An die Herstellung dieses nach italienischem Vorbild weiß glasierten und bemalten Geschirrs erinnert heute noch das „FFF" im Wappen, das Zeichen der „Flörsheimer Fayence Fabrik". In der Altstadt finden sich noch gut erhaltene Gehöfte aus früheren Jahrhunderten.

Die katholische Kirche St. Gallus steht in der Ortsmitte. 1766 bis 1768 errichtet, ist der Bau ein schönes Beispiel für die Idee der Barockkunst, Kirchenräume durch große Altäre zu gliedern. Ein großes Deckengemälde erzählt die Geschichte des Kirchenpatrons St. Gallus, welcher der Legende nach Friedeburga – die Tochter des alemannischen Herzogs und Verlobte des Königssohnes Siegebert von Überlingen – von einer schweren Krankheit geheilt haben soll. Die Kirche besitzt eine Barockorgel aus dem Jahr 1709, ein Werk des Mainzer Orgelbaumeisters Johann Jakob Dahm, das ursprünglich aus der Frankfurter Karmeliterkirche stammt und 1809 nach Flörsheim kam. Liebhaber klassischer Musik kennen die Kirche als den Veranstaltungsort der „Gallus Konzerte".

Ein 1984 gesetzter Mainstein, eine Stele aus Sandstein, illustriert die Flörsheimer Stadtgeschichte. Das Heimatmuseum präsentiert Flörsheimer Fayencen des 18. und 19. Jahrhunderts und Exponate zur Stadtgeschichte.

WANDERN/SPAZIEREN

Nahe liegend ist ein Spaziergang am Main, neben langsam vorüberziehenden Schiffen. Der schmale, von hohen Bäumen gesäumte Fluss bietet ein geruhsames, wohltuend geschlossenes Bild, das eine altmodische Friedlichkeit suggeriert. Man befindet sich auf dem Main-Wanderweg (Markierung: blaues „M" auf weißem Grund), der den Main von der Quelle am Ochsenkopf im Fichtelgebirge bis zur Mündung in den Rhein begleitet. Von Flörsheim aus gelangt man flussabwärts vorbei am Berliner Brunnen und an der „Flörsheimer Fahr" zu den Kalkbrennöfen im Stadtteil Keramag-Falkenberg.

Rund um Flörsheim kann man auf den Wegen des Regionalparks RheinMain spazieren gehen: Start ist bei den Kalkbrennöfen (neben der Hochheimer Straße), von wo aus man dem Regionalparkweg zur Wiesenmühle und St.-Anna-Kapelle folgt. Hier hat man die Wahl, durch die „Flörsheimer Schweiz" nach Wicker zu wandern oder auf dem „Landwehrweg" Richtung Hochheim zu gelangen, flankiert von verschiedenen Kunstinstallationen. Ausführliche Informationen und eine Karte im Maßstab 1:15.000 erhält man bei der Regionalpark RheinMain Pilot GmbH unter Tel. 0 61 45-5 03 73 30, regionalpark-pilot@floersheim-main.de.

KINDER

In Keramag-Falkenberg gibt es einen städtischen Abenteuerspielplatz. Am Wickerbach 3 befindet sich ein großer Sportpark mit umfangreichem Freizeitangebot. Tel. 0 61 45-20 61, www.sportpark-floersheim.de.

FESTE

Am Wochenende eine Woche vor Beginn der Sommerferien feiert man auf dem Platz an der St.-Gallus-Kirche das Flörsheimer Sommerfest.

Die Flörsheimer Kerb findet jeweils am Wochenende nach St. Gallus (16. Oktober) statt, die „Nachkerb" dann ein Wochenende später.

Am ersten Adventwochenende lädt Flörsheim zum Weihnachtsmarkt auf dem Platz an der St.-Gallus-Kirche ein.

GOURMETRESTAURANT & BRASSERIE LA FAYENCE

Hauptstraße 34/36, 65439 Flörsheim am Main,
Tel. 0 61 45-54 87 77, www.michael-beck.de,
Öffnungszeiten Restaurant ab 18.30 h, So und Mi Ruhetag,
Brasserie tägl. ab 11.30 h.
Stimmungsvolle Räume und ein historischer Innenhof;
ideenreiche, gehobene Küche.

HIN & WEG

Bahnhof
S-Bahnhof (S 1 Richtung Frankfurt und Wiesbaden)
Schiffsanlegestelle am Konrad-Adenauer-Ufer
(Primus-Linie, → Übersichten S. 269)

ADRESSEN

Stadt Flörsheim am Main
Bahnhofstraße 12
65439 Flörsheim am Main
Tel. 0 61 45-95 51 10
rathaus@floersheim-main.de
www.floersheim-main.de

WICKER

Hier, im nördlichen Stadtteil von Flörsheim, beginnt nicht nur das Weinanbaugebiet des Rheingaus, sondern auch die Rheingauer Riesling Rad- und Wanderroute. Das „Tor zum Rheingau", ein frei stehender Sandstein-Torbogen, markiert diesen Ausgangspunkt. Ein Spaziergang durch den alten Ortskern führt uns auch rund um die gotische Pfarrkirche St. Katharina.

WANDERN

Das "Tor zum Rheingau" ist der Startpunkt des Rieslingpfades, der die gesamte Wegstrecke entlang durch ein mit einem Weinglas, dem Rheingauer Römer, bebildertes Schild markiert ist und 120 km durch den gesamten Rheingau führt. Außerdem beginnt hier der "Wicker Wein Weg" durch den Ort und seine Weinberge: Vorbei am Nonnberg führt die Strecke über den Steinweg zur Otto-Schwabe-Ruhe, entlang des alten Landwehrs und wieder zurück zur Ortsmitte. Während dieses Rundgangs finden sich zahlreiche Text- und Bildtafeln, die aufschlussreiche Informationen zum Weinbau bieten.

FESTE

Wickerer Weinfest am ersten Wochenende im August, am zweiten Adventwochenende wird am „Tor zum Rheingau" der Nikolausmarkt veranstaltet.

WEINPROBIERSTAND

Das „Tor zum Rheingau" führt in den großzügigen Hof des Weinprobierstandes, geöffnet von Ostern bis zum ersten Oktoberwochenende, Sa ab 15 h, So und Feiertag ab 10 h.

GUTSSCHÄNKEN

GUTSAUSSCHANK ADLER

Weingut Allendorf, Taunusstraße 2, 65439 Flörsheim-Wicker,
Tel. 0 61 45-5 31 76

WEINGUT JOACHIM FLICK

Straßenmühle, 65439 Flörsheim-Wicker,
Tel. 0 61 45-76 86, www.flick-wein.de, www.flick-event.de

FLÖRSHEIMER WARTE

Landwehrweg, 65439 Flörsheim-Wicker,
Tel. 0 61 45-54 87 77

WEINGUT JOACHIM FLICK VDP

Straßenmühle
65439 Flörsheim-Wicker
Tel. 0 61 45–76 86
info@flick-wein.de
www.flick-wein.de, www.flick-event.de
Mo–Fr 15–19 h, Sa 10–14 h

Die bekannte Wickerer Straßenmühle, im 12. Jahrhundert von den Eppsteiner Grafen erbaut, ist seit 1994 der Mittelpunkt dieses aufstrebenden Weingutes: Zum Mieten stehen hier auch Räumlichkeiten für 20 bis 400 Personen bereit, die dabei natürlich ausführlich Bekanntschaft mit dem Wickerer und Hochheimer Terroir machen können. Allen voran sei hier der Wickerer Nonnberg erwähnt, seit 2004 im Alleinbesitz der Familie Flick: Diese Lage wurde schon 1281 als Weinberg des Nonnenklosters Tiefenthal erwähnt, und der Löss-Lehm-Boden, vermischt mit Mergel, bringt Weine hervor, die auf tatkräftige Klosterfrauen schließen lassen. Und so sind auch die Flick'schen Rieslinge von heute keine schüchternen Gewächse, sondern Weine, die, schon jung getrunken, mit ihrer Stofflichkeit und Fülle prunken und im Alter keine Spur nachlassen.

- Riesling Qualitätswein trocken F. vini et vita: ein anspruchsvoller Qualitätswein, der mühelos ein Essen begleiten kann.

- Riesling Qualitätswein trocken Wickerer Nonnberg: Aprikosen, Pfirsiche und rosinierte Früchte verdichten sich im Glas zu einem nachhaltigen, fruchtigen Wein, der zu einem Fisch serviert werden sollte.

- Wickerer Nonnberg Erstes Gewächs: Dieser Wein trägt den Stempel seiner Lage: Fülle, Frucht und Harmonie. Ein Riesling von großer aromatischer Nachhaltigkeit. Passt hervorragend zu weißem Fleisch. (→ Gutsschänken, Weingut Joachim Flick S. 42)

HIN & WEG

Von Flörsheim Bahnhof (Nordseite) mit Bus Nr. 819 direkt zur Haltestelle „Tor zum Rheingau"

ADRESSEN

Stadt Flörsheim am Main
Bahnhofstraße 12
65439 Flörsheim am Main
Tel. 0 61 45-95 51 10
rathaus@floersheim-main.de
www.floersheim-main.de

HOCHHEIM AM MAIN

Seit 1.200 Jahren wird in Hochheim am Main erfolgreich Weinbau betrieben; außerdem hat sich Hochheim schon früh einen Namen als Sektstadt erworben. 1837 entstand die erste Rheingauer Sektkellerei Burgeff. Internationalen Ruf erlangte Hochheim durch den Besuch von Queen Victoria, der zu Ehren eine Weinberglage benannt und ein Denkmal errichtet wurde. Vicky brachte den Hochheimer Wein, in der angelsächsischen Welt als „Hock" bekannt, an den englischen Königshof.

Von 1273 bis 1803 war der Weinort im Besitz des Mainzer Domkapitels: Mittelalterliches Fachwerk mit Weinreben, schöne Gärten, Gutshöfe und altes Kopfsteinpflaster, aber auch prächtige Barockbauten wie der Domherrenhof neben der Kirche, das klassizistische Gutshaus des Weinguts Domdechant Werner oder das mit Holzschindelchen verzierte Pabstmann'sche Haus mit dem Familienwappen über dem Eingang zeugen von dieser Epoche. Außerdem sehenswert ist die farbenfrohe Rokokostatue der Hochheimer Muttergottes auf dem so genannten Plan, dem kleinen Hauptplatz des Ortes.

Über den Weinbergen, hinter der ehemaligen Befestigungsanlage mit dem 1746 erneuerten Kirchtor, thront die katholische Pfarrkirche St. Peter und Paul – das Wahrzeichen Hochheims.

Hier lohnt es, ein Fernglas dabei zu haben, denn die um 1775 von Johann Baptist Enderle zart und duftig gemalten Deckengemälde mit Szenen aus dem Leben der Apostel Petrus und Paulus, kürzlich unter hohem Aufwand restauriert, zählen zu den wertvollsten Zeugnissen des hessischen Spätbarocks. Wer noch mehr Arbeiten des Donauwörther Malers sehen möchte, findet diese in der Augustinerkirche und St. Ignaz in Mainz.

Es empfiehlt sich ein Rundgang durch die Altstadt. Wer durch das Maintor am Ende der Kirchstraße geht, dem öffnen sich die Weinberge. Von hier aus ist ein schöner Spaziergang zu dem etwa zwei Kilometer südöstlich der Stadt gelegenen neogotischen Queen-Victoria-Denkmal möglich.

KINDER

Am nördlichen Ortseingang, an der Nordenstädter Straße (Anfahrt B 40), wurde im Rahmen des Regionalparks RheinMain der Spielpark Hochheim errichtet: das ultimative Spielerlebnis für Kinder aller Altersklassen mit einer Riesenrutsche und umfangreichen Kletter- und Hängebrückenkonstruktionen. Ohne Bewirtung. Etwas weiter westlich erhebt sich die Aussichtskanzel „Vogelnest" mit einer kühnen Bauweise über dem Kiesgrubengelände Silbersee.

FESTE

Am ersten Juli-Wochenende wird in der Altstadt das traditionelle Weinfest gefeiert. An dem darauf folgenden Montagabend Feuerwerk.

Ein besonderes Ereignis ist der Hochheimer Markt Anfang November. Dieser spektakuläre Herbstmarkt vereinigt seit 1484 hunderte von Winzern und Landwirten aus der Umgebung und ist Anziehungspunkt für einige ausend Besucher. Nach alter Tradition wird ein Viehmarkt mit Versteigeungen veranstaltet, ebenso ein Jahrmarkt.

Der Weihnachtsmarkt, mit buntem Rahmenprogramm, ist am zweiten Adventwochenende in der historischen Altstadt.

WEINPROBIERSTAND

Alleestraße/Ecke Königsberger Ring, 1. Mai bis Ende August,
Mo und Fr ab 18 h, Sa ab 16 h, So und Feiertag ab 11 h

RESTAURANT HOCHHEIMER RIESLINGSTUBEN

Wintergasse 9 (Altstadt), 65239 Hochheim am Main,
Tel. 0 61 46-8 33 10, Öffnungszeiten tägl. außer So 18–21 h.
Verspielt eingerichtetes Lokal mit Weinkeller, kleinen Stübchen und vorzüglichem Essen.

HOTEL WEINGUT DUCHMANN

Mainzer Straße 5–9, 65239 Hochheim am Main,
Tel. 0 61 46-90 50, www.hotel-duchmann.de,
Öffnungszeiten Restaurant Mo–Sa 18–22 h,
Hotel ganztägig ab 6 h, 45 Zi, EZ € 41–61, DZ € 66–92.
Uriges Domizil in der Altstadt; auch für Seminare ausgestattet.

ZIELONKA PRIVATHOTEL & BUSINESS LOUNGE

Hajo-Rüter Straße 15, 65239 Hochheim am Main,
Tel. 0 61 46-9 06 70, www.zielonka-privathotel.de,
Öffnungszeiten tägl. 7–22 h, 20 Zi, EZ € 89–99, DZ € 109–124.
Geschmackvolle Ausstattung in modernem Landhausstil; verkehrsgünstig im Industriegebiet gelegen.

GUTSSCHÄNKEN

WEINGUT DOROTHEENHOF

Weingut Dienst, Am Weiher 49, 65239 Hochheim am Main,
Tel. 0 61 46-37 22, www.weingut-dienst.de

GUTSAUSSCHANK HÜCK

Frankfurter Straße 29, 65239 Hochheim am Main,
Tel. 0 61 46-91 51, www.weingut-hueck.de

GUTSAUSSCHANK „ZUM WOIGIGGEL"

Weingut Velten, Neudorfgasse 8, 65239 Hochheim am Main,
Tel. 0 61 46-76 96

DOMDECHANT WERNER'SCHES WEINGUT VDP

Rathausstr. 30
65234 Hochheim am Main
Tel. 0 61 46-83 50 37
weingut@domdechantwerner.com
www.domdechantwerner.com
Mo–Fr 8–18 h, Sa 10–13 h

1780 erwarb der Vater des Mainzer Domdechanten Dr. Franz Werner dieses renommierte Hochheimer Weingut vom Grafen York. Domdechant Werner bewahrte ein Jahrzehnt später in den Französischen Revolutionskriegen den zerstörten Mainzer Dom vor dem Abbruch und ließ ihn dann als Bistumsverweser wieder aufbauen. Inzwischen ist das Weingut seit sieben Generationen in der Familie. Der alte Gutshof und ein Gutshaus im Biedermeierstil faszinieren wie vor 200 Jahren. Etabliert hat sich das Gut schon lange als eines der Rheingauer Spitzenproduzenten: Schon auf dem 1. Deutschen Weinbaukongress 1875 gab es einen silbernen Ehrenpokal. Dank des kalkhaltigen Lehmbodens und des Hochheimer Mikroklimas werden hier extraktreiche Rieslinge vinifiziert, deren abgerundete und reife Säure sowohl in der trockenen als auch in der fruchtigen Geschmacksrichtung dominiert. Die internationale Zeitschrift „Wine & Spirits" zeichnete kürzlich das Gut als „Winery of the Year" aus.

- Hochheimer Hölle Riesling Kabinett trocken: ein wahrer Botschafter dieser Lage, der stets als Kabinett ausgebaut wird: lange Frucht, Mineralität und eine abgepufferte Säure.

- Hochheimer Kirchenstück Riesling Spätlese trocken: ein fülliger Wein, der an einen prächtigen reifen Apfel erinnert. Perfekt zu einer Gänseleber.

- Hochheimer Domdechaney Erstes Gewächs: Insgesamt sind 85 Prozent der Rebflächen dieses Weingutes amtlich als besonders hochwertig klassifiziert worden. Dieses Erste Gewächs präsentiert sich vielschichtig mit einer dominanten Pfirsichnote.

WEINGUT FRANZ KÜNSTLER VDP

Kirchstraße 38
65239 Hochheim am Main
Tel. 0 61 46-8 38 60
info@ weingut-kuenstler.de
www.weingut-kuenstler.de
Mo–Fr 8–12 h, 13–18 h, Sa 10–15 h

Die durch die Hölle gehen: Als Kultwinzer hat Gunter Künstler jedes Auf und Ab in der Medienwelt mitgemacht. Aber eigentlich strengt er sich nur an, um den im Allgemeinen eher zur Breite tendierenden Hochheimer

Riesling mit Eleganz und Fülle zu versehen. Dabei hat er sich als Spezialist für die Hochheimer Hölle einen Namen gemacht: Deren Rebhänge ziehen sich westlich der Hochheimer Altstadt mit fünfzehnprozentiger Steigung auf den Main zu, die schweren Ton- und Lösslehmböden und die Nähe zum Fluss bringen in guten Jahren einen einzigartigen Rieslingtyp hervor: herzhaft, kräftig, manchmal monumental, aber immer mit feiner Struktur. Der Name für diesen Weinberg stammt übrigens nicht aus dem Jenseits, sondern vom mittelhochdeutschen Wort „Halde" = steiler Berg. Insgesamt bewirtschaftet das Gut 25 Hektar, davon werden 15 Prozent als Spätburgunder angebaut.

- Hochheimer Hölle Riesling Kabinett trocken: eine erste Annäherung an die Variation zum Thema Rieslingfülle: konzentrierte Düfte und Aromen von Zitronen und Weinbergpfirsichen.

- Hochheimer Stielweg Riesling „Alte Reben" trocken: ein schwerer Lehmtonboden und 50 Jahre alte Weinstöcke erzeugen einen nachhaltigen Wein, der auf sehr spezielle Weise feinnervige Eleganz im Gaumen zeigt.

- Hochheimer Hölle Riesling Auslese trocken: ein Superbowl-Quarterback mit langem Wurfarm, der Extrakt dieser Lage schlechthin. Erstklassige Struktur und Textur: Diese Hölle verfügt über eine lang andauernde Stärke.

HIN & WEG

Mit der S 1 von Wiesbaden oder Frankfurt zum S-Bahnhof Hochheim. Von dort sind es zehn Minuten in die Altstadt.

Oder mit der S 9 nach Mainz-Kastel Bahnhof, von dort weiter mit dem Bus Nr. 610 zur Haltestelle „Hochheim Mainzer Straße".

ADRESSEN

Stadt Hochheim am Main
Burgettstr. 30
65239 Hochheim am Main
Tel. 0 61 46-90 00
info@hochheim.de
www.hochheim.de

Ich
will
eine andere
Perspektive
Wir fördern Kunst und Kultur!
Infos bei Ihrer Naspa und auf www.naspa.de
nah. näher. Naspa

WIESBADEN

Wiesbaden – wunderbar! Dieser für die Stadt in den achtziger Jahren des letzten Jahrhunderts entwickelte Werbeslogan hat noch immer seine Gültigkeit. In der hessischen Landeshauptstadt, im „Nizza des Nordens“, lässt es sich gut leben. Etwas über 270.000 Einwohner hat die Stadt. Groß genug, um als kleine Metropole zu gelten – und klein genug, um überschaubar zu bleiben. Elegantes Flair liegt in der Luft, ein Glanz des Feudalen, der stets Größen des Geisteslebens anzog: Fjodor Dostojewski, Richard Wagner, Alexej von Jawlensky und Johannes Brahms waren Gäste der Stadt – und auch Johann Wolfgang von Goethe kurte 1814 und 1815 in der Stadt, über die er sagte: „Erd, Himmel und Menschen sind anders, alles hat einen heiteren Charakter und wird mir täglich wohlthätiger.“ So hatte er sich als Kurgast „erfrischt und jung gefunden wie lange nicht“.

Wiesbaden mit seinen 26 heißen Thermalquellen ist eine der ältesten Kurstädte Europas. Die bevorzugte Lage zeichnet es bis heute aus: Vor den Taunushöhen am Ufer des Rheins gelegen, ist Wiesbaden wegen seines milden Klimas bereits von den Römern im 1. Jahrhundert nach Christus besiedelt worden. Sie nannten diesen Ort nach dem germanischen Stamm der Mattiaker Aquae Mattiacorum (oder auch Aquae Mattiacae). Erstmals als „Wisibada“ – das Bad in den Wiesen – erwähnt wurde die Stadt im frühen neunten Jahrhundert von Einhard, dem Biografen Karls des Großen. Schon Karl kurierte hier sein Rheuma.

Die Stadt erlitt an markanten Punkten wie dem Lyzeum, dem Rathaus und dem Kurhaus im 2. Weltkrieg Bombenschäden, dennoch ist sie als bauhistorisches Gesamtkunstwerk erhalten geblieben. Wiesbaden, so Gottfried Kiesow, Präsident der Deutschen Stiftung Denkmalschutz, erteilt einen lebendigen Anschauungsunterricht über verschiedene Etappen baulicher Geschichte vom Klassizismus (Erbprinzenpalais) bis hin zum Neoklassizismus (Kurhaus). Im 19. Jahrhundert wurde Wiesbaden „Weltkurstadt“ und ließ Baden-Baden als bedeutendsten Kurort Deutschlands hinter sich: Die heißen Quellen, aber auch das berühmte Casino zogen betuchte

Kurgäste, den russischen Hochadel und den kaiserlichen Hofstaat an. 1913 rühmte sich die Stadt, mit beinahe 200.000 Gästen im Jahr der wichtigste Badeort der Welt zu sein. Ein wichtiges Dokument dieser Zeit ist das zwischen 1904 und 1907 von Friedrich von Thiersch erbaute Kurhaus Wiesbaden – ein markanter Repräsentationsbau mit einer 129 Meter langen Kurhauskolonnade und einer Spielbank.
Bekanntester Spieler war der russische Schriftsteller Fjodor Dostojewski. Er kam 1862 erstmals aus Russland in den Westen und unterbrach seine Reise in Wiesbaden, um seiner Spielleidenschaft nachzugehen. Über zehn Jahre lang verspielte Dostojewski hier und anderswo Unsummen. Glücklicherweise kann die Literatur, wie Sigmund Freud bemerkte, zum Spielfeld triebhafter Lust werden, und so schrieb Dostojewski letztlich seinen Roman „Der Spieler". In diesem raffinierten, psychologisch ausgerichteten Spannungsdrama spielen, ohne die Städte direkt beim Namen zu nennen, seine in Wiesbaden wie auch in Baden-Baden und in Bad Homburg gesammelten Erfahrungen eine entscheidende Rolle.
Auch Otto von Bismarck verspielte in jungen Jahren ein Vermögen in Wiesbaden. Eine amüsante Fußnote in der bizarren Beziehung zwischen Individualpsychologie, Roulette und Leidenschaft ist, dass Bismarck als späterer Reichskanzler 1872 alle Spielkasinos im Deutschen Reich schließen ließ. Aber nur für kurze Zeit, denn das Reich benötigte die Steueraufkommen aus dem Glücksspiel. Und so haben nicht nur Dichter und Politiker in Wiesbaden ihr Glück versucht, sondern auch Richard Wagner und Elvis Presley. Noch heute ist das von einer Kuppel überragte, im Stil des Neoklassizismus erbaute Gebäude mit dem markanten Portikus der gesellschaftliche Mittelpunkt der Stadt.

Gleich hinter dem Casino befindet sich der 1852 entstandene, später im englischen Landschaftsgartenstil angelegte Kurpark

sowie gleich in der Nähe das 1894 in Anwesenheit des Kaisers eröffnete Hessische Staatstheater und gegenüber der Kaiser-Friedrich-Platz mit dem Hotel Nassauer Hof – ein Ensemble von höchstem städtebaulichen Reiz.

Parks wie der Warme Damm an der Wilhelmstraße und die Reisinger-Anlagen am Hauptbahnhof gehören ebenso zum Wiesbadener Stadtbild wie elegante Prachtstraßen: die Rheinstraße mit der 1894 erbauten Ringkirche und der Hessischen Landesbibliothek, die Wilhelmstraße mit ihren Designer-Boutiquen und Cafés, die Bahnhofstraße mit dem 1906 fertig gestellten, jüngst aufwendig renovierten neobarocken Hauptbahnhof und die von vielen Antiquitätengeschäften gesäumte Taunusstraße oder auch die Adolfsallee aus dem späten 19. Jahrhundert.

Wiesbaden besitzt herrliche Plätze, wie den streng einheitlich gestalteten klassizistischen Luisenplatz mit der neogotischen, zwischen 1844 und 1849 erbauten Kirche St. Bonifatius. Ein städtebaulich markanter Ort ist auch der Kranzplatz am nördlichen Ende der Fußgängerzone mit dem Kochbrunnentempel und der Schöpfstelle, aus der täglich etwa 500.000 Liter heißes Wasser fließen. Von erhabener Noblesse sind hier die Grandhotels wie der „Schwarze Bock“ und der „Nassauer Hof“ (→ Speisen & Logieren S. 89), das Gebäude des früheren „Palast Hotels“ und das ehemalige „Hotel Rose“, das jetzt die Hessische Staatskanzlei beherbergt und somit der Sitz des Ministerpräsidenten ist. Ein weiteres Beispiel der Jugendstil-Architektur ist das 1913 erbaute Kaiser-Friedrich-Bad ganz in der Nähe (→ Baden/Wellness S. 74).

Auch eine Englische Kirche gibt es in Wiesbaden: St. Augustine of Canterbury, 1865 erbaut für britische Kurgäste, ganz in der Nähe der Wilhelmstraße gelegen. Direkt daneben befindet sich die Villa Clementine, in der heute das Literaturhaus beherbergt ist und die Drehort der Buddenbrooks-Verfilmung nach dem gleichnamigen Roman von Thomas Mann war.

Wenig erhalten ist vom mittelalterlichen Wiesbaden. Das Alte Rathaus (1608–1610) am Schlossplatz – heute Standesamt – ist das älteste Gebäude der Stadt. Hier haben auch der Hessische Landtag im 1840 erbauten ehemaligen Stadtschloss und das Neue Rathaus (1884–1887) ihren Sitz. Die von dem Nassauischen Oberbaurat Karl Boos zwischen 1853 und 1862 erbaute, mit Backsteinklinkern versehene neogotische Marktkirche imponiert durch ihren beinahe 100 Meter hohen Hauptturm und ist bis heute das höchste Gebäude der Stadt. Inspiriert wurde der Baumeister durch Karl Friedrich Schinkels Werdersche Kirche in Berlin. Sehenswert sind auch der Wiesbadener Wochenmarkt (immer mittwochs und samstags vormittags) und die darunter gelegenen Markthallen.

Wie reich Wiesbaden noch heute ist, lässt ein Gang durch die großen Villenviertel der Gründerzeit erahnen. Etwa 1.600 Villen sind bis heute erhalten und werden auch bewohnt: Die Hanglagen vom Nerotal bis nach Sonnenberg, die Straßen beiderseits des Kurparks und das Viertel östlich der Wilhelmstraße laden zu ausgedehnten Spaziergängen ein.

Am Hang des 245 Meter hohen Nerobergs befindet sich die mit fünf goldglänzenden Kuppeln erbaute Russische Kirche, die der Nichte des Zaren Alexander I., Großfürstin Elisabetha Michailowna, gewidmet war: Der untröstliche Bauherr war Adolf, der letzte Herzog von Nassau, der diese Grabkirche für seine mit 19 Jahren verstorbene Ehefrau erbauen ließ. Sie ist auch ein Zeugnis der engen Verbindung, die zwischen Wiesbaden und dem Zarenreich bestand. Baumeister Philipp Hoffmann ließ sich für den 1855 eingeweihten Bau von der Erlöserkirche in Moskau anregen. Gleich neben der noch heute von der russisch-orthodoxen Gemeinde genutzten Kapelle – auf dem 1856 angelegten russischen Friedhof – fand der 1941 verstorbene expressionistische Maler Alexej von Jawlensky seine letzte Ruhestätte. Dieser Meister der klassischen Moderne hatte über zwanzig Jahre lang in Wiesbaden gelebt. Westlich der Kirche liegt Wiesbadens einziger Weinberg, der heute von den Hessischen Staatsweinsgütern bewirtschaftet wird (→ Eltville S. 119).
An der Westseite dieses Weinbergs verläuft die historische Nerobergbahn, die mittels Wasserballast angetrieben wird und mit einer ausgefeilten Zahnradtechnik steil nach oben fährt. Auf dem Gipfel des Nerobergs befindet sich nahe der Bergstation eine Aussichtsterrasse mit einem Kriegerdenkmal und, etwas oberhalb davon gelegen, der 1851 gebaute Nerobergtempel. Für seinen schlichten Rundtempel verwendete der Architekt Säulen, die einst auf der Wilhelmstraße standen. Nur wenige Meter entfernt erinnern die Ruinen eines Turms an das ehemalige „Neroberg-Hotel" aus dem 19. Jahrhundert; eine kleine Gastronomie ist hier ganz-

jährig geöffnet. In der angrenzenden „Erlebnismulde" finden häufig Veranstaltungen statt (→ www.wiesbaden.de).

Ein lohnendes Ziel außerhalb Wiesbadens – mit dem PKW oder dem Bus über die Platter Straße Richtung Limburg in zehn Minuten zu erreichen – ist das 1823 von dem Hofbaumeister Friedrich Ludwig Schrumpf erbaute Jagdschloss Platte, gelegen auf einer Taunusanhöhe hoch über der Stadt mit großartigem Ausblick auch auf das linksrheinische Mainz. Der baugeschichtlich bedeutsame ehemalige Jagdwohnsitz des Herzogs Wilhelm von Nassau ist ein beliebter Ausgangsort für lange Wanderungen durch den Taunus. Seit 1987 wird dank der „Initiative Jagdschloss Platte" die Restaurierung des 1945 stark zerstörten Gebäudes schrittweise ermöglicht. Das Jagdschloss ist geeignet für kleinere und große Veranstaltungen. Buchbar über die → Kurbetriebe Wiesbaden.

Um Wiesbadens Innenstadt zu erkunden, empfehlen sich folgende Rundgänge:

STADTRUNDGANG NR.1

Kurhaus/Kurhausplatz – Wilhelmstraße – Rathaus – Schloss – Marktkirche – Kranzplatz – Kurhaus
Dauer: ca. 90 Minuten (ohne Innenbesichtigungen)

„Das schönste Kurhaus der Welt", rief Kaiser Wilhelm II. bei der Einweihung im Jahr 1907 aus. Das Kurhaus ist der Ausgangspunkt für unseren Rundgang. Heute dient das Gebäude als Kongresszentrum und als festliche Örtlichkeit für Bälle und Konzerte. Die Fassade hat von Thiersch im neoklassizistischen Stil gebaut; innen kreierte der Architekt alle Räume des Kurhauses selbst.

Hinsichtlich der Ausstattung des Kurhauses hatte von Thiersch die originelle Idee, die Säle und kleineren Räume nach den unterschiedlichen europäischen Kulturepochen zu gestalten: So ließ er die imposante Wandelhalle nach antikem Vorbild römischer Thermen und Paläste mit marmornen Götterstatuen und Mosaiken errichten, während beim Konzertsaal der Neobarock Pate stand. Die ehemaligen Lesesäle spiegeln Griechenlands Antike wider, während ein weiterer Saal die Renaissance zitiert. Der ungewöhnlichste Raum des Kurhauses ist der Muschelsaal mit seinen monumentalen Jugendstil-Fresken, umrahmt von bunten Rheinkieseln und hunderten von Muscheln und Schnecken. Der ehemalige Konversationsraum ist im Rokoko-Stil gehalten und heißt Kaiser-Wilhelm-Salon. Im kirschbaumgetäfelten ehemaligen Weinsalon befindet sich heute das Spielcasino.

STADTRUNDGANG 1

Kurhaus/Kurhausplatz
Wilhelmstraße · Rathaus · Schloss
Marktkirche Kranzplatz · Kurhaus

Dauer mindestens 90 Minuten
(jeweils ohne Innenbesichtigung)

1. Kurhaus
2. Bowling Green
3. Kurhauskolonnaden
4. Hessisches Staatstheater
5. Warmer Damm
6. Villa Clementine
7. Englische Kirche
8. IHK
9. Dernsches Gelände
10. Neues Rathaus
11. Hessischer Landtag
12. Marktkirche
13. Bäckerbrunnen
14. Römertor
15. Kaiser-Friedrich-Therme
16. Kranzplatz
17. Schwarzer Bock
18. Kochbrunnenplatz
19. Nassauer Hof

STADTRUNDGANG 2

Kurhaus · Kurpark · Villenviertel
Wilhelmstraße · Luisenplatz
Dernsches Gelände

Dauer mindestens 90 Minuten

1. Kurhaus
20. Kurpark
7. Englische Kirche
6. Villa Clementine
21. Hess. Justizministerium
22. Luisenplatz
23. Bonifatiuskirche
24. Wiesb. Casino-Gesellschaft

STADTRUNDGANG 3

Luisenplatz · Rheinstraße
Ringkirche · Kaiser-Friedrich-Ring
Lutherkirche · Reisinger Anlagen
Rheinstraße

Dauer mindestens 60 Minuten

22. Luisenplatz
25. Kirchenreulchen
26. Nassauische Sparkasse
27. Wörthstraße
28. Ringkirche
39. Lutherkirche
30. Landeshaus
31. Hauptbahnhof
32. Reisinger-Anlagen
33. Rhein-Main-Hallen
34. Wiesbadener Museum

Taunusstr.
Sonnenberger Str.
Schwalbacher Str.
18
Kranz-
platz
16
17
19
3
Bowling
Green
1
2
4
20
14
15
Bären-
str.
Häf-
nerg.
Mühlg.
Kaiser-
Friedrich-
Platz
Gold-
gasse
13
11
Langgasse
Wilhelmstr.
Schloss-
platz
12
5
10
Mauritius-
platz
Neugasse
Ellenbogen-
gasse
Warmer
Damm
Dernsches
Gelände
9
8
Mauergasse
Friedrichstr.
Bier-
städter Str.
24
25
6
7
Gustav-
Frey-str.
23
21
Luisenstr.
22
Luisen-
platz
Frankf. Str.
Rheinstr.
26
33
34
Friedrich-Ebert-Allee
Oranienstr.
Moritzstr.
Reisinger
Anlagen
Lessingstr.
32
Bahnhofstr.
Gustav-Stresemann-Ring
30
31
HBF
Biebr. Allee
Mainzer Str.

Eine Ausnahme bei der Gestaltung des Kurhauses bildet der klassizistische Christian-Zais-Saal, der dem Entwurf des gleichnamigen Architekten des ersten Kurhauses von 1810 nachgebaut wurde. Christian Zais, der Wiesbadener Stadtbaumeister und Architekt entwickelte 1818 für die wachsende Hauptstadt einen Generalbebauungsplan. Dieser umschloss den historischen Stadtkern Wiesbadens mit neuen Straßenzügen in Form eines Fünfecks. Dieses historische Fünfeck wird im Süden begrenzt von der Rheinstraße, im Westen von der Schwalbacher Straße, im Norden von der Röder- und Taunusstraße sowie im Osten von der Wilhelmstraße. Die Bebauung außerhalb dieses Fünfecks wurde erst ab der zweiten Hälfte des 19. Jahrhunderts angelegt.

Vor dem Kurhaus liegt das Bowling Green, ein großzügiger, bis zur Wilhelmstraße reichender Platz. Zur Rechten erblickt man die 1827 erbauten Kurhauskolonnaden, während auf der linken Seite das Hessische Staatstheater mit den längsten Kolonnaden Deutschlands gelegen ist. Dieses Theater im neobarocken Stil wurde 1894 erbaut. Zwei Jahre später wurden die „Kaiser-Festspiele" aus der Taufe gehoben, die heutigen „Internationalen Maifestspiele". An den ursprünglichen Bau fügte man 1902 noch ein prachtvolles Theaterfoyer an. Mit dem Bowling Green und seinen beiden dreischaligen Kaskadenbrunnen ist dieses Gebäudeensemble, gefasst von zwei doppelreihigen Platanenalleen, einer der eindrucksvollsten klassizistischen Plätze Deutschlands.

Hinter dem Theater liegt der Warme Damm. Einst befand sich hier ein großer Weiher, der durch das Taunuswasser und die warmen Quellen gespeist wurde. Daher wurde seinerzeit ein Damm zum Schutz der Wilhelmstraße aufgeschüttet. An der Rückseite des Staatstheaters steht ein Schillerdenkmal, in der Mitte des Parks liegt ein kleiner Weiher mit einer Wasserfontäne und zur Linken erblickt man das Denkmal Kaiser Wilhelms I. Er weilte oft in Wiesbaden, das sich besonders durch die Anwesenheit der Kaiserfamilie zu einer berühmten Weltkurstadt entwickelte. In keiner Stadt lebten und weilten so viele Goldmark-Millionäre wie in Wiesbaden: Hochadel, Adel und Großindustrielle, gekrönte und

ungekrönte Häupter, Künstler und Diplomaten – jeder, der sich zur Gesellschaft zählte, wollte dabei sein und gesehen werden. Hinter dem Denkmal sieht man an der Paulinenstraße eine gelbe Luxus-Etagenvilla im Rokoko-Stil. Rechts daneben steht die Söhnlein-Villa, genannt das „Weiße Haus", erbaut für den Sektfabrikanten Friedrich Wilhelm Söhnlein und seine amerikanische Gattin.

Am Ende des Warmen Damms befindet sich die Villa Clementine (1882), ein Stadtpalais mit festlichen Stuckaturen und Wanddekorationen, gebaut für den vermögenden Mainzer Fabrikanten Mayer und seine Gattin Clementine. Später wohnte hier die serbische Königin Natalie, die mit ihrem 12-jährigen Sohn vor ihrem gewalttätigen Mann vom Balkan nach Wiesbaden floh. Durch politische Intervention wurde ihr der Sohn gewaltsam entrissen – unter dem Stichwort Wiesbadener Prinzenraub damals in allen Gazetten zu lesen. (Eine Informationsbroschüre ist in der Villa Clementine erhältlich, die Besichtigung möglich, eine Voranmeldung empfohlen.) Links von der Villa Clementine sieht man die Englische Kirche (1865) St. Augustine of Canterbury; schräg gegenüber der Villa Clementine, Wilhelmstraße Ecke Friedrichstraße, steht ein frühklassizistischer Bau: Das Erbprinzenpalais (1813–16) ist heute Sitz der Industrie- und Handelskammer. Er wurde von dem Architekten Christian Zais entworfen. Zais hatte den Auftrag, ein städtebauliches Konzept für das bis dahin noch unbedeutende Wiesbaden zu entwickeln. Es wurde Grundlage für die rasante bauliche und gesellschaftliche Entwicklung Wiesbadens, das 1806 zur Residenzstadt wurde. Rund um den alten Stadtkern entstanden Häuser, die in ihrem schlichten klassizistischen Stil das Stadtbild prägten. Die Wilhelmstraße – wegen ihrer zahlreichen eleganten Hotels, Cafés und Geschäfte auch „Rue" genannt – entwickelte sich mit der Zeit zu einer Flanierstraße. Im Juni feiert man hier das Wilhelmstraßenfest („Theatrium"). Geht man nun auf der Wilhelmstraße zurück in Richtung Theater, kommt man zu einer Passage mit Jugendstil-Entrèe. Durch sie gelangt man an die Rückfront der Marktkirche. Links von dieser liegt das Dernsche Gelände, ein großer Platz mit einer alten Marktanlage, die 1902 mit dem darunter liegenden Gewölbekeller geschaffen wurde. Genutzt wird der Platz für den Wochenmarkt, das Gewölbe beherbergt die Markthallen.
Wir befinden uns nun an der Rückseite eines großen, roten Sandsteingebäudes: Das Neue Rathaus aus dem Jahr 1887 wurde am 2./3. Februar 1945 bis auf den Eingangsbereich durch Bomben zerstört und modernisiert wieder aufgebaut. Der Haupteingang liegt am Schlossplatz mit seinem Marktbrunnen. Auf dessen Brunnensäule sieht man den Nassauischen Löwen, der das Wiesbadener Stadtwappen hält: drei goldene Lilien auf blauem Grund.

Dieser Brunnen war der erste Laufbrunnen in der Stadtmitte und wurde schon 1567 angelegt. 1755 erhielt er die heutige barocke Fassung. Schräg gegenüber befindet sich das älteste Haus Wiesbadens, das Alte Rathaus (1610) und heutige Standesamt. Hier auf dem Schlossplatz und auf dem Dernschen Gelände wird alljährlich zehn Tage lang das größte Weinfest Deutschlands gefeiert: die Rheingauer Weinwoche, die jedes Jahr am 2. Augustwochenende beginnt. Die Rheingauer Winzer präsentieren hier ihren Wein. Zur Adventszeit zieht ein stimmungsvoller Weihnachtsmarkt („Sternschnuppen-Markt") mit Verkaufsbuden, Glühweinständen und Kinderkarussells viele Besucher an.

Gegenüber den beiden Rathäusern steht das Schloss der Herzöge von Nassau (1840–42), heute Sitz des Hessischen Landtags. Erbaut wurde es im Stil des romantischen Klassizismus in bewusster Abkehr vom absolutistischen Prunk des vorhergehenden Barocks. Soweit nicht im Krieg zerstört, ist die Original-Innenausstattung des Schlosses noch vorhanden. Kostbare Wand- und Deckenmalereien, Möbel, sowie Intarsien-Parkettböden sind zu bewundern. (Die Besichtigung des Schlosses und des Landtags ist kostenfrei, eine telefonische Anfrage ist erforderlich, Tel. 06 11-35 02 94.) Rechts neben dem Landtagsgebäude steht das Kavaliershaus (1826), ein frühklassizistisches bürgerliches Palais, das später dem Schloss ebenso wie das sich ihm anschließende Gebäude, die Kaiser-Wilhelms-Heilanstalt (1868–71) an der Ecke Schlossplatz/Mühlgasse, angegliedert wurde. Letzteres diente als preußisches Militärkurhaus für kranke und verwundete Soldaten und Offiziere.

Abgerundet wird die Besichtigung rund um den Schlossplatz durch die Marktkirche (1862): Nach der Zerstörung der mittelalterlichen Mauritiuskirche durch einen Brand wurde das Gebäude als nassauischer Landesdom im gotischen Stil wieder erbaut. Die schmuckreiche Fassade, die vielen Türme und Türmchen und der mit 98 Metern höchste Turm der Stadt prägen nach allen Seiten das Stadtbild (jeden Samstag um 11.30 h für 30 Minuten Orgelmusik, Eintritt frei; sonntags um 10 h evangelischer Gottesdienst; Kirchen-

besichtigung außerhalb der Gottesdienste möglich). Das Denkmal vor der Marktkirche präsentiert einen gewichtigen Mann der Weltgeschichte: Wilhelm von Oranien, bekannt auch als Wilhelm der Schweiger. Ein Wiesbadener Bonmot lautet: „Was soll denn Wilhelm anderes tun als schweigen? Er hat doch das Schloss vor dem Mund.“ Tatsächlich war der Prinz ein sehr eloquenter Herrscher, der aber zumeist über seine politischen Absichten schwieg. Als Erbprinz wurde Wilhelm am Hof des spanischen Königs Karl V. erzogen und trat dort schnell zum katholischen Glauben über. So wurde er später Spaniens Statthalter in den Niederlanden. Als Gegner jeglicher Glaubenskriege avancierte Wilhelm zum zunächst geheimen, später zum leidenschaftlich bekennenden Widerstandskämpfer gegen die Inquisition: Die Soldaten und das Geld für die Kriege gegen Spanien schickte ihm sein Bruder aus Nassau, der dafür sogar sein komplettes Tafelsilber verpfändete. Nach jahrelangen Kämpfen proklamierte Wilhelm der Schweiger 1581 die niederländische Unabhängigkeit. König Philipp von Spanien, der Sohn Karls V., ließ Wilhelm daher im Jahr 1584 ermorden. Die Holländer ehren ihren ersten Regenten heute mit ihrer Nationalhymne, in der es heißt: „Wilhelmus, bin ich von Nassauen aus deutschem Blute.“

Durch die Mühlgasse vorbei an bemerkenswerten Geschäftshäusern im Stil des Klassizismus, des Jugendstils und des Neorokokos, gelangt man links in die Grabenstraße mit dem Bäckerbrunnen. Vom Bäckerbrunnen holten sich in früherer Zeit Gasthofbesitzer mit Pferdefuhrwerken ihr Thermalwasser. Die Grabenstraße und die parallel verlaufende Wagemannstraße umschließen das so genannte Schiffchen, ein Ensemble schöner Altstadthäuser, das heute ein Kneipenviertel ist. Durch die Goldgasse gelangt man zur Langgasse, geht man dort nach links, kommt man zum „Pressehaus“. Diesem gegenüber, am Ende einer kurzen Gasse, steht das Römertor. Deutlich zu erkennen sind die Steine der über 1.600 Jahre alten römischen Mauer, genannt „Heidenmauer“ (ca. 364 n. Chr.). Entgegen bisherigen Vermutungen, es handele sich um eine römische Verteidigungsmauer gegen die Völkerwanderung, lassen neuere Forschungen darauf schließen, dass dies das größte römische Aquädukt jenseits der Alpen war, welches für das römische Heerlager am Rhein, das Castrum Mattiacum (heute Mainz-Kastel), gebaut wurde. Das Wasser wurde demnach von den Taunushöhen über das Aquädukt ins Tal geleitet. Von dieser Konstruktion ist mit der Heidenmauer nur noch ein kleiner Rest erhalten. An dieser Stelle wurde in späterer Zeit zur Dekoration das historisierende Römertor geschaffen und ein kleines Freilichtmuseum mit Repliken römischer Funde angelegt.
Rechts daneben befindet sich die Kaiser-Friedrich-Therme (1913).

Dieses luxuriöse Kurmittelhaus der Kaiserzeit steht auf der von den Römern entdeckten Adlerquelle. Vom Mittelalter an bis zum Beginn des 20. Jahrhunderts stand hier „Der Adler", eines der größten Badehotels mit Posthalterei. Nach seinem Abriss wurde die Coulinstraße neu angelegt und das luxuriöse Kurmittelhaus Kaiser-Friedrich-Therme errichtet. Die Außenfront ist im Neoklassizismus, die Innenaustattung im Jugendstil mit kostbaren Kacheln gebaut. Fresken im Flur und im Badebereich zieren den stilvollen Thermal-Badebereich im Erdgeschoss („Römisch-Irisches Bad" im historischen Ambiente, verschiedene Ruhebereiche – dienstags Damenbadetag, an allen anderen Tagen gemischter Badebetrieb). Von hier aus geht man zum Kranzplatz, wo sich das älteste Hotel Deutschlands, der Schwarze Bock (1486) befindet. Früher hatte der „Schwarze Bock" auch eine Poststation mit Pferdebad. Heute ist es ein 5-Sterne-Hotel mit dem Flair eines Grand Hotels der Jahrhundertwende. Gegenüber steht das ehemalige Palasthotel (1904), ein wichtiger Jugendstilbau. Hier logierte Caruso, wenn er im Wiesbadener Theater auftrat. Auf dem Kranzplatz befindet sich der Kochbrunnen. Sein 67° Celsius heißes Wasser hat neben zahlreichen Mineralstoffen auch einen starken Eisengehalt, der durch Oxydation nach zwei bis drei Tagen als rötlicher Sinter sichtbar wird. Damit färbten sich die Römer die Haare. Die aus dem Sinter gewonnenen „Mattiakischen Kugeln" waren ein Exportschlager bis nach Rom.

Der Kranzplatz geht in den Kochbrunnenplatz über, der von dem imposanten Gebäude des ehemaligen Grand Hotel Rose (1900), seit 2004 Sitz der Hessischen Staatskanzlei, dominiert wird. Von hier aus führt der Weg durch die Spiegelgasse, an deren Ende es nach links zum Kaiser-Friedrich-Platz geht. An dessen linker Seite ist das bekannte Fünf-Sterne-Hotel Nassauer Hof gelegen. Vor uns liegt nun erneut das Bowling Green, der Ausgangspunkt dieses Rundgangs.

Eine mögliche Erweiterung des Rundgangs: Die nördliche Begrenzung des Kochbrunnenplatzes ist die als Antiquitätenmeile bekannte Taunusstraße. Diese geht im Westen in den Nerotal genannten Park über. Von hier aus führt die Bergbahn auf den Neroberg.

STADTRUNDGANG NR. 2

Kurhaus – Kurpark – Villenviertel – Wilhelmstraße – Luisenplatz – Dernsches Gelände
Dauer: ca. 90 Minuten (ohne Innenbesichtigungen)

Die Wiesbadener Villen stehen im Mittelpunkt dieses schönen Rundgangs, der ebenfalls am Kurhaus beginnt (Näheres zu Kurhaus, Bowling Green, Kurhauskolonnaden, Hessisches Staatstheater und Theaterkolonnaden → Stadtrundgang Nr. 1 S. 57).
Hinter dem Kurhaus durchquert man den Kurpark mit herrlichem altem Baumbestand, gepflegten, jahreszeitlich immer wieder neu bepflanzten Blumenbeeten und zahlreichen Parkbänken sowie einem künstlichen See mit Fontäne und einem Bootsverleih. Nahe des Parkeingangs sehen wir zwei hohe Säulen mit der Gravur 1810, die an das erste Kurhaus, errichtet von Christian Zais, erinnert.

Der Platz unter den Säulen ist ein beliebtes Motiv für Hochzeitspaare. Verlässt man den umzäunten Kurpark durch das hintere Tor, so führen die Wege beidseitig des Rambachs an großartigen Villen vorbei. Diese Wege lohnt es, bis zu den Tennisplätzen zu verfolgen. Anschließend geht man zum hinteren Eingangstor des Kurparks zurück, um dort nach links zur Parkstraße zu gelangen. Besonders beeindruckend ist die spätklassizistische Villa auf dem Eckgrundstück zur Bodenstedtstraße. Unser Villenrundgang folgt der steil ansteigenden Bodenstedtstraße bis zur Bierstadter Straße, die man überquert, um in die Alwinenstraße zu kommen. Am Ende der Alwinenstraße beginnt die Solmsstraße mit dem Solms-Schlösschen, das sich Prinz Albrecht zu Solms-Braunfels 1890 erbauen ließ. Der Prinz entstammte einer der ältesten Hochadelsfamilien und war Vetter des Kaisers, der ihn bei seinen Wiesbadener Aufenthalten oft besuchte. Dieses Anwesen mit seinen Türmen, Erkern und Balkonen ziert unübersehbar das Eckgrundstück zur Gustav-Freytag-Straße. Folgen Sie nun stadteinwärts dieser nach dem Schriftsteller Gustav Freytag benannten Straße, der 14 Jahre lang in Wiesbaden lebte und arbeitete. Entlang den Villen aus der Gründerzeit und der wilhelminischen Ära erreicht man erneut die Bierstadter Straße.

Nur wenige Schritte weiter biegt man rechts in die Frankfurter Straße ein und befindet sich vor der Englischen Kirche und der Villa Clementine (→ Stadtrundgang Nr. 1 S. 57). Hier erreicht man die Wilhelmstraße, der man nach links folgt. Die rechts abgehende Luisenstraße führt an der Ecke zur Bahnhofstraße zum Hessischen Justizministerium. Das Gebäude ließ der Herzog von Nassau im Stil eines italienischen Renaissance-Palazzos (1838–1842) erbauen. Der Luisenstraße folgend, erreicht man den Luisenplatz mit seiner einzigartigen und lückenlosen klassizistischen Bebauung und der Bonifatiuskirche. Diese wurde vom nassauischen Baurat Philipp Hoffmann, der auch die Russische Kirche auf dem Neroberg schuf, als erste katholische Kirche in Wiesbaden erbaut. Der Luisenplatz ist ein Geschenk von Herzog Adolph an die Gemeinde, nachdem dieser den ursprünglichen Plan, hier sein Schloss mit Paradeplatz und einer Alleenanbindung an sein Schloss in Biebrich bauen zu lassen, aufgegeben hatte.
Links an der Bonifatiuskirche vorbei, durch das Kirchenreulchen, gelangt man zur Friedrichstraße. In diese biegt man nach rechts ein und erreicht das Gesellschaftshaus der Wiesbadener Casino-Gesellschaft, die 1815 zum Zwecke „der gesellschaftlichen und literarischen Unterhaltung von Wiesbadener Bürgern" gegründet wurde. Im Erdgeschoss ist heute eine bayerische Bank untergebracht. Über ein barockes Treppenhaus ist der Festsaal zu erreichen. Hier trifft sich noch immer die Wiesbadener Casino-Gesellschaft zu ihren Veranstaltungen und Festen. Ebenso finden auch Ausstellungen und Konzerte statt. In diesen Räumen musizierten schon Johannes Brahms, Richard Strauß, Paul Hindemith und der Wiesbadener Max Reger. (Die Festräume können auf Anfrage besichtigt werden, Tel. 06 11-30 07 36.)

Wenige Schritte weiter erblickt man zur Linken das Dernsche Gelände (→ Stadtrundgang Nr. 1 S. 57), an dem dieser Rundgang endet.

STADTRUNDGANG NR. 3

Luisenplatz – Rheinstraße – Ringkirche – Kaiser-Friedrich-Ring – Lutherkirche – Reisinger-Anlagen – Rheinstraße
Dauer: ca. 60 Minuten (ohne Innenbesichtigungen)

Dieser Rundgang führt in die Wohnviertel, die um die Wende vom 19. zum 20. Jahrhundert entstanden sind. Sie sind neben den vielen Villen prägend für das Stadtbild mit seiner hohen Wohn- und Lebensqualität. Start ist am Luisenplatz mit seinem kompletten Ensemble frühklassizistischer Häuser. In der Rheinstraße, die den Luisenplatz im Süden begrenzt, steht ein großes, breit gestrecktes Gebäude – die Nassauische Sparkasse – mit zahlreichen Rundbogenfenstern, Medaillons und einem prachtvollen Kranzgesims. Das Haus wurde 1863–65 in den letzten Jahren der Regentschaft Herzog Adolphs von Nassau erbaut und später mehrmals erweitert. Aus der nassauischen Zeit stammen auch die Häuser, die man mit Blick in Richtung Ringkirche auf der rechten Seite der Rheinstraße nach der Einmündung der Schwalbacher Straße sieht. Diese unterscheiden sich durch Feingliedrigkeit und edlen Bauschmuck deutlich von den gegenüberliegenden Bürgerhäusern der späteren preußischen Epoche. Bevor man den Kaiser-Friedrich-Ring („1. Ring") erreicht, lohnt ein Abstecher nach rechts in die Wörthstraße. Im Haus Nr. 4–6, welches auffallend reich dekoriert ist, wurden 1850 die keramischen Werkstätten Höppli gegründet. Nahezu alle Häuser und Kirchen, das Staatstheater sowie das Kurhaus, verdanken dieser blühenden Firma ihren Dekorationsreichtum. Den gewaltigen optischen Schlusspunkt der Rheinstraße bildet die Ringkirche.

Die Ringkirche – 1894 vom Berliner Architekten Johannes Otzen gebaut – ist ein Denkmal von nationalem Rang und steht beispielhaft für das neue Bauen protestantischer Kirchen im ausgehenden 19. Jahrhundert, auch das „Wiesbadener Programm" genannt. Es ist richtungweisend und verbindlich für den Bau zahlreicher protestantischer Kirchen in Deutschland gewesen. Altar, Kanzel und Orgel wurden im Zentrum der Kirche so angeordnet, dass die Gemeinde sich im Gegensatz zur althergebrachten Basilika mit dem Altar im Chorraum näher am Ort der Verkündigung befand. Wie ein Halbkreis wird die Ringkirche vom Rheingauviertel umgeben.

Folgt man nun dem Kaiser-Friedrich-Ring in Richtung Bahnhof, findet man zahlreiche schöne und individuell gebaute Jugendstilhäuser vor. Bemerkenswert sind die Eckhäuser, die mit einer Fülle von Säulen, Balkonen, Fenstern, Erkern, Figuren und anderem Bauschmuck verziert worden sind. Immer wieder entdeckt man hier einen dominanten Turm als Eckbetonung. Oft gleichen diese Bürgerhäuser in Größe und Pracht richtigen Palästen. Rechter Hand des Ringes folgt das Dichterviertel. Hier wurde zwischen 1908 und 1911 eine weitere protestantische Kirche nach dem „Wiesbadener Programm" gebaut – die Lutherkirche. Dieses eindrucksvolle deutsche Jugendstilgebäude liegt rechter Hand des Kaiser-Friedrich-Rings am Gutenbergplatz. Ein auffallend hohes Dach bindet Pfarrhaus, Küsterbereich sowie Gemeindehaus mit ein. Die Lutherkirche war auch die Predigtkirche Martin Niemöllers.

Geht man am Kaiser-Friedrich-Ring einen Block weiter, gelangt man zu dem neobarocken Landeshaus mit seinem gewaltigen Säulenportal, das 1905–1907 für die frühere preußische Provinzverwaltung beziehungsweise das Kommunalparlament erbaut wurde und in dem sich heute das Hessische Ministerium für Wirtschaft und Technik befindet. Danach erreicht man den Wiesbadener Hauptbahnhof, einen Kopfbahnhof. Kaiser Wilhelm II. gefiel dieser neobarocke Bahnhof sehr, war doch exklusiv für seinen Salonwagen das Gleis 1 a und ein kaiserlicher Empfangsraum reserviert. Hier wurde der Kaiser durch Honoratioren der Stadt begrüßt, bevor er unter dem Jubel der Bevölkerung hoch zu Pferd über die Wilhelmstraße ritt. Einzigartig in Deutschland ist, dass der Bahnhof auf der gegenüberliegenden Seite keine Häuserzeile hat, sondern eine begrünte Parkanlage, die Reisinger-Anlagen. Diese gewähren den Ankommenden einen freien Blick auf die Stadt und den dahinter liegenden Taunus. Am Ende dieser Anlagen stehen die Rhein-Main-Hallen. Sie wurden durch viele Fernsehshows bekannt, die das damals noch in Wiesbaden ansässige ZDF in den 60er und 70er Jahren von hier aus übertrug. Inzwischen finden in den Hallen Messen, Kongresse und Ausstellungen sowie Shows und Veranstaltungen wie der „Ball des Sports" statt. Gegenüber den Rhein-Main-Hallen ist das Museum Wiesbaden. Das Goethe-Denkmal davor (der Dichter in Jupiter-Pose) erinnert daran, dass dieser sich während seiner Kuraufenthalte 1814–15 für die Einrichtung eines Museums einsetzte. Dieses wurde zuerst im Erbprinzenpalais an der Wilhelmstraße untergebracht. Erwähnenswert ist die großartige Gemäldesammlung des russischen Malers Alexej von Jawlensky, der die letzten 20 Jahre seines Lebens in Wiesbaden verbrachte und 1941 verstarb. Am Museum Wiebaden endet dieser Rundgang.

MUSEEN, KULTUR & FESTIVALS

Beachtenswert ist das Museum Wiesbaden an der Wilhelmstraße mit seiner bedeutenden Kunstsammlung, der Naturwissenschaftlichen Sammlung, der Sammlung Nassauischer Altertümer, der Jawlensky-Sammlung sowie häufig wechselnden Ausstellungen. 1962 war das Museum Schauplatz eines der ersten Fluxus-Happenings – ein bedeutender Moment der Avantgardekunst. Besuchenswert sind Veranstaltungen des Wiesbadener Literaturhauses (Villa Clementine → Stadtrundgang Nr. 1 S. 57) sowie des 1847 gegründeten Nassauischen Kunstvereins (Wilhelmstraße 15) mit einem zeitgenössischen Ausstellungsprogramm.

Für Erwachsene und Kinder gleichermaßen spannend ist die Besichtigung des Feuerwehrmuseums (Kurt-Schumacher-Ring 16, Anmeldung unter Tel. 06 11-49 90).

Neben den fünf Bühnen des Hessischen Staatstheaters bieten auch das Pariser Hoftheater und das thalhaus ein vielfältiges Konzert-, Theater- und Kabarettprogramm.

Von überregionaler Bedeutung sind die von Kaiser Wilhelm II. im Jahr 1896 gegründeten Internationalen Maifestspiele mit klassischen Konzerten und aktuelle Theaterproduktionen.

Von internationalem Rang ist das jährlich stattfindende Rheingau Musik Festival. Weltbekannte Solisten und Orchester gastieren an über 40 verschiedenen Veranstaltungsorten, darunter die architektonischen Kostbarkeiten und Wahrzeichen des Rheingaus: Kloster Eberbach, Schloss Johannisberg, Schloss Vollrads, das Wiesbadener Kurhaus und viele reizvolle Kirchen und alte Weingüter. Trotz des Schwerpunktes „Klassische Musik" haben auch Jazz, Kabarett und literarische Weinproben ihren festen Platz im Programm. Gegründet wurde das Rheingau Musik Festival von einer kleinen Gruppe von Musikenthusiasten um Michael Hermann, dem Geschäftsführer und künstlerischen Leiter.

Infos unter Tel. 0 18 05-74 34 64, Mo–Fr 9.30–17 h oder www.rheingau-musik-festival.de.

Der Erfolg des Rheingau Musik Festivals zog weitere bedeutsame Veranstaltungen nach sich, so das Rheingau Gourmet & Wein Festival www.rheingau-gourmet-festival.de und das Rheingau Literatur Festival www.rheingau-literatur-festival.de.

Das Kulturzentrum Schlachthof Wiesbaden ist in den vergangenen Jahren als Veranstalter von Popkonzerten, vor allem jenseits des Mainstreams, in Erscheinung getreten.

Eines der schönsten deutschen Kinos ist die vom Kulturamt der Stadt betriebene, 1926 erbaute Caligari FilmBühne, ein „Juwel unter den deutschen Lichtspielhäusern", wie sie von dem in Wiesbaden geborenen Regisseur Volker Schlöndorff einmal treffend charakterisiert wurde. Das Caligari ist die Spielstätte für das „exground-filmfest" sowie das „goEast-Festival des mittel- und osteuropäischen Films". Eine weitere cineastische Besonderheit ist die im Biebricher Schloss stattfindende Reihe „Filme im Schloss" mit Filmen in ihrer Originalversion. Hier findet auch jeweils am letzten Oktober-Wochenende das „Internationale Trickfilm-Wochenende Wiesbaden" statt, eine viertägige Werkshow aktueller Produktionen, aber auch Retrospektiven.
Seit 2005 wird in der Landeshauptstadt das Festival „Deutscher FernsehKrimi-Preis" veranstaltet: gezeigt werden die besten Fernsehproduktionen des aktuellen Jahres, die bei einer festlichen Abendveranstaltung prämiert werden. In Filmgesprächen und Vorträgen wird die Entwicklungen des Genres reflektiert. Interessant für Fachpublikum und Krimifans. Weitere Infos finden sich unter www.wiesbaden.de.

ORTSTEIL BIEBRICH

Außerhalb des Stadtkerns am Rheinufer gelegen, befindet sich das Biebricher Schloss, eine in der ersten Hälfte des 18. Jahrhunderts entstandene Sommerresidenz der Fürsten und Herzöge von Nassau. Das Schloss liegt in einem Park, der zwischen 1817 und 1823 nach englischem Vorbild angelegt wurde. Überraschenderweise kann man hier eine verwilderte und an unser Klima angepasste Papageienkolonie in den Bäumen beobachten. Selbst in den Wiesbadener Kurpark und die anliegenden Villenviertel machen diese Tiere ihre Ausflüge und sind dort oft zu sehen und zu hören. Ganz in der Nähe, an der Rheinpromenade, an der auch die Köln-Düsseldorfer-Schifffahrtsgesellschaft zu Ausflugsfahrten in den Rheingau einlädt, steht die Villa Annika, in der Richard Wagner 1862 den 1. Akt und das Präludium zum 3. Akt seiner „Meistersinger" komponierte. Auf dem Rückweg in die Innenstadt durch die Biebricher Allee kommen wir an der 1909 errichteten Sektkellerei Henkell (Besichtigung möglich, Tel. 06 11-6 32 09) vorbei.

ORTSTEIL SCHIERSTEIN

Das zwischen Biebrich und Walluf am Rhein gelegene Schierstein ist vor allem durch seinen Mitte des 19. Jahrhunderts angelegten Hafen von touristischem Interesse. Viele der alten Gässchen des ehemaligen Flößer- und Fischerortes führen an die Hafenpromenade mit alten Platanen, wo Segel- und Motorjachten, Ausflugsboote, der Ruderverein, Windsurfer, Angler, Eisbuden, Restaurants und Biergärten im Sommer für Ausflugsatmosphäre sorgen. Kein Wunder, dass die Hafenpromenade von den Einheimischen gerne als „Riviera" bezeichnet wird. Am westlichen Ende der Promenade steht die Nachbildung der 1888 in Schierstein gefundenen Jupitersäule (das Original steht im Museum Wiesbaden): Sie zeigt Jupiter auf einem springenden Pferd und war einst vor einem hier befindlichen römischen Gut aufgestellt.

Vom Hafen aus gelangt man durch das Paradiesgässchen zur evangelischen Christophoruskirche, eine der wenigen erhaltenen Rokokokirchen des Rheingaus. Diese Kirche wurde im Jahr 1754 errichtet und ersetzte seinerzeit einen Vorgängerbau aus dem 9. Jahrhundert. Bemerkenswert ist der in wundervollen Farben ausgemalte, heiter-elegante Innenraum. In der Kirche ist auch die für das Musikleben Wiesbadens bedeutende Schiersteiner Kantorei beheimatet, die sich besonders dem Werk Johann Sebastian Bachs widmet.

Gleich neben der Christophoruskirche ist in einem Barockbau von 1767 das Heimatmuseum untergebracht, das Exponate zur Ortsgeschichte, vor allem zur Arbeitswelt der Fischer, Flößer, Schiffer und Weinbauern präsentiert.

ORTSTEIL DOTZHEIM

Eine besondere Faszination geht vom Schloss Freudenberg aus. Mit seinem „Erfahrungsfeld zur Entfaltung der Sinne und des Denkens" im verwilderten Park und im Inneren des Schlosses. Das Schloss selbst wird seit 1993 von einer Gruppe von Künstlern, Pädagogen, Architekten und Handwerkern umfassend saniert. Der gemeinnützige Verein, der für seine Arbeit den Kulturpreis der Stadt Wiesbaden erhielt, lehnt sich u. a. an Ideen von Joseph Beuys, Rudolf Steiner und Maria Montessori an. So entsteht ein zwischen Philosophie und Alltag schwebendes Gesamtkunstwerk in Form einer „Lehrbaustelle", die etwa im Jahr 2062 vollendet sein soll. Künstlerische Inszenierungen, Konzerte, Ausstellungen oder Märchenabende sind Teil des Gesamtkonzepts (Eintritt für das Schloss Kinder von 3-6 € 3,50, von 7-17 € 5,50, Erwachsene € 9). Der Park des Schlosses ist alljährlich im Spätsommer der Veranstaltungsort des stimmungsvollen Festes „Folklore im Garten" mit Konzerten, Theater- und Kleinkunstveranstaltungen.

WANDERN/SPAZIEREN

Einer der beliebtesten und bequemsten Spazierwege der Stadt, der sich auch für Rollstuhlfahrer, Senioren und Kinder eignet, beginnt im Kurpark hinter dem Kurhaus. Unter Bäumen führt er immer am kleinen Rambach entlang bis nach Sonnenberg. Für den Rückweg kann man die ESWE-Busse Nr. 16 oder 18 benutzen.

Mehrere markierte Rundwege beginnen am Parkplatz „Hohe Wurzel", der vom Ortsteil Klarenthal aus auf der L 3037 Richtung Bad Schwalbach zu erreichen ist.

Rund um die 500 Meter hoch gelegene „Platte" (→ Kinder S. 75) gibt es ein weit verzweigtes Wanderwegenetz, im Winter auch ausgeschilderte Langlaufloipen. Empfehlenswert ist es, mit dem Bus hinaufzufahren und anschließend auf dem mit dem „gelben Balken" gekennzeichneten Weg in die Stadt hinunterzuwandern (7,5 km).
Anfahrt mit dem ESWE-Bus 50 (nur Sa/So) oder dem ORN-Bus 5474 (tägl.), z. B. ab Hauptbahnhof und Platz der Deutschen Einheit, zur Haltestelle „Platte" oder mit dem PKW über die Platter Straße und die B 417 Richtung Norden.

FAHRRADFAHREN

Unsere Tourenvorschläge 5 und 6 (→ Übersichten S. 264) starten und enden in Wiesbaden.
Fahrradverleih: Fahrrad Klauss, Bleichstraße 13, Tel. 06 11-40 88 06.

BADEN/WELLNESS

Kaiser-Friedrich-Therme
Das Irisch-Römische Prachtbad „Kaiser-Friedrich-Therme" wurde 1913 eröffnet und 1999 renoviert und erweitert. Nach wie vor lehnt sich die künstlerische Ausstattung mit Malereien, Reliefs und Ornamenten an luxuriöse Bauten der Antike an. Tempidarium, Sudatorium, Dampfbad, die historische Schwimmhalle und viele weitere Einrichtungen bieten wohltuende Entspannung. Der gesamte Komplex ist FKK-Bereich. Langgasse 38–40, tägl. 10–22 h, Fr bis 24 h. Weitere Infos unter Tel. 06 11-1 72 96 60 oder www.wiesbaden.de/baeder.

Thermalbad Aukammtal
Das Thermalbad Aukammtal bietet auf einem großen, landschaftlich schön gelegenen Areal seitlich des Kurparks ein umfassendes Wellnessprogramm. Es verfügt über acht verschiedene Saunen und im Schwimmbereich gibt es eine Verbindung zwischen dem Innen- und dem Außenbecken. Weitere Infos unter Tel. 06 11-1 72 98 80 oder unter www.wiesbaden.de/baeder.de.

Opelbad auf dem Neroberg
Das Opelbad auf dem Neroberg ist eines der schönsten Freibäder Deutschlands. Es ist im Bauhausstil errichtet und bietet einen sensationellen Blick über die Stadt. Der Gast findet alle Annehmlichkeiten eines modernen Badebetriebes inklusive Sauna.

Das Freiluftbad „Unter den Eichen" lädt nicht nur Kinder, sondern auch Erwachsene zum Spielen, Kneippen, Planschen und Sonnen ein. Es gibt auch einen geschlechtsgetrennten und einen gemeinsamen FKK-Bereich. Infos unter Tel. 06 11-52 31 95.

KINDER

Die kleine Wiesbadener Stadtbahn „Thermine" fährt die schönsten Ecken der Innenstadt ab. Startpunkt ab 9.20 h alle 70 Minuten vom Markt, Ecke De-Laspée-Straße (vor dem Restaurant Lumen). Die Rundtour führt bis auf den Neroberg. Infos bei der Tourist Information (→ Adressen S. 91) und unter www.thermine.de.

Eines der beliebtesten Ausflugsziele für Familien mit Kindern ist der Tier- und Landschaftspark „Fasanerie" mit einem vielfältig ausgestatteten Spielplatz. Der Tierpark ist bei freiem Eintritt ganzjährig geöffnet.
Tel. 06 11-46 73 23, Anfahrt mit dem ESWE-Bus Nr. 33,
Haltestelle „Fasanerie".

Das Freiluftbad „Unter den Eichen" (→ Baden/Wellness S. 74).

Für Kinder interessant und lehrreich ist die Naturwissenschaftliche Sammlung des Museums Wiesbaden mit seinen vielen exotischen Tierexponaten (→ Museen, Kultur & Festivals S. 69).

Auch das Feuerwehrmuseum ist unterhaltsam (→ Museen, Kultur & Festivals S. 69).

Das Areal um das Jagdschloss Platte ist ein Kinderparadies mit Abenteuerspielplatz, Minigolfanlage und einer großen Wiese, die im Winter als Rodelbahn beliebt ist. Zahlreiche Rad- und Spazierwege beginnen hier. Anfahrt mit den ORN-Bussen Nr. 5461, 5473 und 5474.

Am Ende des Nerotals führt ein Weg an Tennisplätzen vorbei ins Tal. Dieser lässt sich gut mit dem Kinderwagen oder Dreirad befahren. Nach etwa 1,5 km erreicht man die Leichtweißhöhle, den einstigen Unterschlupf des gleichnamigen Wilderers. Gleich daneben liegt ein Spielplatz (Besichtigung der Leichtweißhöhle So 13–18 h, Mi 10–14 h, Fr 14–18 h, Infos unter Tel. 06 11-5 45 39). Krönender Abschluss dieses Ausflugs für Kinder sollte die Fahrt mit der mit Wasserkraft betriebenen Nerobergbahn sein (→ Wiesbaden, allgemeiner Teil).

Die Henkell-Kunsteisbahn seitlich der Dotzheimer Straße lockt im Winter zum Open-Air-Schlittschuhlauf; im Sommer sind die Inlineskater hier in ihrem Element.
Hollerbornstraße/Nixenstraße, Infos unter Tel. 06 11-31 24 57.

Alljährlich vom ersten Adventwochenende bis in die erste Januarwoche wird am Warmen Damm vor der imposanten Kulisse des Hessischen Staatstheaters (→ Stadtrundgang Nr.1, S.57) eine Schlittschuhbahn aufgebaut (Schlittschuhverleih).

Stadtbabysitter „Die kleinen Racker"
Einen Einkaufsbummel ohne Kinder macht die Kinderbetreuungsagentur „Die kleinen Racker" (Bahnhofstraße 5) möglich. In einem liebevoll eingerichteten Ambiente mit altersgerechten Spiel-, Bastel- und Relaxzonen sind die Kleinen herzlich willkommen. Bei den Stadtbabysittern werden Kinder ab dem Säuglingsalter stundenweise von Montag bis Samstag von liebevollen und professionellen Betreuerinnen beaufsichtigt.
Tel. 06 11-3 60 82 92 oder www.die-kleinen-racker.de.

Informationsquellen für Freizeitaktivitäten mit Kindern

- Bei der Tourist-Information erhält man Informationen zu Ferienaktivitäten.
- Das Amt für Soziale Arbeit stellt gegen eine Schutzgebühr den „Kinder Kultur Katalog" zur Verfügung. Dotzheimer Straße 87/99, 65197 Wiesbaden.
- Die Internetseite www.club7.de, herausgegeben vom Amt für Soziale Arbeit, informiert über spezielle Veranstaltungen für Kinder und Jugendliche, z. B. den Mädchenkulturtag oder das „Hexenfest" mit Besenweitwurf u. v. m.
- „Flummi", das regionale Magazin für Groß und Klein mit umfangreichem Veranstaltungskalender und vielen Informationen zum Thema „Leben mit Kind" für Familien im westlichen Rhein-Main-Gebiet, erhält man kostenlos bei der Flummi Magazin/Neumert&Wiegand GbR, Hellmundstraße 45 (9–15 h) sowie in der Stadtbücherei Neugasse und allen Stadtteilbibliotheken oder im Jahresabo für € 17,50. Es erscheint alle zwei Monate.
  Weitere Infos unter Tel. 06 11-4 50 52 52 oder www.flummi-magazin.de.

FESTE

Vom Mittwoch vor Christi Himmelfahrt bis Sonntag trifft man sich auf dem Kranzplatzfest rund um den Kochbrunnen, wo zahlreiche lokale Bands auftreten.

Zum traditionellen Pfingstturnier trifft sich jedes Jahr die Weltelite des Reitsports im Park des Biebricher Schlosses. Die Pferdenacht zur Eröffnung ist ein gesellschaftliches Ereignis.

Jedes Jahr von Fronleichnam bis zum Sonntag danach, findet die Oldtimerrallye statt. Im Kurpark und im Hof der Sektkellerei Henkell (Biebricher Allee) kann man alle teilnehmenden Automobile bewundern.
Infos unter www.oldtimerrallye-wiesbaden.de.

Das jährlich Anfang Juni auf Wiesbadens Prachtboulevard, der Wilhelmstraße, ausgerichtete „Theatrium" gilt als größtes und eines der exklusivsten Straßenfeste Deutschlands. Informationen unter www.wiesbaden.de.

Mitte August erwartet die Rheingauer Weinwoche mit der „längsten Weintheke der Welt" und über 100 Weinständen auf dem Schlossplatz ihre Besucher.

Am ersten Samstag und Sonntag im September findet das Taunusstraßenfest statt, das von Anwohnern organisiert wird und neben gastronomischen Ständen ein unterhaltsames Programm bietet.

Der Schlossplatz bildet die malerische Kulisse für den Sternschnuppenmarkt, der die Besucher bis zum 23. Dezember vier Wochen lang in vorweihnachtliche Stimmung versetzt.

Ebenfalls eine lange Tradition hat das mitternächtliche Silvester-Spektakel am Bowling Green vor dem Kurhaus mit zeitgenössischer und klassischer Musik.

FREIZEIT BIEBRICH

Schifffahrten
In Wiesbaden-Biebrich befinden sich die Anlegestellen der Köln-Düsseldorfer Fahrgastschifffahrt, die in den Sommermonaten täglich Ausflugsfahrten in den Rheingau anbietet, sowie der Primus-Linie Anton Nauheimer GmbH (Kontaktdaten → Übersichten S. 269).

Kinder
Von der Anlegestelle Biebrich aus fährt von Mitte April bis Ende September die Fähre „Tamara" montags bis donnerstags im 1-Stundentakt von 9–14.45 h, am Wochenende bis 19 h zum Naturschutzgebiet und Freizeitgelände Rettbergsaue. Dort gibt es außer einem Kinderspielplatz auch Badmintonplätze, Tischtennis, Bodenschach oder Freiluftkegeln, einen Bolzplatz usw. Tel. Rettbergsaue 06 11-2 45 51.
Nähere Informationen unter www.wiesbaden.de, Stichwort Freizeitgelände.
Fährpreise: Kinder von 4–16 Jahren zahlen € 1,–, Erwachsene € 2,–.

FREIZEIT SCHIERSTEIN

Wandern/Spazieren
Um das Hafenbecken herum führt ein Rundweg, der sich auch für Rollstuhlfahrer und Kinderwagen gut eignet. Von der die Hafeneinfahrt überspannenden Dyckerhoff-Brücke bietet sich ein reizvoller Blick auf Schierstein und den Hafen. Westlich an den Hafen anschließend, liegt die Storchenwiese, ein geschützter Brutplatz für Störche. Seit der Idee zur Wiederansiedlung des hier ausgestorbenen Adebars im Jahr 1972 und dem ersten Bruterfolg 1975 ist die Population stetig gestiegen. Mittlerweile brüten hier jährlich ca. 30 Storchenpaare. Am besten kann man die Tiere mit einem Fernglas vom Hochwasserschutzdamm zwischen Schierstein und Niederwalluf beobachten. Jedes Jahr im Juni, wenn die Jungtiere geschlüpft sind, lädt die Storchengemeinschaft zu einem Tag der offenen Tür ein.
Storchengemeinschaft Wiesbaden-Schierstein e. V.,
Postfach 13 01 88, 65089 Wiesbaden oder www.storchengemeinschaft.de.

Kinder
Am Ende der Kleinaustrasse in der Nähe des Hafens liegt der beliebte Sandspielplatz „Söhnleinanlage".

Der Bootsausflug mit der „Tamara" zur Rettbergsaue kann auch vom Schiersteiner Hafen erfolgen (→ Freizeit Biebrich).

Feste
Alljährlich am zweiten Juli-Wochenende geht es beim Schiersteiner Hafenfest fröhlich zu – mit einem Vergnügungspark und einer 500 m langen „Fressgass" auf der Hafenpromenade. Sportlicher Höhepunkt ist das große Drachenbootrennen auf dem Wasser. Zum Abschluss am Montagabend steht dank eines Riesenfeuerwerks der „Hafen in Flammen".

Hin & Weg
Bahnhof
ESWE-Buslinien 14 und 25 von Wiesbaden bis Haltestelle „Hafen"

FREIZEIT DOTZHEIM

Fahrradfahren
Unser Tourenvorschlag 5 führt auch durch Dotzheim (→ S. 264).

Kinder
Schloss Freudenberg mit dem „Erfahrungsfeld der Sinne"
(→ Ortsteil Dotzheim S. 72).

Die unter → Besonderes beschriebene Aartalbahn bietet viele Sondertermine für Kinder an, etwa an Ostern und in der Vorweihnachtszeit: Dann steigt unterwegs der Osterhase oder der Nikolaus ein und verteilt Geschenke. Auf den „Teddybärenfahrten" dürfen Kinder in Begleitung eines Teddybären kostenlos mitfahren.

Besonderes
Am Dotzheimer Bahnhof beginnt Hessens „längstes Denkmal", die Aartalbahn. Diese Bahnstrecke, Ende des 19. Jahrhunderts von dem Eisenbahningenieur Moritz Hilf konzipiert, war seinerzeit die steilste des Deutschen Reiches und galt als geniale technische Konstruktion, da sie ohne aufwendige Tunnel- und Viaduktbauten auskam. Um vor allem die landschaftlich schönste Strecke zu retten, die kurz hinter Dotzheim die Waldgrenze erreicht und auf fast zehn Kilometern in engen Kurven und enormen Steigungen durch herrliche Taunuswälder führt, bildeten sich nach der Stilllegung durch die Deutsche Bahn verschiedene Initiativen. Seit 1986 betreibt nun die Nassauische Touristikbahn e. V. die traditionsreiche Trasse als Museumsbahn. Betriebstage sind Ostersonntag und Ostermontag, sonst von 1. Mai bis 3. Oktober an Sonn- und Feiertagen. Außerdem gibt es Sonderfahrten. Info unter. Tel. 06 11-1 84 33 30 oder www.aartalbahn.de (Anfahrt → Hin & Weg).

Feste
Jeweils am ersten Samstag im September findet auf dem Pfarrer-Luja-Platz der „Dibbemarkt" statt, ein traditioneller Keramik- und Töpfermarkt. Tonliebhaber können sich nicht nur an mannigfachen Geschirrvariationen erfreuen, sondern auch an Kunsthandwerk in jeder Form und Größe.

Hin & Weg
ESWE-Busse Nr. 23, 24 vom „Platz der Deutschen Einheit" bis Haltestelle „Bahnhof Dotzheim")

RESTAURANT BEAU SITE

Nerotalstraße 66, 65193 Wiesbaden, Tel. 06 11-52 60 66,
Öffnungszeiten tägl. 12–14.30 h, abends ab 18 h.
Romantisch gelegen im Nerotal, gegenüber der Talstation der Nerobergbahn.

RESTAURANT BOBBESCHÄNKELCHE

Röderstraße 39, 65183 Wiesbaden, Tel. 06 11-52 79 59,
Öffnungszeiten Mo–Fr ab 17 h, So Ruhetag.
Gemütliches, gutbürgerliches Wirtshaus mit traditioneller deutscher Küche; nette Atmosphäre, ein kleiner Ausflug in die Vergangenheit.

RESTAURANT CAPRICORNE, RADISSON SAS SCHWARZER BOCK HOTEL

→ Radisson SAS Schwarzer Bock Hotel S. 89

THAIRESTAURANT CHOOKDEE

Spiegelgasse 3, 65183 Wiesbaden, Tel. 06 11-30 58 40,
Öffnungszeiten tägl. 12–1 h (Reservierung erforderlich).
Thailokal, stilechte Einrichtung, mit guter Küche.

LANDHAUS DIEDERT, HOSTELLERIE

Am Kloster Klarenthal 9
65195 Wiesbaden
Tel. 06 11-1 84 66 00
www.landhaus-diedert.de
Hotel durchgehend, Restaurant
Di–So 12–15 h und 18–22.30 h,
Sa nur abends, 14 Zi, EZ € 85, DZ € 105

Mitten im grünen Tal von Alt-Klarenthal liegt das gemütliche Restaurant im Landhausstil. Im Winter lockt der knisternde Kamin, im Sommer schattige Plätze unter Platanen. Zum Übernachten erwarten den Gast 14 komfortable Zimmer im französisch-rustikalen Stil. Das Ganze wird abgerundet durch die herausragende Küche mit bodenständigen, saisonal ausgewählten Speisen.

RISTORANTE CLASSICO DI GREGORIO

Frankfurter Straße 36
65189 Wiesbaden
Tel. 06 11-3 75 71 77
www.di-gregorio.de
Mo–Sa 11.30–14 h und 17.30–23.30 h
(Reservierung ratsam)

Stilvoll-elegantes Restaurant mit gemütlichem Flair. Mit seinen kreativen Fisch- und Fleischgerichten und den täglich wechselnden Empfehlungen ein „Muss" für Fans der italienischen Spitzenküche. Es lohnt sich, den Weinempfehlungen des Patrons zu folgen, denn der Weinkeller beherbergt überraschend gute italienische Rot- und Weißweine zu zivilen Preisen.

DOMÄNE MECHTILDSHAUSEN (RESTAURANT / GÄSTEHAUS)

65205 Wiesbaden
(Abfahrt Erbenheim, Fort Bieler-Wiesbaden Airbase)
Tel. 06 11-7 37 46 60
www.mechtildshausen.de
Di–Sa mittags und abends
So nur mittag
Angegliedertes Gästehaus
15 Zi, EZ € 80, DZ € 130

Die Domäne Mechtildshausen ist ein Ort mit mediterranem Flair und exquisiter Küche. Die von den Küchenmeistern verarbeiteten Lebensmittel kommen in höchster Qualität fast ausschließlich vom eigenen Bio-Bauernhof und seinen Veredlungsbereichen. Hohen Genuss bieten auch die exzellenten Weine von deutschen und französischen Spitzenwinzern.

GOURMETRESTAURANT ENTE

Kaiser-Friedrich-Platz 3
65183 Wiesbaden
Tel. 06 11-13 36 66
www.nassauer-hof.de
Mo–Sa 12–14.30 h und 18–22.30 h

Seit Jahrzehnten ein über die Stadtgrenze hinaus bekanntes Restaurant. Stets sind es Spitzenköche, die mit ihrer individuellen Kunst in Zusammen arbeit mit herausragenden Sommeliers ihre Gäste erobern. Der Gastraum zeichnet sich durch ein modernes und stilvolles Interieur aus. Gepflegte Außenplätze mit Blick auf die Wilhelmstraße, das Kurhaus und die Theaterkolonaden.

RESTAURANT GOLLNERS BURG SONNENBERG

Am Schlossberg 20, 65191 Wiesbaden, Tel. 06 11-54 14 09, www.gollners.de, Öffnungszeiten täglich 12–14 h und 18–24 h. Erlesene, moderne Küche und ebensolche Innenausstattung; schöne, hoch gelegene Gartenterrasse innerhalb der Burgruine mit Aussicht auf Sonnenberg.

ZUM HIRSCH

Eppsteiner Str. 2
65207 Wiesbaden-Rambach
Tel. 06 11-54 05 37
www.zumhirsch.de
Tägl. Mo–Sa 15–23.30 h und
So ab 11.30 h

Mitten in Rambach liegt die Apfelweinkneipe „Zum Hirsch". Selbst gekelterter Apfelwein und typisch hessische, bürgerliche Küche zeichnen diese gemütliche Gaststätte aus. Im Sommer ist der Innenhof beliebter Treffpunkt eines bunt gemischten Publikums. Den beiden Wirten ist es gelungen, dieses Lokal zu einer Institution zu machen. Auch Kinder sind gern gesehene Gäste.

HUBERTUSHÜTTE

Goldsteintal 60
65207 Wiesbaden
Tel. 06 11-54 24 10
Mai–Sept. Mo–Fr 12–1 h, Sa und
So ab 11.30 h, Okt.–Apr. Mi–Fr 17–1 h,
Sa und So ab 11.30 h

Im idyllischen Goldsteintal, östlich von Wiesbaden zwischen Sonnenberg und Rambach, liegt das gemütliche Restaurant. Für die einen Ausflugs- für die anderen Stammlokal. Vom „Handkäs´ mit Musik" bis zum anspruchsvollen mediterranen Hauptgericht ist der Bogen gespannt. Eine angeschlossene Vinothek und eine große Gartenterrasse sowie ein Kinderspielplatz laden zusätzlich ein.

GASTHOF JAGDSCHLOSS PLATTE

65195 Wiesbaden
(an der B 417)
Tel. 06 11-18 11 80
www.jagdschloss-platte.de
Tägl. 11–24 h

Nur wenige Autominuten vom Stadtzentrum entfernt (an der B 417, ausgeschildert), kann man in einem liebevoll eingerichteten, stilvoll-rustikalen Ambiente herzhafte Gerichte sowie frischen Kaffee und Kuchen genießen und sich vom Trubel der Stadt erholen. Von kleineren Familienfeiern bis hin zu Veranstaltungen mit bis zu 160 Personen – hier findet man für jede Gelegenheit den passenden Rahmen.

KÄFER'S BISTRO

Kurhausplatz 1
65189 Wiesbaden
Tel. 06 11-53 62 00
www.kurhaus-gastronomie.de
Mo–Sa 11.30–2 h, So 11–2 h

Das Ambiente des französischen Bistros, das sich direkt im Kurhaus Wiesbaden befindet, lohnt auf jeden Fall einen Besuch. Eine eigens entwickelte Aktionstheke und Küchenstation ermöglicht es den Gästen, die Zubereitung ihrer Speisen direkt mitzuerleben. Jeden Abend ab 19 h live Piano-Entertainment. Publikum von jung bis jung geblieben, von leger bis elegant.

RISTORANTE LA RUCOLA

Parkstraße 42 a
65189 Wiesbaden
Tel. 06 11-37 63 00
www.la-rucola.de
Tägl. 12–14.30 h und 18–23 h

Das La Rucola ist ein gehobenes Restaurant mit typisch italienischem Flair. Edle Speisen und italienische Klassiker sowie erlesene Weine werden geboten. Eine schöne Terrasse mit Blick auf den Kurpark und danebenliegende Tennisplätze bieten mitten in der Stadt angenehme Ruhe. Salvatore Di Gregorios Team versteht es, seinen Gästen den Süden Europas nahe zu bringen.

RESTAURANT LUMEN

Marktplatz
65183 Wiesbaden
Tel. 06 11-30 02 00
www.lumen-wiesbaden.de
So–Do 9–1 h, Fr–Sa 9–2 h

Modernes Ambiente vor historischem Hintergrund, direkt am Marktplatz gelegen. Exzellente Küche, basierend auf frischen Produkten höchster Qualität. Neben der kreativen Speisekarte gibt es eine variationsreiche Wochenkarte. Zur riesigen Getränkeauswahl gehören Weine aus aller Welt und von regionalen Winzern. Es empfiehlt sich auch für größere Veranstaltungen mit bis zu 400 Personen.

M RESTAURANT BAR LOUNGE

Taunusstraße 49
65183 Wiesbaden
Tel. 06 11-2 04 87 65
www.mrestaurant.de
Mo–Sa 11–14 h und 18–24 h,
So nur 18–24 h

Küchenchef Markus Seegert kocht kreative internationale Küche mit österreichischem Einschlag und Servicechef Bernhard Weber serviert dazu passende Weine aus der umfangreichen Weinkarte. Das M ist aber auch Bar und Lounge: Hier kann man einen ausgesuchten Wein oder einen edlen Whiskey genießen. Süffige Cocktails werden ebenfalls serviert.

RESTAURANT NEROTAL

Nerostraße 39
65183 Wiesbaden
Tel. 06 11-52 22 51
Di–So ab 18 h

Seit ein paar Jahren nun gelten sie in Wiesbaden als Insidertipp: All jene, die wenig Wert auf das große Drumherum legen, sondern das Eigentliche auf dem Teller schätzen, lieben Michael Hofmanns Art, Speisen auf das Wesentliche zu reduzieren. Den passenden Wein dazu serviert – mit viel Engagement und Charme – seine Lebensgefährtin Ulrike Döring.

RESTAURANT PRINZ VON ORANIEN

Oranienstraße 2
65185 Wiesbaden
Tel. 06 11-7 24 32 00
www.prinz-von-oranien.com
Mo, Di, Do und Fr 12–24 h,
Mi und Sa 18–24 h

Das Restaurant Prinz von Oranien versteht sich als ein "frischer Familienbetrieb", der nach den Regeln der klassischen Gastronomie geführt wird. Die Verarbeitung qualitativ hochwertiger Produkte und ihre schonende Zubereitung sind hier Maxime. Es werden Gerichte der neuen deutschen Küche auf eigene Weise interpretiert und mal modern, mal klassisch zu Tisch gebracht.

RESTAURANT ´TSVAI

Burgstraße 1–3, 65183 Wiesbaden, Tel. 06 11-9 01 19 66, www.tsvai.at, Öffnungszeiten Mo–Fr 12–14.30 h und 18.30 bis 23 h, Sa 12–23 h, So Ruhetag.
Großstädtisches Restaurant und Bar; kreative gehobene Küche.

NACHTLEBEN, KNEIPEN & BARS

AMADEUS

Rauenthaler Str. 24, Tel. 06 11-9 88 13 30,
Mo–Sa 17.30–1 h, zusätzlich So 10–15 h.
Sympathisches Szenelokal im Rheingauviertel, im Sommer lauschige Außentische zwischen imposanten Häuserfassaden.

BROWN SUGAR

Taunusstr. 41, Tel. 06 11-9 59 09 56, tägl. 20–4 h.
Thailändisches Ambiente und exquisite Cocktailbar.

EBENE 0

Kirchgasse 66, Tel. 06 11-5 05 85 58, Fr und Sa 22–5.30 h.
Traditionsreicher Ort als Diskothek, früher Big Apple.

FINALE

Emser Str. 4, Tel. 06 11-9 45 10 50, tägl. 17–1 h,
am Wochenende Frühstück 10–13 h.
Originell eingerichtetes Lokal, viele Studenten, lockere Atmosphäre, kleine Gerichte, nettes Frühstück am Wochenende.

FLAGRANTY

Nerotal 66, Tel. 06 11-5 31 60 30, Fr, Sa und vor Feiertagen 22.30–5 h.
Großstädtisch, edel eingerichtete Disco-Lounge für ein Publikum, das dem Genuss frönt und dem Luxus nicht abgeneigt ist.

GESTÜT RENZ

Nerostr. 24, Tel. 06 11-6 09 77 88, Mi und Do 20–3 h, Fr und Sa 20–4 h.
Topadresse in den späten Nachtstunden. Nachtschwärmer haben die Wahl, sich in der Lounge zu unterhalten oder sich auf die separate Tanzfläche zu begeben.

HAVANNA AM MARKT

Marktstr. 10, Tel. 06 11-9 10 06 44, tägl. 9–1 h und Fr und Sa 9–2 h.
Treffpunkt für einen schnellen Drink oder Imbiss oder für einen kommunikativen Abend, heterogenes Publikum.

HEMINGWAY LOUNGE

Schützenhofstr. 3, Tel. 06 11-3 60 25 29, Mo–Do 11–1 h,
Fr und Sa 11–2 h, So ab 10 h.
Heitere Bar im englischen Stil mit nettem Publikum.

LIQUID

Andreasstr. 1, Tel. 06 11-1 86 06 99, tägl. 10–1 h, Fr und Sa 10–2 h.
Moderne Kneipe, jüngeres Publikum im Ortsteil Biebrich.

LUMEN

Marktplatz, Tel. 06 11-30 02 00, tägl. 9–1 h, Fr und Sa 9–2 h.
Die größte Terrasse Wiesbadens in zentraler Lage mit einem lichten Glasbau. Abends auch interessantes Programm mit dezenter Lifemusik und erlesenen Weinen (→ Speisen & Logieren, Restaurant Lumen S. 83).

MIKE´S FLAIR

Taunusstr. 2, Tel. 06 11-3 60 94 02, tägl. 14–6 h.
Neue moderne Bar, die seit Jahren ein treues Publikum anzieht.

NOVA LOUNGE

Luisenplatz 2, Tel. 06 11-3 08 87 75, tägl. 9–1 h, Fr und Sa 9–2 h.
Hier hat der historische Luisenplatz den Anschluss an die Moderne gefunden, moderne Bar in historischem Ambiente.

PALAST HOTEL

Kranzplatz 5–6, Tel. 06 11-9 59 99 47, tägl. 11–1 h,
die Küche ist zwischen 16 h und 18 h geschlossen.
Szenelokal mit vielen Stammgästen. Das Konzept stimmt, nach dem Essen wird gefeiert und das oft bis spät.

PARK-CAFÉ

Wilhelmstr. 36, Tel. 06 11-3 41 32 46, tägl. ab 10.30 h, open end, Mo Ruhetag.
Relaunch einer Wiesbadener Tradition. Überregional bekanntes Lokal. Tagsüber Restaurant und Bar, am Abend Diskothek.

PUDELBAR

Wilhelmstr. 17, Tel. 06 11-5 05 01 03, nur Fr von 21–5 h.
Die Römer haben hier noch nicht getanzt, aber sonst jeder der im Wiesbadener Nachtleben aktiv war oder ist.

SCHISCHA LOUNGE

Bahnhofstr. 13, Tel. 06 11-3 08 86 89, tägl. ab 18–1 h, Wochenende bis 4 h.
Gemütliche Bar in komplett orientalischem Look.

SCHLACHTHOF

Gartenfeldstr. 59, www.schlachthof-wiesbaden.de, Öffnungszeiten je nach Veranstaltung.
Veranstaltungen ab vom Mainstream. Hier hinter dem Hauptbahnhof findet man in altem Backsteingemäuer ein reichhaltiges Musikprogramm.

SCHWEINEFUSS

Kaiser-Friedrich-Ring 42, Tel. 06 11-37 79 48, tägl. 19–2 h, Wochenende open end.
Junges, unkonventionelles Publikum, gute Laune pur im Souterrain.

SHERRY & PORT

Adolfsallee 11, Tel. 06 11-37 36 32, tägl. ab 12 h, open end.
Das englisch anmutende Lokal ist bekannt für ausgewählt gute Musik in Richtung Folk, Blues und Jazz. Bunt gefächertes Publikum. Im Sommer traumhafte Außenbewirtschaftung rund um einen Brunnen.

SPITAL

Kochbrunnenplatz 3, Tel. 06 11-52 88 30, tägl. 10–1 h, Fr und Sa 10–2 h.
Wunderschön am Kranzplatz gelegen, kann je nach Tageszeit unterschiedliches Publikum diesen Ort genießen. Tagsüber Café am Abend eher jugendlicher Treffpunkt.

DER WEINLÄNDER

Rüdesheimer Str. 21, Tel. 06 11-9 74 26 01, tägl. 19 –24 h, Fr und Sa –1 h, So Ruhetag.
Kleines gemütliches Lokal, kleine Gerichte, gutes Weinangebot, manchmal Live-Musik.

)611-CLUB

;onnenberger Str. 14, Tel. 06 11-52 46 98, Mi und Fr–So 21.30–4 h.
m Souterrain eines herrschaftlichen Hauses gelegene, traditionsreiche Bar ınd Diskothek.

nfos zum Nachtleben/Veranstaltungen und zur Kneipenszene über vww.stadtleben.de

HOTELS

HOTEL ALEXANDER

Rheinstraße 72, 65185 Wiesbaden, Tel. 06 11-99 28 50, www.hotel-alexander.de, 26 Zi, EZ € 100–265, DZ € 75–125.
Zeitgemäßer Komfort; gediegene Eleganz mit Zimmern im „English Style".

BEST WESTERN HOTEL HANSA

Bahnhofstraße 23, 65185 Wiesbaden, Tel. 06 11-90 12 40, www.hansa.bestwestern.de, 81 Zimmer, EZ € 60–165, DZ € 85–198.
Hinter der unter Denkmalschutz stehenden Jugendstilfassade zweckmäßige Zimmer und ein Tagungsraum.

HOTEL CROWNE PLAZA

Bahnhofstraße 10–12, 65185 Wiesbaden, Tel. 06 11-16 20, www. wiesbaden.crowneplaza.com, Öffnungszeiten Restaurant Zafferano tägl. 6–24 h, 228 Zi, EZ € 100–265, DZ € 100–285.
Großes, modernes Stadthotel mit den Annehmlichkeiten eines internationalen 4-Sterne-Hauses.

GÄSTEHAUS DOMÄNE MECHTILDSHAUSEN

→ Restaurants und Gästehaus Domäne Mechthildshausen S. 80

DORINT SOFITEL PALLAS WIESBADEN

Auguste-Viktoria-Str. 15
65185 Wiesbaden
Tel. 06 11-3 30 60
www.sofitel.com
298 Zi, davon 31 Suiten,
1 behindertengerechtes Zi,
EZ € 130–310, DZ € 160–340,
Präsidentensuite € 950–1.500

Das moderne, exklusiv eingerichtete 5-Sterne-Haus mit eigenem Park befindet sich in zentraler Lage. Im Restaurant Steuben´s serviert man internationale und mediterrane Raffinessen, in der Bier- und Weinstube Pinte regionale Gerichte. Garden View Bar mit täglicher Live-Musik. 400 m² große Relax-Spa mit Sauna, Dampfbad, Caldarium, Fitnesscenter und Solarium.

HOTEL DREI LILIEN ANDREAS NAGEL

Spiegelgasse 3
65183 Wiesbaden
Tel. 06 11-99 17 80
www.dreililien.com
15 Zi, EZ € 79–89, DZ € 99–139

Kleines, feines Art-déco-Hotel in zentraler Lage, sehr ruhig in einer kleinen Gasse gelegen. Persönlich und individuell, mit dem Charme der vergangenen Tage und dem Geist der heutigen Zeit. Das Frühstück mit Illy Kaffee, Ronnefeldt Tee, frischen Eiern vom Markt und hausgemachter Konfitüre wird bei schönem Wetter gern auf der Frühstücksterrasse serviert.

FONTANA HOTEL BETRIEBSGESELLSCHAFT MBH

Sonnenberger Straße 62, 65193 Wiesbaden, Tel. 06 11-18 11 60, www.fontana.de, 25 Zi, EZ € 80–140, DZ € 118–175.
Modernes Gebäude in Kurparknähe.

HOTEL DE FRANCE

Taunusstraße 49
65183 Wiesbaden
Tel. 06 11-95 97 30
www.hoteldefrance.de
37 Zi, EZ € 95–145, DZ € 125–185,

Das Hotel verfügt über 37 modern und komfortabel eingerichtete Zimmer. Beim Frühstücksbuffet im M Restaurant Bar Lounge oder bei den Speisen aus der Room-Servicekarte kommt auch der verwöhnte Gaumen nicht zu kurz. Im mediterranen Garten kann man unter verschiedenen Terrassenebenen wählen und beim Anblick eines 100-jährigen Olivenbaums ins Träumen geraten.

HOTEL IBIS KRANZPLATZ

Kranzplatz 10, 65183 Wiesbaden,
Tel. 06 11-3 61 40, Fax 06 11-3 61 44 99, www.ibishotel.com,
131 Zi, EZ € 63–74, € DZ 72–83, Sonderpreise am Wochenende oder bei Messen/Events. Modernes Hotel in bester, zentraler Lage.

HOTEL KLEE AM PARK

Parkstraße 4, 65189 Wiesbaden, Tel. 06 11-9 00 10, www.klee-am-park.de, Öffnungszeiten Restaurant tägl. 6.30–23 h, 54 Zi, EZ € 92–128, DZ € 145–165. Komfortables, ruhiges Haus am Kurpark unweit der Oper.

HOSTELLERIE LANDHAUS DIEDERT

→ Landhaus Diedert, Hostellerie S. 79

GRAND HOTEL NASSAUER HOF

Kaiser-Friedrich-Platz 3, 65183 Wiesbaden, Tel. 06 11-13 36 66, www.nassauer-hof.de, 169 Zi, EZ € 223–283, DZ € 273–333. Wilhelminischer Prachtbau mit luxuriöser Innenausstattung und schönem Wellnessbereich.

NH AUKAMM HOTEL (NAVARRA HOTELS)

Aukamm-Allee 31, 65191 Wiesbaden, Tel. 06 11-57 60, www.nh-hotels.com, 164 Zi, EZ ab € 69, DZ ab € 109 (ohne Frühstück). Modernes Hotelhochhaus in der Nähe des Thermalbades.

HOTEL ORANIEN & RESTAURANT LINNER

Platter Straße 2
65193 Wiesbaden
Tel. 06 11-18 82-1 51
www.hotel-oranien.de
Restaurant tägl. 12–22 h, 79 Zi,
EZ € 105–180, DZ € 140–180

Das Restaurant Linner im Hotel Oranien wurde erfrischend renoviert, ohne das traditionelle Ambiente zu vernachlässigen. Die regionale Küche macht Freude. Eine fair kalkulierte Weinauswahl und der aufmerksame Service runden das Angebot ab. Im Sommer lädt die mediterrane Gartenterrasse zum Genießen und Verweilen ein. Das Hotel Oranien ist ein Kleinod inmitten der Stadt.

RADISSON SAS SCHWARZER BOCK HOTEL

Kranzplatz 12
65183 Wiesbaden
Tel. 06 11-1 55-0
www.wiesbaden.radissonsas.com
Ganzjährig, 142 Zimmer,
EZ € 119–220, DZ € 139–239

Das traditionsreichste Hotel Deutschlands präsentiert sich mit klassischem Ambiente, Charme und viel Liebe zum Detail. Frisch renoviert strahlen Gästezimmer und Gesellschaftsräume in neuem Glanz. Im nostalgischen Badhaus entspannt man im Thermalpool bei 36° Celsius und genießt die Wellness-Anwendungen. Gehobene Küche im „Capricorne" mit saisonalen Gerichten; Konferenzräume für bis zu 100 Personen.

TOWN HOTEL

Spiegelgasse 5, 65183 Wiesbaden, Tel. 06 11-36 01 60, www.townhotel.de, 24 Zi, € 49–99, Frühstück € 7,50.
Neu eröffnetes, persönlich geführtes, modernes Design-Hotel in zentaler Lage; alle Zimmer mit Parkett, Flachbildschirmen und Klimaanlage.

HOTEL & RESTAURANT TRÜFFEL

Webergasse 6–8, 65183 Wiesbaden, Tel. 06 11-99 05 50, www.trueffel.net, Öffnungszeiten Restaurant Mo–Sa 18–23 h, 24 Zi, EZ € 110–135, DZ € 145–185.
Moderner Neubau mit dem Flair italienischen Designs.

ORTSTEIL BIEBRICH

RESTAURANT LA CASA TOSCANA

Am Schlosspark 1
65203 Wiesbaden-Biebrich,
Tel. 06 11-1 86 11 10
www.rma.de/freizeit/restaurant/toscana.htm
Tägl. 11.30–0.30 h

Das Lokal direkt neben dem Biebricher Schloss bietet ein gemütliches Ambiente mit ca. 80 Plätzen. Im schönen Innenhof sitzt man zwischen Olivenbäumen und Oleander auf Teakholzstühlen. Bei den täglich frischen saisonalen Gerichten liegen die Schwerpunkte auf Fisch und hausgemachter Pasta. Für Veranstaltungen kann man das 350 Jahre alte Weingewölbe buchen.

CAFÉ-RESTAURANT SCHLOSS BIEBRICH

Rheingaustraße 140, 65203 Wiesbaden-Biebrich, Tel. 06 11-7 24 44 81, Öffnungszeiten tägl. ab 11 h.
Gute Küche in historischem Rahmen, große Außenanlage mit Blick auf den Rhein.

HOTEL AM SCHLOSSPARK

Armenruhstraße 2, 65203 Wiesbaden-Biebrich, Tel. 06 11-60 93 60, www.hotelamschlosspark-wiesbaden.de,
Öffnungszeiten Rezeption 6.30–2 h, am Wochenende bis 24 h, 71 Zi, EZ € 60–85, DZ € 90–105.
Neues Hotel direkt am Schlosspark mit gepflegter Einrichtung.

ADRESSEN

Tourist Information
Marktstraße 6
Tel. 06 11-17 29-9 30
tourist-service@wiesbaden.de
www.wiesbaden.de
Die Internetseite der Stadt Wiesbaden enthält zahlreiche Informationen zu verschiedenen Stadtrundfahrten, Stadtrundgängen und Veranstaltungen.

Kurbetriebe der Landeshauptstadt Wiesbaden
Kurhausplatz 1
Tel. 06 11-1 72 90
kurhaus@wiesbaden.de

Hessisches Staatstheater Wiesbaden
Christian-Zais-Straße 3
Tel. 06 11-13 21
info@staatstheater-wiesbaden.de
www.staatstheater-wiesbaden.de

Museum Wiesbaden
Friedrich-Ebert-Allee 2
Tel. 06 11-3 35 21 70
museum@museum-wiesbaden.de
www.museum-wiesbaden.de
Di 10–20 h, Mi–So und an Feiertagen 10–17 h

Nassauischer Kunstverein
Wilhelmstraße 15
Tel. 06 11-30 11 36
NKV-Wiesbaden@t-online.de
www.kunstverein-wiesbaden.de
Di 14–20 h, Mi–Fr 14–18 h, Sa und So 11–18 h

thalhaus
Nerotal 18
Tel. 06 11-1 85 12 66
kultur@thalhaus.de
www.thalhaus.de

Pariser Hoftheater
Spiegelgasse 9
Tel. 06 11-30 06 07
kontakt@pariserhoftheater.de
www.pariserhoftheater.de

Literaturhaus Villa Clementine
Frankfurter Straße 1
Tel. 06 11-3 08 63 65
Literaturhaus-Wiesbaden@freenet.de
www.wiesbaden.de

Caligari FilmBühne
Marktplatz 9
Tel. 06 11-31 38 38 oder 06 11-30 15 21
caligari@wiesbaden.de
www.wiesbaden.de/caligari
Barrierefreier Zugang für Behinderte möglich, behindertengerechte Toiletten vorhanden

„Filme im Schloss" Biebrich
www.filme-im-schloss.de

goEast – Festival des mittel- und osteuropäischen Films
www.filmfestival-goEast.de

exground – internationales Filmfestival
www.exground-filmfest.de

Kulturzentrum Schlachthof
Gartenfeldstraße 57
Tel. 06 11-97 44 50
info@schlachthof-wiesbaden.de
www.schlachthof-wiesbaden.de
Deutscher FernsehKrimi-Preis
www.wiesbaden.de

Schloss Freudenberg
Gesellschaft Natur & Kunst gem. e. V.
Tel. 06 11-4 11 01 41
kontakt@schlossfreudenberg.de
www.schlossfreudenberg.de
Di–Fr 9–18 h, Sa und So 12–18 h
Führungen Sa 13 und 15.30 h, So 14 h

RAUENSTEIN

Aufgrund seiner geographisch abgeschlossenen Lage in inem Tal westlich von Wiesbaden wird dieser Ortsteil der Landes-auptstadt als selbstständiger Ort empfunden. Bekannt ist diese Veinbaugemeinde auch durch ihren umfangreichen Kirschanbau.)er Besuch der Kirschblüte ist ebenso beliebt wie der Straßenver-auf an den zahlreichen Kirschverkaufsständen.

loch über dem in einer Talschneise zwischen Weinhängen und)bstbaumwiesen liegenden Ort thront der 1932 errichtete ioethestein, ein dreikantiger Obelisk aus Bruchstein, an dem eine 'lakette mit einem Satz Goethes angebracht ist, den man fast als in Lebensmotto des Dichters begreifen darf: „Diese Begierde, die 'yramide meines Daseins, deren Basis mir angegeben und gegrün-et ist, so hoch als möglich in die Luft zu spitzen, überwiegt alles ndere."

ehenswert ist die aus dem 12. Jahrhundert stammende Burg. iese wurde grundlegend restauriert – ein ehrenamtliches ngagement der Frauensteiner Bürger.

m Frauenstein sind einige alte Wehrhöfe wie der Nürnberger lof, der Grorother Hof und der Hof Armada erhalten. Es gibt auch inige alte Gebäude im Ortskern: Der Falkersche Hof (Georgstra-e), der 1571 gebaute Schönbornsche Hof (Kirschblütenstraße) der das Weinhaus zur Burg aus dem frühen 13. Jahrhundert mit einen floralen Bemalungen, die an den früheren Reichtum der bst- und Weinbaugemeinde erinnern.

MALOISEAU´S RESTAURANT

Kirschblütenstr. 35, 65201 Wiesbaden, Tel. 06 11-7 16 88 44, www.maloiseau.de, Öffnungszeiten Di–So 18–22 h, So auch 12–14 h. Feinste französische Küche in einfachem Ambiente zu angemessenen Preisen.

WEINHAUS SINZ

Herrnbergstraße 17
65201 Wiesbaden
Tel. 06 11-94 28 90
www.weinhaus-sinz.de
Di–Sa 11–24 h, So 11–15 h
6 Zi, EZ ab € 55, DZ € 85, inkl. Frühstück

Das familiär geführte, gemütlich rustikale Gasthaus verwöhnt seine Gäste mit einem reichhaltigen Angebot regionaler Gerichte. Der Fisch ist aus heimischen Gewässern, das Wild aus umliegenden Wäldern und dies alles frisch zubereitet. Passende erlesene Rheingauer Weine runden das Mahl ab. Nach solchem Genuss bietet sich die Übernachtung in gemütlichen Zimmern an.

GUTSSCHÄNKEN

GUTSAUSSCHANK ZUM KAPELLCHEN

Grorother Hof
Quellbornstr. 95
65201 Wiesbaden-Frauenstein
Tel. 06 11-41 18 99 12
Mi–Sa 16–23 h, So 15–23 h
Ende Nov–Mitte Feb geschlossen.

Der stilvoll eingerichtete Gutsausschank ist in einem schön renovierten Gebäude untergebracht und liegt in einem der schönsten Bauerngärten des Rheingaus. In diesem angenehmen Ambiente, zwischen Weinberg und Kirschbäumen, kann die regionale Küche mit hervorragenden Weinen aus eigenem Anbau genossen werden.

HIN & WEG

:SWE-Bus Nr. 24 vom Platz der deutschen Einheit in Wiesbaden bis Haltetelle „Frauenstein Burg"

ADRESSEN

'ourist Information Wiesbaden
/larktstr. 6
;5183 Wiesbaden
'el. 06 11-17 29-9 30
ourist-service@wiesbaden.de
www.wiesbaden.de

WALLUF

Die älteste Weinbaugemeinde des Rheingaus erkundet man am besten vom Weinprobierstand in Niederwalluf aus. Dieser liegt nahe dem kleinen Yachthafen. Nur ein paar Schritte sind es zur Barockkirche St. Johann mit der prächtigen Holztür. Hier treffen die verwinkelten, engen Gässchen des Ortes zusammen. Hinter der Kirche lohnt sich der Besuch eines schönen Gartens mit seinem Springbrunnen. Walluf besitzt noch einige andere Bauten aus der Barockzeit. Am westlichen Ende der Rheinpromenade steht ein besonders schönes, altes Gutshaus, von dem eine freundliche Sandsteinmadonna den Vorbeigehenden zulächelt.

Ganz in der Nähe, am Ortsrand in Richtung Wiesbaden, kann man zwei Zeugnisse der langen Geschichte des Ortes besichtigen: die Ruine der gotischen Johanniskirche und die Grundmauern einer Turmburg aus dem 10. Jahrhundert. Die Wallufer „Kulturinitiative Alte Johanniskirche" richtet in der Ruine der Johanniskirche jeden Sommer Kulturveranstaltungen aus. Zum „Wallufer Sommer" gehören Lesungen genauso wie Konzerte, Kabarett und Theateraufführungen.

Im höher gelegenen Oberwalluf lässt sich die Neogotik des 19. Jahrhunderts am Beispiel der Kirche St. Martin studieren. Altäre, Rippengewölbe mit Schlusssteinen und Skulpturen erzählen von dem neogotischen Kunstgeschmack jener Zeit.

WANDERN/SPAZIEREN

Am Parkplatz „Berg-Bildstock“ (Zufahrt über die B 260, Richtung Hofgut Nussberg) beginnen zwei markierte Rundwanderwege:

Der „rote Milan“ führt 4 km weit hauptsächlich durch die Weinberge, das „grüne Eichblatt“ geleitet 7 km lang zumeist durch den Wald.

KINDER

In der Werftstraße wartet eine Multifunktionsanlage mit Inlineskater- und Skaterbahn sowie Streetball auf bewegungsfreudige Kinder.

BESONDERES

Kurz hinter dem westlichen Ortsausgang beginnt ein Strandstück mit grobem Sand und Kiesel, ideal zum Picknicken und zum Beobachten vorbeifahrender Schiffe.

FESTE

Die Johanniskerb findet immer am Wochenende nach dem Namenstag von Johannes (24. Juni), dem Schutzpatron der Pfarrgemeinde Niederwalluf, statt.

Zum Wallufer Weindorf auf dem La-Londe-Platz laden die Winzer am 1. August-Wochenende ein. Die Oberwallufer Kerb, das Kirchweihfest der Pfarrgemeinde St. Martin, wird immer am zweiten Wochenende im September gefeiert. Beginn ist das traditionelle Aufstellen des Kerbebaumes nach dem Samstagsgottesdienst.

WEINPROBIERSTAND

Ein großes Fass, von Holzbänken umgeben, mit Blick auf den kleinen Segelhafen: Mittwoch vor Ostern bis zum Beginn der Weinlese Mo–Fr ab 17 h, Sa ab 15 h, So, Feiertag ab 11 h.

GASTHAUS ZUR SCHLUPP

(Alte) Hauptstr. 25
65396 Walluf
Tel. 0 61 23-7 26 38
www.gasthauszurschlupp.de
Do–Mo ab 17.30 h, So 11.30–14.30 h
und ab 17 h

Bei Küchenmeister Michael Ehrhardt kommen frische, anspruchsvolle Speisen auf den Tisch: Je nach Saison etwa gebratener Zander auf rosa Linsen oder ein Blutwurststrudel mit Grenadineäpfeln, wie auch wechselnde Spezialitäten vom heimischen Wild, Hasen oder Lamm. Besonders beliebt ist das Monatsmenü mit 4–5 Gängen und den passenden Weinen. Weinkeller mit über 80 Positionen.

RESTAURANT & HOTEL SCHWAN

Rheinstraße 4, 65396 Walluf, Tel. 0 61 23-7 24 10,
tägl. außer Mo und Sa 12–14 h, tägl. ab 18 h, Di Ruhetag,
4 Zi, EZ € 35, DZ € 50 (Bäder auf dem Flur).
Gediegene Landhausküche mit reichhaltigem Wild- und Fischangebot.

HOTEL ZUM NEUEN SCHWAN

Rheinstraße 3, 65396 Walluf, Tel. 0 61 23-9 95 90,
www.hotel-zum-neuen-schwan.de,
25 Zi, EZ € 49–70, DZ € 66–89 + Frühstück € 7,50.
Modernes, geschmackvoll eingerichtetes Haus im ländlichen Stil in ruhiger Lage direkt am Rhein.

GUTSSCHÄNKEN

WEINGARTEN BECKER

Rheinstraße 5, 65396 Walluf, Tel. 0 61 23-7 25 23,
Öffnungszeiten bei warmen Temperaturen tägl. ab 17 h, So ab 15 h, open end, im Winter So ab 12 h, Mo–Mi ab 16 h (im neu eröffneten Glashaus). Eine beliebte Besonderheit: Hier bringt jeder sein Essen im Picknickkorb mit. Verkauft werden nur Getränke, z. B. offene Weine im Ausschank.

WEINGUT J. B. BECKER

Rheinstraße 5, 65396 Walluf, Tel. 0 61 23-7 25 23.
Er gilt als Querdenker unter den Rheingauer Winzern. Seine Weine – sowohl die Rieslinge als auch die Spätburgunder – sind für eine lange Lagerung ausgebaut worden. Erstklassig die Rieslinge von der Lage Wallufer Walkenberg, vor allem die Alten Reben sowie die Auslese Trocken
(→ Speisen & Logieren, Weingarten Becker S. 101).

HIN & WEG

Bahnhof „Nieder-Walluf"
ORN-Buslinien 5480 und 5484
Sonntags verkehrt eine Fahrrad- und Personenfähre nach Budenheim (Kontaktdaten → Übersichten S. 268).

ADRESSEN

Gemeinde Walluf
Mühlstraße 40
65396 Walluf
Tel. 0 61 23-7 92-2 30
Fax 0 61 23-7 92-2 58
gemeinde@walluf.de
www.walluf.de

MOTOROLA
MOTOPEBL
Geformt wie ein Kiesel. Schmeichelnd wie ein Kiesel. Nur eine leichte Berührung genügt, und ganz sanft und fließend eröffnet sich die Technologie des 21. Jahrhunderts. Mehr entdecken auf hellomoto.de

Лit Freude gesund bleiben!
Physiotherapie
ınd altersgerechtes
itness-Training.

MARTINSTHAL

Dieser kleine Ort liegt im Tal des Baches Walluf. Es sind nur wenige historische Bauten erhalten. An erster Stelle sei die hochgotische Kirche St. Laurentius und St. Sebastianus erwähnt, deren Nutzung inzwischen durch die neumodische Kirche St. Martin abgelöst wurde. Privater Initiative ist es zu verdanken, dass die alte Kirche inzwischen soweit renoviert wurde, um sie für Kulturveranstaltungen nutzen zu können. Eines der schönsten Fachwerkhäuser des Ortes ist die „Krone", ein Bau aus dem 16. Jahrhundert – zudem eines der traditionsreichsten Restaurants der Region.

Kurz hinter Martinsthal an der Straße nach Schlangenbad liegt das 1803 aufgehobene und 1897 wieder eingerichtete Kloster Tiefenthal mit dem Bildungs- und Exerzitienhaus des 1851 gegründeten Ordens der „Armen Dienstmägde Jesu Christi". Das Kloster bietet Einkehrtage, Exerzitienkurse und Fortbildungsseminare sowie Übernachtungsmöglichkeiten.

WANDERN/SPAZIEREN

6 km: durch Weinberge und die bewaldeten Hänge rund um den Ort: Start an der B 260 (Bäderstraße) in Höhe des Weinprobierstandes. Zunächst geht es auf dieser Straße Richtung Walluf bis zur Markierung „Rheingauer Römer". Diesem das typische Rheingauer Weinglas abbildenden Zeichen folgend, geht es durch die Weinberge, bis am Waldrand die Markierung „grüner Punkt" links abzweigt. So gelangt man nach Rauenthal. Man biegt in den Bornweg links ein und stößt auf eine Querstraße. Dieser folgt man nach links und der Auszeichnung „Rheingauer Römer" bis zurück nach Martinsthal.

Am Parkplatz „Kling", erreichbar über die B 260 (Bäderstrasse) von Martinsthal Richtung Schlangenbad, beginnen außerdem verschiedene örtliche, markierte Rundwanderwege.

FAHRRADFAHREN

Unser Tourenvorschlag 1 führt auch durch Martinsthal (→ Übersichten S. 261).

KINDER

Direkt neben dem Weinprobierstand ist ein Kinderspielplatz und ein Bolzplatz.

FESTE

Mitte Juli treffen sich die Martinsthaler zum Weinfest am Wildsauplatz.

WEINPROBIERSTAND

Nahe beim Bach, etwas versteckt hinter einem größeren Parkplatz, mit überdachten Sitzplätzen: Mai–Sep Fr–Sa ab 17 h, So und Feiertag ab 11 h.

RESTAURANT UND HOTEL ZUR KRONE

Hauptstraße 27, 65344 Eltville-Martinsthal, Tel. 0 61 23-9 95 20, Öffnungszeiten Restaurant Mi–Mo ab 17.30 h, So, Feiertag auch 11–15 h, 9 Zi, EZ € 55, DZ € 80.
Wunderschönes Fachwerkhaus mit elegant-gemütlicher Gaststube und kleiner Außenanlage.

GUTSSCHÄNKEN

GUTSAUSSCHANK DIEFENHARDT

Hauptstraße 11, 65344 Eltville-Martinsthal,
Tel. 0 61 23-97 23 13, www.diefenhardt.de

GUTSAUSSCHANK WEINGUT HIRT-GEBHARDT

Lehrstr. 11, 65344 Eltville-Martinsthal,
Tel. 0 61 23-7 41 03, www.hirt-gebhardt.de

GUTSAUSSCHANK IM MESSWINGERT

Weingut Keßler, Heimatstr. 18, 65344 Elville-Martinsthal,
Tel. 0 61 23-7 12 35, www.weingut-kessler.de

DIEFENHARDT'SCHES WEINGUT VDP

Hauptstraße 11
65344 Eltville-Martinsthal
Tel. 0 61 23-7 14 90
weingut@diefenhardt.de
www.diefenhardt.de
Mo–Fr 8–12 h, 14–18 h, Sa 10–17 h

Als „Wild's Aue" bezeichneten die Martinsthaler jenes Gemarkungsstück, an das häufig das Wild aus dem Wald trat. Durch die Jahre entstand so die Bezeichnung Wildsau, daneben befindet sich im Steilhang auf dem von Südwest nach Süd ausgerichteten Martinsthaler Berg hoch über dem Ort der Langenberg. Beides sind bemerkenswerte, abseits vom Rhein gelegene Weinbergslagen. Die Filetstücke von Wildsau und Langenberg gehören inzwischen dem von Peter Seyffardt geführten Weingut Diefenhardt: Phyllitböden mit Lössbeimengungen in den Steilhängen sowie Kiesbeimengungen am Waldrand bringen Weine hervor, die in guten Jahren einen eigenwilligen Duft von Birne und Pfirsich entfalten.

- Martinsthaler Wildsau Riesling Kabinett trocken: Kernobst, Birne, Würze – ein idealer Wein als Begleiter zum Essen. Unbedingt beim Besuch des sympathischen Gutsausschanks probieren (offen von März bis Oktober).

- Martinsthaler Langenberg J. D. Selection trocken: 1917 erwarb Jacob Diefenhardt den Besitz in Martinsthal von Baron von Reichenau. Ihm zu Ehren wurde ein komplexer, vielschichtiger Riesling kreiert, in dem geschmacklich kandierte Birne hervorsticht.

- Martinsthaler Rödchen Spätburgunder S trocken: reife Früchte, Veilchen und Gewürze wie Zimt – dieser überraschende Pinot Noir entlädt sich in einem vollmundigen Abgang. Eine tugendhafte Wartezeit vor dem Öffnen ist hier dringend empfohlen.

(→ Speisen & Logieren, Gutsausschank Diefenhardt S. 107)

HIN & WEG

Mit Bus Nr. 147 ab Wiesbaden Hauptbahnhof (ca. 40 Minuten) oder ab Eltville Bahnhof (ca. 7 Minuten)

ADRESSEN

Touristinformation und Kulturamt
Rheingauer Straße 28
65343 Eltville am Rhein
Tel. 0 61 23-9 09 80
touristik@eltville.de
info@eltville.de
www.eltville.de

RAUENTHAL

Von Martinsthal oder Georgenborn kommend, sieht man das Wahrzeichen des Dorfes schon von weitem: den dreigeschossigen, kantengegliederten Wehrturm der katholischen Pfarrkirche St. Antonius Eremita, der von seinen fünf charakteristischen Spitzen überragt wird. Es sind die Lage über dem Rheintal mit Blick auf Eltville und die Wälder des ansteigenden Rheingau-Gebirges im Rücken, die diesen Ort auszeichnen.

Es lohnt, die Kirche St. Antonius Eremita zu besichtigen. Im Innenraum der im späten 15. Jahrhundert erbauten Kirche ist die wichtigste Sehenswürdigkeit des Ortes aufgestellt – die im Jahr 1472 gefertigte Traubenmadonna. Das aus Lindenholz geschnitzte Werk zeigt Maria auf einer Mondsichel stehend mit dem nackten Jesuskind auf dem linken Arm. In der Rechten hält Maria die Trauben, ein Symbol der bevorstehenden Passion Christi. Ein Steinmetzzeichen im westlichen Gewölbejoch deutet auf die Verwandtschaft zu der Valentinuskirche in Kiedrich hin. Ein Schlussstein im Langhaus zeigt den Namenspatron der Kirche, den Einsiedler Antonius. Bemerkenswert sind auch das barocke Kruzifix, die Brüstungsbilder der Empore sowie der reich verzierte spätgotische Leuchtertisch.

WANDERN/SPAZIEREN

11 km: von Bachläufen begleitet, teilweise durch Wiesen, ein großer Teil des Wegs geht durch den Wald: Dort, wo der Bornweg auf die Hauptstraße stößt, nimmt man in Richtung Norden (Schlangenbad), die Fährte des „grünen Punktes" auf, dem man längere Zeit folgt, bis er auf den Rheinhöhenweg („R") trifft. In diesen biegt man scharf links ein. An einer größeren Wegkreuzung mit Schutzhütte nun dem „roten Dreieck" und dem „schwarzen Punkt" nach links folgen. Nach ca. 800 m gabelt sich der Weg, man hält sich weiter an das „rote Dreieck". Nach ca. 400 m ist die nächste Schutzhütte erreicht. Hier verlässt man das „rote Dreieck" und folgt stattdessen dem „Pilz" nach rechts. Dieser führt durch das Sülzbachtal zum Alten Forsthaus (Gasthaus „Rausch"). Dort findet sich ein „roter Punkt", dem man dann links zurück nach Rauenthal folgt.

Ein besonderer Aussichtspunkt ist die Bubenhäuser Höhe, fünf Gehminuten von Rauenthal entfernt. Von hier aus kann man das Rheintal von Mainz bis Rüdesheim überblicken. Da hier stets gute Windverhältnisse herrschen, kann man vor allem am Wochenende viele große und kleine Drachen in der Luft bewundern. Auch als Picknickort ist die Bubenhäuser Höhe sehr geeignet. Von hier aus bieten sich bequeme Spaziergänge durch die Weinberge an, auch für ältere Menschen und Familien mit Kinderwagen gut geeignet.

FAHRRADFAHREN

Der Tourenvorschlag 1 führt auch durch Rauenthal (→ Übersichten S. 261).

KINDER

Vom Sportplatz führt ein schattiger, leicht ansteigender Waldweg zu einer Wassertretanlage. Diese ist von einer Spiel- und Liegewiese umgeben.

FESTE

Am dritten August-Wochenende feiern die Rauenthaler ihr Kirchweih- und Weinfest.

GUTSAUSSCHANK UND WEINGUT ANTONIUSHOF

Antoniusgasse 11
65345 Eltville-Rauenthal
Tel. 0 61 23-7 16 08
www.weingut-antoniushof.de
Mi–Sa 15.30–22 h, So, Feiertag 12–22 h

m alten Ortskern, nur wenige Schritte von der Antoniuskirche entfernt, iegt das Gut, in dem die Familie Russler bereits in der zehnten Generation eltert – fruchtige und filigrane Weine aus den namhaften Rauenthaler agen. Mit familiärer Gastfreundschaft werden in der gemütlichen Guts-chänke mit 300 Jahre altem Innenfachwerk deftige und mediterrane reationen gereicht.

HIN & WEG

b Wiesbaden Hauptbahnhof oder Eltville Bahnhof mit Bus Nr. 147 nach lartinsthal (Haltestelle „Hauptstraße"), von dort weiter mit ORN-Bus 5483

ADRESSEN

ouristinformation und Kulturamt
heingauer Straße 28
5343 Eltville am Rhein
el. 0 61 23-9 09 80
ouristik@eltville.de
nfo@eltville.de
www.eltville.de

Quellen-Stübchen

SCHLANGENBAD

In einem romantischen Taunustal, nur zwölf Kilometer westlich von Wiesbaden und sieben Kilometer nördlich von Eltville, liegt dieser bezaubernde Kurort. Seinen Namen verdankt er der hier häufig vorkommenden und besonders geschützten Äskulapnatter. Weil sie sich regelmäßig häutet, galt die Äskulapnatter bei den Griechen und den Römern als Symbol der Verjüngung und war dem Heilgott Äskulap geweiht. Ihre Bisse sind harmlos, da sie nicht giftig sind. Die einheimische Schlange tötet ihre Beute, indem sie diese erst umschlingt, erwürgt und dann mit dem Kopf voran verschlingt.

Als Heilbad avancierte Schlangenbad im 18. Jahrhundert zu einem bevorzugten Ziel europäischer Königshäuser. Zeugnisse historischer Kurarchitektur wie das prächtige Parkhotel und die Kolonnaden bestimmen das Bild des Ortes. Ein Rundgang durch den so genannten „Ort mit Zeit" dauert knapp 30 Minuten. Alle Cafés, Restaurants, Antikläden, Badeanlagen und der im Stil englischer Landschaftsparks gestaltete Kurpark liegen nah beieinander – zudem lohnt die Besichtigung der historischen Caféhalle mit der kommunalen Galerie. Der Kulturkreis Schlangenbad veranstaltet immer wieder Lesungen und musikalische Abende, die Junge Bühne inszeniert regelmäßig Theaterstücke und das TiP – „Theater im Park" – nutzt den Kursaal oder das mondäne Foyer des Parkhotels Schlangenbad für seine Vorstellungen.

Sehenswert ist auch die neoromanische, evangelische Christuskirche, die im Jahr 1908 geweiht wurde – vor allem aufgrund ihrer kostbaren Jugendstil-Ausmalung. Die Kirche ist nicht regelmäßig geöffnet, ein Schlüssel ist im Pfarramt erhältlich.

Eine Besichtigung lohnt auch das Wambacher Mühlenmuseum in Schlangenbad-Wambach mit einer alten Schmiede und Schrotmühle und weiteren zahlreichen alten Handwerksmaschinen.

WANDERN/SPAZIEREN

Im Kurpark selbst und angrenzend finden sich zahlreiche Wege zum Wandern. Im hinteren Abschnitt des Kurparks ist ein Lehrpfad zu den Lebensbedingungen der Äskulapnatter angelegt.

BADEN/WELLNESS

Am Ortsrand, mitten im Wald, liegt das herrliche Thermalfreibad. Sein alter Säulengang, die Holzumkleiden und eine große Liegewiese verzaubern den Gast. Die kleinen Becken werden täglich mit 27° C warmem Quellwasser frisch befüllt. Im Juli 2005 kam in einem großzügigen Holzblockgebäude eine Saunalandschaft hinzu. Ganzjährig geöffnet. Nassauer Allee, ab Ortseingang ausgeschildert. Infos unter Tel. 0 61 29-20 64 oder www.schlangenbad.de.
Mitten im Ort, direkt am Kurpark, liegt die Aeskulap-Therme. Große Panoramafenster erlauben den Blick in die Natur. Tägl. geöffnet (Infos unter Tel. 0 61 29-48 58).

KINDER

Sieben Kilometer von Schlangenbad entfernt, mitten im Wald gelegen, befindet sich der Freizeitpark „Taunus-Wunderland". Ein umfassendes Angebot für Kinder und Erwachsene wird hier geboten (Karussells, Achterbahnen, Puppentheater, Märchenwald, Streichelzoo, Klettertürme, eine Wildwasserbahn und vieles andere mehr). Zur Schanze 1, geöffnet Apr–Okt, 9.30–18 h, Tageskarte Erwachsene € 14,50, Kinder unter einem Meter kostenlos, darüber € 13,50. Anfahrt: von Wiesbaden Richtung Bad Schwalbach oder von Schlangenbad der Ausschilderung folgend. Infos unter Tel. 0 61 24-40 81 oder www.taunuswunderland.de.

FESTE

Pfingsten kleines Weinfest im Kurpark.

HOTEL & RESTAURANT GRÜNER WALD

Rheingauer Straße 33, 65388 Schlangenbad, Tel. 0 61 29-20 61, Öffnungszeiten Restaurant Mi–Mo 7.30–14.30 h und 17–22 h, 18 Zi, 1 App, € 30–70.
Günstige Übernachtungsmöglichkeiten mit gutbürgerlicher Küche.

PARKHOTEL SCHLANGENBAD

Rheingauer Straße 47, 65388 Schlangenbad, Tel. 0 61 29-4 20, www.parkhotel.net, Öffnungszeiten Restaurant Mo–So 12–14 h und Mo–Sa 18–21.30 h, 88 Zi, EZ € 78–118, DZ € 130–170.
Aufwendig und komfortabel renoviertes, traditionsreiches Haus – spiegelt das Savoir vivre vergangener Zeiten wider.

HIN & WEG

Schlangenbad erreicht man von Wiesbaden mit den ORN-Bussen 5475 und 5484.

ADRESSEN

Touristinformation
Rheingauer Straße 18
65388 Schlangenbad
Tel. 0 61 29-48 50
Mo–Sa 10–12 h und 14–17 h
staatsbad@schlangenbad.de
www.schlangenbad.de

ELTVILLE AM RHEIN

Eine besondere botanische Attraktion wartet auf den Besu-
her: Eltville ist Rosenstadt. Ende des 19. Jahrhunderts gründete
arl Schmitt hier seine Rosenschule. Damit ließ sich gutes Geld
erdienen: Schmitt fand seine Abnehmer sogar am Hofe des Zaren
n St. Petersburg. Dieser Tradition fühlt sich die Stadt noch immer
erpflichtet: Überall in den städtischen Grünanlagen und an den
achwerkhäusern, vor allem aber im Burggraben wachsen die
chönsten Rosen. 350 Sorten finden wir unter den 20.000 Rosen-
töcken.

ls Ausgangspunkt für einen Stadtrundgang empfiehlt sich die
errschaftliche Rheinpromenade mit einer Platanenallee und
inem Weinprobierstand – die attraktivste Uferpromenade im
heingau. Am westlichen Ende befindet sich die Villa G. H. von
umm mit ihrem prächtigen Garten. Flussaufwärts steht der
ebastiansturm von 1332, der ehemalige Eckpfeiler der Stadtbe-
estigung und das Weinhaus Krone aus dem 17. Jahrhundert. Von
er Uferpromenade gehen mehrere Gassen in die historische Alt-
tadt ab. Dort liegen einige imposante Adelshöfe, wie der Eltzer
of, der 1629 von den Grafen von Eltz erworben wurde, der Stock-
eimer Hof aus dem 16. Jahrhundert, der in der Renaissance
rrichtete Lichtenstein'sche Hof und das Gutshaus des Freiherrn
angwerth von Simmern mit seinem Park.

Auch an der Uferpromenade gelegen ist die im frühen 14. Jahrhundert erbaute Kurfürstliche Burg mit ihrem 24 Meter hohen Wohnturm. Sie ist ein Solitär unter den Kunstdenkmälern der Stadt. Hier sind eine Gutenberg-Gedenkstätte und eine historische Sammlung zur Druckkunst untergebracht. Eltville dankte damals Gutenberg für seinen kurzen Aufenthalt in der Stadt, als der Erfinder des Buchdrucks vorübergehend in Mainz in Ungnade gefallen war. Eine „Galerie im Turm" wird für Wechselausstellungen genutzt. Jedes Jahr im Juli und August werden die renommierten Burghofspiele veranstaltet, die sich den Satz Jean Pauls „Die Kunst ist zwar nicht das Brot, aber der Wein des Lebens" zum Motto gemacht haben. Klassische Theaterinszenierungen und Konzerte vor historischer Kulisse stehen auf dem Programm. Seit 1996 bietet die Stadt unter dem Namen „Castle Concert Eltville" zudem Kleinkabarett, Jazz-, Tango- und Chansonkonzerte an.

Die katholische Pfarrkirche St. Peter und Paul im Zentrum der Altstadt wurde in der Mitte des 15. Jahrhunderts im gotischen Stil erbaut. Sehenswert ist eine spätgotische Madonna auf der Mondsichel aus dem 16. Jahrhundert und Fresken aus dem 15. und 16. Jahrhundert.

Burg Crass am Ortsausgang Richtung Walluf, vermutlich im 11. Jahrhundert entstanden und 1500 zum Herrenhaus umgebaut, wurde später neogotisch umgestaltet und ist seit 1873 im Besitz der Familie Crass.

In die Weltliteratur ging Eltville 1954 durch Thomas Manns „Bekenntnisse des Hochstaplers Felix Krull" ein. In dem Roman hat die Firma Engelbert Krull in Eltville ihren Sitz, die der Autor nach dem Vorbild der hier ansässigen Sektkelterei Matheus Müller geschaffen hat. Die Vorlage zum Roman ist in Eltville entstanden, wo Mann als Gast im „Haus Rose" residierte.

Thomas Mann schreibt: „Der Rheingau hat mich hervorgebracht, jener begünstigte Landstrich, welcher, gelinde und ohne Schroffheit sowohl in Hinsicht auf die Witterungsverhältnisse wie auf die Bodenbeschaffenheit, reich mit Städten und Ortschaften besetzt und fröhlich bevölkert, wohl zu den lieblichsten der bewohnten Erde gehört. Hier blühen, vom Rheingaugebirge vor rauen Winden bewahrt und der Mittagssonne glücklich hingebreitet, jene berühmten Siedlungen, bei deren Namensklange dem Zecher das Herz lacht, hier Rauenthal, Johannisberg, Rüdesheim, und hier auch das ehrwürdige Städtchen, in dem ich, wenige Jahre nur nach der glorreichen Gründung des Deutschen Reiches, das Licht der Welt erblickte. Ein wenig westlich des Knies gelegen, welches der Rhein bei Mainz beschreibt, und berühmt durch eine Schaumweinfabrikation, ist es Hauptanlegeplatz der den Strom hinauf und hinab eilenden Dampfer und zählt gegen viertausend Einwohner. … Mein armer Vater war Inhaber der Firma Engelbert Krull, welche die untergegangene Sektmarke, Lorley extra cuvée' erzeugte."

Ein besonderes Angebot bietet das Kulturzentrum Eichberg. Es ist auf dem Gelände einer großen psychiatrischen Klinik beherbergt, die sich am Hang oberhalb von Eltville nicht unweit von Kloster Eberbach befindet. Über die unrühmliche Vergangenheit dieser Klinik im Dritten Reich gibt es Informationen im Eltviller Stadtarchiv (→ Adressen S. 127). Die Macher des Kulturzentrums wollen eine Brücke zwischen den Menschen der Region und den Patienten der Klinik schaffen. Veranstaltet werden Konzerte, etwa mit dem Rheingauer Bluesgitarristen und Songwriter BIBER Herrmann, Kleinkunst, Vorträge sowie ein beliebter Flohmarkt.

WANDERN/SPAZIEREN

Eltville – Niederwalluf – Martinsthal – Rauenthal – Eltville: 15 km
Von der Uferpromenade in Eltville geht es flussaufwärts bis nach Niederwalluf, der Markierung mit dem „Rheingauer Römer", dem Rheingauer Weinglas, folgend und dann weiter in nördlicher Richtung bergauf. An einem Aussichtspunkt am Waldrand gabelt sich der Weg. Der Weg nach Martinsthal und schließlich nach Rauenthal folgt weiter dem „Rheingauer Römer". Über die Bubenhäuser Höhe gelangt man wieder hinab nach Eltville.

Eltville – Neues Fortsthaus – Sülzbachtal – Eltville: 7 km
In Eltville der Schwalbacher Straße aufwärts folgend, geleitet die Markierung „roter Kreis" im Wald bis zum „Neuen Forsthaus". Dort scharf rechts abbiegen, mit dem „roten Dreieck" durch das Sülzbachtal, durch Wiesen und Weinberge, zurück zum Ausgangspunkt.

FAHRRADFAHREN

Unser Tourenvorschlag 1 beginnt und endet in Eltville (→ Übersichten S. 261)

BADEN

Schön gelegenes und gut ausgestattetes Freibad am Rheinufer.

KINDER

Für Kinder ab sechs Jahren bietet das Kulturamt die Stadtführung „Auf den Spuren Gutenbergs" an. Infos und Termine unter Tel. 0 61 23-9 09 80.

FESTE

Zum Frühlingsfest Ende April/Anfang Mai verwandelt sich die Rheinpromenade zum Jahrmarkt mit Kinderprogramm und bunten Ständen.

Am ersten Wochenende im Juli wird entlang des Rheinufers, in der Kurfürstlichen Burg und am Entenplatz das Sekt- und Biedermeierfest gefeiert. Das schönste Kostüm wird prämiert, mitmachen darf jeder. Am Montagabend um 22.45 h endet das Fest mit dem traditionellen Feuerwerk auf der Eltviller Aue.

Am letzten Wochenende im Oktober finden die Kappeskerb und das Weinlesefest mit Wein- und Marktständen und einem abwechslungsreichen Rahmenprogramm statt, auch für Kinder. Einer der Höhepunkte ist der Herbstschlussumzug am Festsamstag um 15 h.

Zweites Adventwochenende: Weihnachtsmarkt im Langwerther Hof, Bechtermünzer Hof und Burghof.

ONSTIGES

ouristinformation und Kulturamt, Rheingauer Straße 28, bieten unter dem Motto „Die 3 im Rheingau" Tagesarrangements an: Führungen und rlebnisbausteine in und um Eltville, Kiedrich und Walluf, auch speziell nd ohne Aufpreis für Behinderte. Infos unter Tel. 0 61 23-90 98 35 oder www.eltville.de.

tadtführungen von Mai bis Okt Sa 15 h ab Sebastiansturm an der Uferpromenade.

VEINPROBIERSTAND

Direkt an der Rheinpromenade, Apr–Ende Sep Mo–Fr ab 17 h, Sa, So, eiertag ab 11 h – und an jedem 1. Sonntag im Monat mit Frühschoppenonzert.

BURG CRASS ZU ELTVILLE

Freygässchen 1 (Zufahrt über Wallufer Straße), 65343 Eltville am Rhein, Tel. 0 61 23-9 75 11-0, www.burgcrass-eltville.de.
Zwei verschiedene Küchen bieten sich dem Gast an:
Burgstube „Feine Esskultur", Öffnungszeiten Di–Sa 18–23 h, Sa, So 12–14.30 h und Crass „Landküche & Wein", Öffnungszeiten tägl. 10–23 h, Gästehaus, 7 Zi, EZ € 95, DZ € 120.
Historisches Gebäudeensemble mit herrlicher Rheinterrasse und Weingewölbe aus dem Jahr 1584. Stimmungsvolle Gästezimmer.

KILIANS-KELLER FIORENZATO, RISTORANTE

Kiliansring 5, 65343 Eltville am Rhein, Tel. 0 61 23-16 46, www.kilianskeller.de,
Öffnungszeiten Fr–Mi 11.30–14 h und ab 17.30–ca. 23.00.
Rustikale Gaststube mit italienischer Küche.

GUTSSCHÄNKE RESTAURANT WEINGUT KLOSTERMÜHLE

65343 Eltville am Rhein
Eltviller Straße 2
Anfahrt/Kontakt: B 42,
Abfahrt Eltville-Mitte,
den Hinweisschildern folgen
Tel. 0 61 23-40 21
www.klostermuehle.de
Ganzjährig Mi–Sa ab 16 h
So, Feiertag ab 12 h

Spezialitäten des Hauses sind Spießbraten, Wild und Flammkuchen. In der ehemaligen Kornmühle des Klosters Eberbach, seit 1786 in Familienbesitz, dreht sich alles um den hier angebauten, preisgekrönten Wein und die passenden Speisen. Erste wärmende Sonnenstrahlen locken in den geschützten Fachwerkinnenhof, in der kalten Jahreszeit lädt z. B. das kaminbestückte Jagdzimmer zum Verweilen ein. Die neue Vinothek rundet das Gesamtbild ab.

RESTAURANT WEINGUT KOEGLER & HOF-HOTEL BECHTERMÜNZ

Kirchgasse 5, 65343 Eltville am Rhein, Tel. 0 61 23-24 37, www.weingut-koegler.de, Öffnungszeiten Restaurant Mi–Fr ab 17 h, Sa, So ab 12 h, 10 Zi, EZ € 75–95, DZ € 95–125.
Mit viel Gespür und Detailliebe wurde das Weingut mit Restaurant und Sommergarten um ein kleines, exquisites Hotel bereichert.

PICCOLO MONDO, RESTAURANT

Schmittstraße 1, 65343 Eltville am Rhein, Tel. 0 61 23-21 24 und 0 61 23-15 53, Öffnungszeiten Fr–Mi 12–14.00 h und ab 18.00 h.
Klassisches Ristorante in sehr schönem Fachwerkhaus. Angenehme Terrasse

CAFÉ & RESTAURANT ROSENSTÜBCHEN

Schwalbacher Str. 7, 65343 Eltville am Rhein, Tel. 0 61 23-79 33 50, Öffnungszeiten tägl. von 10.30–24.00 h mit durchgängiger Küche.
Mitten in der Fußgängerzone mit preiswerten Mittagsgerichten.

HOTEL & WEINSTUBE FRANKENBACH MAINZER HOF

Wilhelmstraße 13, 65343 Eltville am Rhein, Tel. 0 61 23-90 40, www.hotel-frankenbach.de, 23 Zi, EZ € 68–75, DZ € 98–105.
Gepflegtes Hotel in zentraler Lage in Bahnhofsnähe.

PARKHOTEL SONNENBERG

Friedrichstraße 65, 65343 Eltville am Rhein, Tel. 0 61 23-6 05 50, www.parkhotel-sonnenberg.com, 30 Zi, EZ € 69–78, DZ € 95–108.
Gediegen ausgestattetes Haus mit Garten am Fuße der Weinberge.

WEINGUT GÄSTEHAUS OFFENSTEIN-ERBEN

Holzstraße 14, 65343 Eltville am Rhein, Tel. 0 61 23-21 37, www.offenstein-erben.de, Öffnungszeiten Anreise Mo–Sa 8–19 h, So, Feiertag nur nach Vereinbarung, 8 Zi, darunter 1 Familienzi (bis 4 Personen), EZ € 59–65, DZ € 79–85.
Ländlich-gemütliche Gästezimmer im Weingut.

GUTSSCHÄNKEN

GUTSAUSSCHANK GELBES HAUS

Weingut Langwerth von Simmern, Burgstraße 3, 65343 Eltville am Rhein, Tel. 0 61 23-51 70

GUTSAUSSCHANK IM BAIKEN

Hessische Staatsweingüter, Wiesweg 86, 65343 Eltville am Rhein, Tel. 0 61 23-90 03 45, www.baiken.de

GUTSAUSSCHANK RIESLINGSCHEUNE

Weingut C. Belz, Familie Ries, Kiedricher Straße 20, 65343 Eltville am Rhein, Tel. 0 61 23-21 34, www.weingut-belz.de

WEINGUT C. BELZ – FAMILIE RIES VDP

Kiedricher Straße 20
65343 Eltville am Rhein
Tel. 0 61 23-21 34
weingut.belz@t-online.de
www.weingut-belz.de
Mo–Fr 8.30–18 h, Sa 8.30–17 h

Dieses kleine, zehn Hektar bewirtschaftende Weingut ist eng mit der Geschichte von Eltville verbunden: 1908 erwarb es der bekannte Stadtbaumeister der Stadt, Carl Belz, und führte es schnell zu einem der Rheingauer Qualitätsbetriebe. Heute wird das Gut von dem Weinbautechniker Karl-Christian Ries geleitet, der bei seiner Arbeit auf eine Vielzahl Eltviller Lagen zurückgreifen kann und dabei auch nicht vor dem Anbau ungewöhnlicher Rebsorten zurückschreckt. Spätburgunder, Grauburgunder, aber auch der Schwarzriesling sind hier im Programm und gedeihen auf den Eltviller Lagen des Gutes. Beliebt auch der seit April 2003 geöffnete Gutsausschank „Riesling Scheune", in dem regionale Gerichte serviert werden. Auch Weinproben für einen größeren Personenkreis finden hier statt.

- Grauer Burgunder trocken: ein sympathischer Vertreter seiner Art; Ananas und Birne dominieren in diesem Eltviller Pinot gris.

- Rieslings Kabinett halbtrocken Eltviller Taubenberg: ein komplexer Riesling mit einer feinen Säure-Frucht-Struktur. Harmoniert mit Fisch und einer Mango-Chutney-Sauce.

- Schwarzriesling trocken: eine Kuriosität im Rheingau: Die Rebsorte wird in Württemberg angebaut, aber auch in Frankreich als Pinot Meunier. In diesem Rotwein finden sich Kirschen, Veilchen und getrocknete Pflaume.

(→ Speisen & Logieren, Gutsausschank Rieslingscheune S. 125)

WEINGUT J. KOEGLER HOF BECHTERMÜNZ

Kirchgasse 5, 65343 Eltville am Rhein,
Tel. 0 61 23-9 21 10, Fax 0 61 23-92 11 33, www.weingut-koegler.de.
Unsere Empfehlung: Gutsriesling Qualitätswein trocken
(→ Speisen & Logieren, Restaurant Weingut Koegler S. 124)

WEINGUT LANGWERTH VON SIMMERN VDP

Langwerther Hof/Kirchgasse 6, 65343 Eltville am Rhein,
Tel. 0 61 23-9 21 10, Fax 0 61 23-92 11 33,
www.langwerth-von-simmern.de.
Dieses Traditionsweingut verfügt über viele Erbacher und Hattenheimer Spitzenlagen. Unsere Empfehlung: Rauenthaler Baiken Riesling Spätlese trocken.
(→ Speisen & Logieren, Gutsausschank Gelbes HausS. 125)

SEKTKELLEREI SCHLOSS VAUX

Kiedricher Straße 18 a
65343 Eltville am Rhein
Tel. 0 61 23-6 20 60
info@schloss-vaux.de
www.schloss-vaux.de
Mo–Fr 8–18 h, Sa 10–14 h

Exklusiv und traditionell – so präsentiert sich diese private Sektmanufaktur, deren Ursprünge auf das Jahr 1868 zurückgehen. Konzentriert hat man sich auf Schloss VAUX auf die Versektung Rheingauer Spitzenweine nach der traditionellen Methode der Flaschengärung. Lange Zeit reifen hier die Weine für die zweite Gärung in der Flasche auf ihrem Hefedepot und in einer optimalen Umgebung: Die Keller des Hauses sind dunkel, still und mit einer optimalen Temperatur ausgestattet – die beste Voraussetzung für subtile Sektaromen und ein feines Mousseux. Anschließend wird der Sekt durch das Rütteln der Flasche von der Hefe getrennt. Die klassische Flaschengärung wird für alle Sektqualitäten durchgeführt; als Flagschiffe gelten die Rheingauer Lagensekte in limitierter Auflage aus renommierten Weinbergslagen wie etwa dem berühmten Marcobrunn.

- Cuvée VAUX Brut: eine kunstvolle Vermählung aus Weißburgunder, weißgekeltertem Spätburgunder und Riesling: Fruchtigkeit und exotische Aromen vereinen sich zu voller Leichtigkeit. Ein Muntermacher.
- Rheingauer Riesling Brut: ein schöner Riesling aus den Eltviller Lagen des Baron Langwerth von Simmern. Im Glas finden wir Apfel mit Maracuja-Anklängen wieder. Ein empfehlenswerter Aperitif.
- Assmannshäuser Höllenberg Blanc de Noirs Brut: Dies ist ein lobenswertes Kunststück – einen weißgekelterten Spätburgunder aus dem steilen Höllenberg als Sekt zu vinifizieren. Seine Kraft und die Aromen von Mandeln und Erdbeeren harmonieren zu einem Fischgericht.

HIN & WEG

Bahnhof, ORN-Bus 5480

ADRESSEN

Touristinformation und Kulturamt
Rheingauer Straße 28
65343 Eltville am Rhein
Tel. 0 61 23-9 09 80
touristik@eltville.de
info@eltville.de
www.eltville.de

Stadtarchiv Eltville
Stadtverwaltung
Matheus-Müller-Str. 3
65343 Eltville am Rhein
Tel. 0 61 23-6 97-0

ERBACH

Ein Ort, der Weinfreunden in aller Welt wegen seiner berühm-
en Weinbergslage Marcobrunn ein Begriff ist. Diese liegt zwi-
chen Erbach und Hattenheim auf einem nach Süden geneigten
Hang und bringt außergewöhnlich langlebige Gewächse hervor. In
rüheren Zeiten war Erbach auch für seinen Erdbeeranbau be-
kannt, was sich heute noch in dem jährlich stattfindenden Erd-
beerfest widerspiegelt.

Das bedeutendste Bauwerk des Ortes ist die Anfang des 16. Jahr-
hunderts fertig gestellte spätgotische Pfarrkirche St. Markus mit
hrem 56 Meter hohen, ungewöhnlich spitzen Kirchturm. Der kreuz-
ippengewölbte Chor ist von besonderer Anmut.

Ein zweiter Kirchenbau geht auf eine Bauherrin aus dem Hochadel
zurück: Die neogotische, an die Wiesbadener Marktkirche ange-
lehnte Evangelische Kirche am Ortsausgang in Richtung Eltville
wurde im Jahr 1865 von Prinzessin Marianne von Preußen gestif-
tet – der Tochter des niederländischen Königs Wilhelm I., die nach
damals noch unüblicher Scheidung im Jahr 1855 Schloss Rein-
hartshausen erwarb. Heute ist hier das gleichnamige Hotel unter-
gebracht.

Es finden sich noch einzelne spätmittelalterliche Fachwerkhäuser
und Adelshöfe im Ortskern, bemerkenswert sind der Kohlhass'sche,
der Oetingische und der Tillmanns'sche Hof, sowie Hof Drais am
Ortsausgang nach Eltville, einst Wirtschaftshof von Kloster Eber-
bach, jetzt Sitz des renommierten Weinguts Freiherr zu Knyphausen.

BESONDERES

„Inselfahrt für Jedermann“: Das Weingut Schloss Reinhartshausen bietet von Mai bis September jeweils am 1. Sonntag des Monats eine Erkundungstour zur schlosseigenen Insel Mariannenaue an, der größten Insel im Rhein und eine von nur drei Weinanbau-Inseln in Deutschland überhaupt. Der Ausflug besteht aus einer naturkundlichen Führung mit anschließender Verkostung eines Inselweins.
Gesamtdauer: 1,5 bis 2 Stunden. Preis € 10,– pro Person. Die Teilnehmerzahl ist begrenzt, frühzeitige Anmeldung ratsam: Weingut Schloss Reinhartshausen, Hauptstraße 41, 65346 Eltville-Erbach, Tel. 0 61 23-67 62 65.

FESTE

Mitte Juni wird in der Ortsmitte das Erdbeerfest gefeiert, bei dem sich alles um Wein und die rote Frucht dreht.

WEINPROBIERSTAND

Am großen Parkplatz an der B 42-Unterführung:
1. Mai bis Mitte Sep Fr ab 18 h, Sa ab 17 h, So, Feiertag ab 11 h.

ALTES WEINHAUS SCHUSTER

Eberbacher Straße 19, 65346 Eltville-Erbach, Tel. 0 61 23-6 33 72, www.altes-weinhaus-schuster.de, Öffnungszeiten Mi–Sa ab 16 h, So, Feiertag 11.30–14 h und ab 16 h.
Holzgetäfelte Jahrhundertwendestube mit alten bleiverglasten Fenstern.

GÄSTEHAUS WEINGUT BARON KNYPHAUSEN

Draiser Hof, Erbacher Str. 28, 65346 Eltville-Erbach, Tel. 0 61 23-6 21 77, www.knyphausen.de, 7 Zi, EZ € 65, DZ ab € 85.
Individuell eingerichtete, schöne Zimmer in einem persönlichen Ambiente.

GÄSTEHAUS & GUTSAUSSCHANK MAXIMILIANSHOF ZUM ALTEN OETINGER

Rheinallee 2, 65346 Eltville-Erbach, Tel. 0 61 23-9 22 40, www.maximilianshof.de, 9 Zi, 3 EZ € 55, 6 DZ € 80–95.
Gemütliche, renovierte Zimmer.

HOTEL SCHLOSS REINHARTSHAUSEN KEMPINSKI

Hauptstr. 41, 65346 Eltville-Erbach, Tel. 0 61 23-67 60, www.schloss-hotel.de, 39 Zi, 15 Suiten, EZ € 250–290, DZ € 275–315, Suiten € 375–750, Frühstücksbuffet € 21.
Luxusherberge, liebevoll mit ausgesuchten Antiquitäten eingerichtet. Großzügiger Wellnessbereich, verschiedene Restaurants.

HOTEL TILLMANNS

Hauptstraße 2, 65346 Eltville-Erbach, Tel. 0 61 23-92 33-0, www.hotel-tillmanns.de, 18 Zi, EZ € 70–80, DZ € 95–110.
Traditionsreiches Haus im französischen Landhausstil mit parkähnlicher Gartenanlage.

GUTSSCHÄNKEN

SCHLOSS SCHÄNKE IM SCHLOSS REINHARTSHAUSEN

Hauptstr. 41
65346 Eltville Erbach
Tel. 0 61 23-67 64 46
www.schloss-hotel.de
Mo–So 11–24 h

Eine gute Schlossschänke gehört zu einem herrschaftlichen Anwesen wie die Krone zum König. Das edel-rustikale Interieur besticht durch viele liebevoll zusammengestellte Accessoires und eine jahreszeitlich abgestimmte Dekoration. Die Räumlichkeiten können auch für Feierlichkeiten gebucht werden, kulinarisches Begleitprogramm selbstverständlich inklusive.

GUTSAUSSCHANK ZUM JUNGEN OETINGER

Weingut Detlev Ritter und Edler von Oetinger,
Rheinallee 1–3, 65346 Eltville-Erbach, Tel. 0 61 23-65 25 28

WEINGUT JAKOB JUNG VDP

Eberbacher Straße 22
65346 Eltville-Erbach
Tel. 0 61 23-90 06 20
info@ weingut-jakob-jung.de
www.weingut-jakob-jung.de
Mo–Fr 14.30–19 h, Sa 10–17 h

.udwig Jung ist ein Traditionalist mit Visionen: 1973 legte er als einer der ersten Rheingauer Winzer eine trockene Spätlese hin. Sein Argument seinerzeit: „Wieso wird dem Liebhaber eines trockenen Weines die hochwertigste Qualität verweigert?" 1976 begann er, wiederum für den Liebhaber, Spätburgunder auf seinem Erbacher Terroir anzupflanzen. Geschätzt sind die Jung'schen Gewächse wegen ihres klaren Stils: Nach schonender Pressung und gekühlter aromaerhaltender Vergärung lagern die Weine noch lange auf der Hefe, um so die originäre Riesling- und Spätburgunderfrucht, die Fülle und den Extrakt zu halten.

- Erbacher Steinmorgen Riesling Kabinett trocken: herzhafte Pfirsicharomen harmonieren mit einer würzigen Säure: eine Qualität, die repräsentativ für dieses Weingut steht.

- Erbach Hohenrain Riesling Erstes Gewächs: 1519 erstmalig erwähnt, liegt der Hohenrain oberhalb des alten Ortskerns von Erbach: eine Südhanglage mit einer zehnprozentigen Steigung, die Sonneneinstrahlung bis in die Abendstunden hinein garantiert. Sonne und Pfirsich finden sich gleichberechtigt in diesem außergewöhnlichen Gewächs wieder. Der Kenner wartet drei Jahre, ehe er diese Rarität öffnet.

- Alexander Johannes Spätburgunder: Dieser Alexander ist ein Wein von Rang: im Barrique ausgebaut, tiefdunkles Pinot-Noir-Rot, Mokka und Wildbeeren im Gaumen. Unbedingt dekantieren und zu Wild genießen.

WEINGUT BARON KNYPHAUSEN VDP

Draiser Hof
Erbacher Str. 28
65346 Eltville-Erbach
Tel. 0 61 23-6 21 77
weingut@knyphausen.de
www.knyphausen.de
Mo–Sa 9–18 h, So 11–17 h

Schon 1141 wurde der Draiser Hof von den Zisterziensern der Abtei Kloster Eberbach als Dependance zur Bewirtschaftung der Erbacher Weinberge gegründet; heute konzentriert sich Gerko Freiherr zu Knyphausen vor allem auf den diskreten Riesling-Stil. „Und sogar ein Marcobrunn", freuen wir uns mit Blick auf die Weinbergslagen dieses Gutes, zumal wir wissen, dass dieser Winzer jedes Jahr nur das Beste aus dieser Besonderheit herausholen will. Schließlich bejubelten schon die Connaisseure Thomas Jefferson, Goethe und Theodor Fontane den Marcobrunn. Völlig zu Recht. Außerdem empfehlenswert: ein Besuch im gemütlichen Hofladen sowie eine Übernachtung im charmant-modernen Gästehaus (Doppelzimmer ab € 85).

- „Der Knippie" Riesling trocken: der Schankwein des Gutes in origineller Aufmachung. Eine reduzierte und weiche Säure macht ihn zum süffigen Terrassenwein par excellence. Eine Erfrischung für jeden Sommerabend.

- Erbacher Steinmorgen Riesling Kabinett fruchtig: ein Steinmorgen mit einer ausbalancierten, dezenten Fruchtstruktur. Diesen Wein unbedingt zu einem Feldsalat mit Entenbrust in süßsaurer Sauce öffnen.

- Erbacher Marcobrunn Riesling Erstes Gewächs: schon in jugendlichen Jahren ein bemerkenswerter Begleiter für eine schöne Stunde. Zarte Kräuteraromen dominieren, die im Laufe der Zeit zu einer subtilen, vollkommenen Aromenpalette verschmelzen. Könnte Goethe heute einen Schluck von diesem Ersten Gewächs ergattern, fiele sein Kommentar naturwissenschaftlich knapp aus: „Empfindung. Deutlicher Begriff."

(→ Speisen & Logieren, Gästehaus Weingut Baron Knyphausen S. 131)

WEINGUT LAMM-JUNG

Eberbacher Str. 50, 65346 Eltville-Erbach, Tel. 0 61 23-6 21 48,
Fax 0 61 23-6 18 92, info@wein-rheingau.de.
Die Erbacher Lagen Hohenrain und Michelmark stehen im Zentrum dieses alteingessenen Familienbetriebes. Unsere Empfehlung gilt der Riesling Spätlese trocken vom Michelmark sowie dem abgerundeten Riesling Classic.

WEINGUT HEINZ NIKOLAI

Ringstraße 16, 65346 Eltville-Erbach,
Tel. 0 61 23-6 27 08, Fax 0 61 23-8 16 19, www.heinznikolai.de.
Kleines Weingut mit acht Hektar Besitz, das vor allem durch seinen trockenen Riesling zu gefallen weiß. Angemessene Preise.

WEINGUT DETLEV RITTER UND EDLER VON OETINGER VDP

Rheinallee 1–3
65346 Eltville-Erbach
Tel. 0 61 23-6 25 28
von.oetinger@t-online.de
Mo, Mi–Fr ab 15 h,
Sa, So, Feiertag ab 11 h, Di Ruhetag

Riesling ist in, liegt im Trend, und beim so genannten „jungen Oetinger" – nicht zu verwechseln mit dem Erbacher Namensvetter auf derselben Straße – wird die unkomplizierte Lebensart auch zelebriert. Easy drinking – ein Wein muss Spaß machen. Wein, Essen und gute Laune stehen sowohl für das Leitmotiv des Winzers Achim von Oetinger als auch für den überregional beliebten Gutsausschank. Gleichzeitig hat sich der „junge Oetinger" dem umweltschonenden Weinbau verschrieben, favorisiert samtige, säurearme Rieslinge und zeigt sich auch sonst experimentierfreudig: Dieses Weingut ist eines der wenigen, das die komplette Kollektion seiner Gutsweine mit Long-Cap-Schraubverschluss anbietet.

- Gutsriesling trocken: Schon der erste Schluck verrät, dass wir uns – dank dem Äpfelsäureabbau – einem frischen, aber säurearmen Riesling annähern. Ein schöner, ausgewogener, fruchtiger Wein.

- Riesling Classic: Als Classic wird ein Wein aus einer klassischen gebietstypischen Rebsorte bezeichnet, der einen gehobenen Qualitätsanspruch hat: Dieser überzeugt durch seine Harmonie von Säure und Frucht.

- Riesling Spätlese Trocken Erbacher Siegelsberg: ein Wein, beliebt für seine Eleganz und sein finessenreiches Fruchtspiel: Weiße Früchte, Gewürze und Blumen entfalten sich zu einer reichhaltigen Aromenpalette. Diese Reichhaltigkeit macht Laune.

(→ Speisen & Logieren, Gutsausschank Zum Jungen Oetinger S. 131)

CHAMPAGNE
JACQUART
Reims France
La façade monumentale du Champagne JACQUART à
mosaïques polychromes réalisées en 1898. Elles représentent les
savoir-faire et l'expérience expriment aujourd'hui comme hier
JACQUART
REIMS
BRUT MOSAÏQUE
CHAMPAGNE
JACQUART
à Reims France
BRUT MOSAÏQUE

;CHLOSS REINHARTSHAUSEN VDP

Hauptstr. 41
65346 Eltville-Erbach
Tel. 0 61 23-67 63 33
service@schloss-reinhartshausen.de
www.schloss-reinhartshausen.de
Vinothek
Mo–Fr 9–18 h, Sa, So, Feiertag 10–18 h

m 12. Jahrhundert ursprünglich Stammsitz der Ritter von Erbach, wurde das ;chloss im 19. Jahrhundert von den Grafen von Westfalen neu erbaut und st heute als angesehenes Weingut mit einem exklusiven Hotel assoziiert. \uffallend für den von Betriebsleiter Walter Bibo favorisierten Stil ist der ·öllige Verzicht auf die Prädikatsweinbezeichnung bei den trockenen und einherben Weinen. Konzentrieren wir uns also gemeinsam auf die Typizität ler Reinhartshausener Spitzenlagen: Marcobrunn, Wisselbrunn und Nuss-)runnen – klangvolle Namen in der Terroirwelt des Weines. Dass sie hier .onsequent als klare und gradlinige Gewächse ausgebaut werden, erntet ınseren uneingeschränkten Beifall. Mit der Insel Mariannenaue verfügt las Gut zusätzlich über ein Juwel, das im Rheingau seinesgleichen sucht. Hier wird neben Riesling auch Chardonnay angebaut.

- Der Gutswein Riesling Qualitätswein trocken: Der mineralischen Frucht entspricht eine elegante, balancierte Beständigkeit. Hoher Standard für einen Gutsriesling.

- Hattenheimer Nussbrunnen Riesling Qualitätswein trocken: eine harmonische Symphonie von Zitrusnoten und pikanter Säure.

- Erbacher Hohenrain Alte Reben Riesling feinherb: außergewöhnliches Traubengut von 40 Jahre alten Rebstöcken, ein Spiel der Extrakte mit langem Nachklang: Trinken sollte man diese Perle des Terroirs zu einer in Portwein flambierten Languste.

→ Speisen & Logieren, Hotel Schloss Reinhartshausen Kempinski, Schloss ;chänke im Schloss Reinhartshausen S. 131 und 132)

HIN & WEG

:egionalbahn von Wiesbaden und Koblenz
)RN-Bus 5480

ADRESSEN

'ouristinformation Eltville
:heingauer Straße 28
;5346 Eltville am Rhein
'el. 0 61 23-9 09 80
ouristik@eltville.de
www.eltville.de

KIEDRICH

Schatzkästchen nennen Liebhaber das über 1.000 Jahre alte gotische Weindorf Kiedrich, da sich hier viel Kostbares aus dem Spätmittelalter erhalten hat.

Im Zentrum des Ortes steht die von einer alten Kirchhofmauer umfasste Pfarr- und Wallfahrtskirche St. Dionysius und Valentinus, eine im späten 14. Jahrhundert errichtete und im 15. Jahrhundert erweiterte katholische Kirche. Neben der Architektur der Kirche gibt es im Inneren zahlreiche Schätze zu bewundern: die sanft lächelnde „Kiedricher Madonna" aus der Mitte des 14. Jahrhunderts, mehrere gotische Flügelaltäre, das 1510 von Erhart Falckener gefertigte, reich verzierte Kirchengestühl sowie das um 1500 geschaffene Triumphkreuz mit den Assistenzfiguren Maria und Johannes aus der Riemenschneiderschule. Die spätgotische Orgel gilt als eine der ältesten ihrer Art in Deutschland.

Eine seit dem Mittelalter gepflegte Tradition findet hier sonntags um 9.30 h statt: Beim Gottesdienst tragen die Kiedricher Chorbuben gregorianische Choräle vor. Als Besonderheit gilt, dass sie eine gotische Variante des Chorals im „Germanischen Dialekt" singen, aufgezeichnet mit gotischen Hufnagelnoten in großen Folianten: ein Stück gelebte Gotik zu Beginn des 21. Jahrhunderts. Neben Bürger- und Adelshöfen rund um den Marktplatz sind vor allem von Bedeutung das repräsentative, noch spätmittelalterlich anmutende Renaissance-Rathaus (1585–86) mit Erker, Treppenturm und dem Kiedricher Wappen über dem Eingang, das Historische Gasthaus Engel (1681), der Fürstenberger Hof (um 1500), der Sutton'sche Hof (1860), der Zehnthof (1591) und die „Alte Schmiede", malerischer Hofsitz eines Waffenschmieds des Barock (heute ein Winzerhof mit Weinverkostung). Sehenswert auch das historische Gutshaus des Weinguts Robert Weil, das direkt am Kiedricher Gräfenberg liegt.

In den Weinbergen, an der Straße von Kiedrich nach Hausen, liegt die im 13. Jahrhundert errichtete Burg Scharfenstein, Wahrzeichen und Wappensymbol Kiedrichs und Stammsitz der einflussreichen Familien der Scharfensteiner. Erhalten ist nur der etwa 30 Meter hohe Bergfried.

WANDERN/SPAZIEREN

7,5 km: Man startet am Marktplatz. Durch die Marktstraße aufwärts gehend, entdeckt man bald das Zeichen „roter Balken". Diesem folgt man, verlässt den Ort und kreuzt später im Wald den Hessenweg „7", in den man links einbiegt. So gelangt man nach ca. 800 m zum Kloster Eberbach. Zurück nach Kiedrich geht es ein Stück auf der schon bekannten „7". An der Kreuzung mit dem „roten Punkt" wandert man diesmal weiter geradeaus und mit der „7" durch die Weinberge zurück zum Ausgangspunkt.

Am Kiedricher Marktplatz beginnen zehn markierte Rundwanderwege. Eine Übersichtskarte hängt in der Toreinfahrt des Rathauses, wo man sie auch für € 3,– kaufen kann.

Vom Parkplatz beim Kloster Eberbach bieten sich außerdem die kürzeren Rundwege „Hase" oder „Eichblatt" an.

FAHRRADFAHREN

Der Tourenvorschlag 1 führt auch durch Kiedrich (→ Übersichten S. 264).

Die JEDERMANN- bzw. JEDERFRAU-Gruppe bietet Einsteigern und gemütlicheren Fahrern die Möglichkeit, den Moutainbike-Sport kennen zu lernen. Treff jeden Sa um 14 h am Parkplatz Geisenheimer Friedhof, von dort aus geht es durch den Rheingauer Wald.
Rheingauer Mountainbike Club RED PULSE e. V., Jakobstr. 5,
65375 Oestrich-Winkel, Infos unter Tel. 0 67 23-16 67, www.redpulse.de.

FESTE

Das Champagnerfest wird jährlich am 1. Juni-Sonntag anlässlich der Städtepartnerschaft zwischen den Kommunen Kiedrich und Hautvillers in der Champagne auf dem Wiesbadener Platz gefeiert.

Jedes Jahr am letzten Wochenende im Juni findet das große Rieslingfest statt. Alle zwei Jahre werden hierzu auch die Brautpaare eingeladen, die sich im Kiedricher Rathaus das Ja-Wort gegeben haben. Bei der Trauung erhält nämlich jedes Hochzeitspaar eine Urkunde und damit symbolisch einen Rebstock vom Weinberg der Ehe.

Weihnachtsmarkt am ersten Adventsonntag. Für die Kinder kommt am Nachmittag der Nikolaus, dazu spielt die Jugendblaskapelle weihnachtliche Lieder.

WEINSCHÄNKE SCHLOSS GROENESTEYN

Oberstraße 36–37
65399 Kiedrich
Tel. 0 61 23-15 33
www.schloss-groenesteyn.de
Mi–So ab 17.30 h, So auch 11.30–14 h

Allabendlich findet sich eine angeregt plaudernde Schar von Gästen an den blanken Holztischen ein, um in der Weinschänke Schloss Groenesteyn die intelligente Melange aus Dorfküche und Haut Cuisine zu genießen. Die 300 Positionen zählende Weinkarte lässt an hiesigem Rieslingangebot nichts zu wünschen übrig und überzeugt auch mit ausgesuchten französischen Tropfen.

LANDGASTHAUS WALDMÜHLE

Waldstraße 28, 65399 Kiedrich, Tel. 0 61 23-63 03 15, www.waldmuehle-rheingau.de, Öffnungszeiten Fr–Sa ab 17 h (im Sommer ab 15 h), ab 11 h Sonntagsbrunch für die ganze Familie.
Rustikales Ausflugs- und Veranstaltungslokal.

HOTEL ANKERMÜHLE

Eltviller Straße 6, 65399 Kiedrich, Tel. 0 61 23-9 05 70, www.hotel-ankermuehle.de, Öffnungszeiten das ganze Jahr durchgehend geöffnet, 16 Zi, EZ € 55–60, DZ € 80–85.
Familiär geführtes Hotel, ruhig gelegener Ausgangsort, um von dort den Rheingau zu erkunden.

GÄSTEHAUS EGERTSMÜHLE

Waldstr. 26, 65399 Kiedrich, Tel. 0 61 23-29 10, www.egertsmühle.de, Öffnungszeiten 8–22 h, 7 Zi, EZ € 55, DZ € 90.
Ruhig gelegen außerhalb des Dorfes – idyllisches Weingut und Gästehaus.

GUTSSCHÄNKEN

GUTSSCHÄNKE SPEICHER-SCHUTH

Weingut Speicher-Schuth, Suttonstraße 23, 65399 Kiedrich, Tel. 0 61 23-8 14 21, www.weingut-speicher-schuth.de

WEINGUT SPEICHER-SCHUTH

Suttonstraße 23, 65399 Kiedrich, Tel. 0 61 23-8 14 21,
info@weingut-speicher-schuth.de, www.weingut-speicher-schuth.de
Weingut mit Besitz in prominenten Kiedricher Lagen wie Gräfenberg und Sandgrub. Der Gutsriesling überzeugt durch seine klare Ansprache (→ Speisen & Logieren, Gutsschänke Speicher-Schuth S. 141).

WEINGUT ROBERT WEIL VDP

Mühlberg 5
65399 Kiedrich
Tel. 0 61 23-23 08
info@weingut-robert-weil.com
www.weingut-robert-weil.com
Vinothek Mo–Fr 8–17.30 h, Sa 10–16 h, So 11–17 h

Eines der berühmtesten Weingüter Deutschlands, geführt in der vierten Generation von dem Elite-Winzer Wilhelm Weil, direkt am Hausweinberg, dem Kiedricher Gräfenberg, gelegen. Ein imposantes Ambiente, aber der freundliche Empfang in der täglich geöffneten Vinothek baut potenzielle Berührungsängste sofort ab. Sie gelten als die Mosel-Rieslinge des Rheingaus, die Weil-Weine, aber als solche mit mehr Körper. Vor allem das Terroir des 8,7 Hektar großen Kiedricher Gräfenbergs bringt diesen Typus hervor: Gelegen in einem Talkessel mit einer geschützten Süd-West-Lage, dringen die Rebwurzeln hier tief in einen mit Lösslehm versetzten Phyllitboden ein. Bemerkenswert: Weltweit ist der Gräfenberg die einzige Lage, in der von 1989 bis heute alle Riesling-Qualitäten bis hin zum Eiswein und zur Trockenbeerenauslese geerntet wurden. Insgesamt bewirtschaftet das Gut 65 Hektar, 98 Prozent als Riesling sowie einen kleinen Anteil als Spätburgunder.

- Riesling Qualitätswein trocken: der stets trinkbare Weil-Gutsriesling, ein Wein für alle Situationen. Feine, präsente Säure trifft auf Extrakt mit Nachhall. Ein schönes Aushängeschild dieses Gutes.

- Riesling Kabinett: lebhafte Riesling-Komplexität, verbunden mit Kiedricher Mineralität. Ein genussvolles Beispiel für einen Kabinett.

- Kiedrich Gräfenberg Erstes Gewächs: die Essenz dieses Weinbergs schlechthin, ein Wein für große Stunden. Mineralität, Eleganz, Finesse, Nachhaltigkeit. Im Abgang eine vibrierende Leichtigkeit, so, als streichle die Feder eines Paradiesvogels eine aufgehende Pfirsichblüte.

HIN & WEG

)RN-Bus 5482 ab Bahnhof Eltville (Fahrtdauer ca. 10 Minuten)

ADRESSEN

/erkehrsamt Kiedrich
/arktstraße 27
;5399 Kiedrich
el. 0 61 23-90 50 10
nfo@kiedrich.de
www.kiedrich.de

KLOSTER EBERBACH

Wer von Kiedrich vorbei an der Psychiatrischen Klinik nach Norden in ein kleines, dicht bewaldetes Tal gelangt, begegnet zwei Gestalten: Sean Connery als William von Baskerville und dem französischen Laienbruder Bernhard von Clairvaux. Der Letztere war es, der auf dem zu Hattenheim gehörenden Gebiet im Jahr 1136 mit zwölf Mönchen und zwölf Laienbrüdern das Zisterzienserkloster Eberbach gründete. Bis 1803 wurde dieser Ort als Kloster genutzt, in jener Zeit entstand ein großartiges bauliches Ensemble. Danach diente es bis 1849 als „Irrenanstalt" und Gefängnis, anschließend wurde es wieder dem Weinbau zugeführt und als staatlich geführte Weinbaudomäne betrieben. Zuletzt verwalteten die Hessischen Staatsweingüter das Kloster – bis es im Jahr 1998 zur Gründung der „Stiftung Kloster Eberbach" kam. Diese hat die Bewirtschaftung und den Erhalt der Anlage übernommen. Über diese Stiftung ist umfangreiches Informationsmaterial zu erhalten; der kürzlich erschienene kunsthistorische Bildband „Kloster Eberbach – Augenblicke des Unvergänglichen" dokumentiert die Besonderheit dieses Ortes. Wer den Rheingau bereist, kommt an einem Besuch dieses Klosters nicht vorbei.

Die besondere kunsthistorische Stellung des Klosters erklärt sich vor allem durch den beinahe unversehrten Zustand: An kaum einem anderen Ort in Deutschland – vielleicht abgesehen vom Zisterzienserkloster in Maulbronn – kann man die Schlichtheit romanischer Architektur so ungebrochen und eindringlich erleben wie hier. So erklärt es sich auch, dass ein Teil der Innenaufnahmen des 1985 gedrehten Films „Der Name der Rose" nach der Romanvorlage von Umberto Eco – mit Sean Connery in der Hauptrolle – an diesem Ort gedreht wurde. Heute wird das Kloster auch für das internationale Rheingau Musik Festival und weitere Kultur- und Konzertveranstaltungen genutzt. Auch Tagungen, Seminare und Weinproben werden in den teils historischen und teils erst kürzlich modern renovierten Tagungsräumen angeboten. So laden am ersten Samstag im März die Hessischen Staatsweingüter zur traditionellen Frühjahrs-Weinversteigerung im Dormitorium ein.

Die wichtigsten Bauteile des Klosters stammen aus der romanischen und frühgotischen Epoche – der Zeit, als das Kloster zu einem florierenden Weinhandelsunternehmen heranwuchs. Sie alle unterliegen dem zisterziensischen Prinzip des Verzichts auf architektonische Repräsentationssymbolik und schmückende Beiwerke: Diese Form der Baukunst wirkt asketisch.

Im Laienrefektorium sind noch heute zwölf große, historische Weinpressen zu sehen; das 1995 eröffnete Abteimuseum erzählt auch dieses Kapitel des Klosterlebens im Detail. Hier ist vor allem ein Grisaillefenster aus dem 12. Jahrhundert bemerkenswert. Der Begriff Grisaillefenster stammt vom französischen gris, grau, und bezeichnet ein aus farblosem Glas bestehendes Fenster; ein Glas, das im Mittelalter jedoch noch nicht völlig klar herstellbar war, weshalb bei durchscheinendem Licht ein leicht getönter, oft rötlicher oder grünlicher Schimmer entsteht. Dieses seltene Stück der Glaskunst verbindet das Gebot zisterziensischer Einfachheit mit Schönheit.

Einige Höhepunkte des Klosterbesuches seien hier erwähnt: der Kreuzgang mit dem Kreuzgarten und seinen filigranen Figurenkonsolen und dem um 1500 für die Bibliothek aufgestockten Westflügel oder das Laienrefektorium, der ehemalige Speisesaal der Laienbrüder, der seit dem 16. Jahrhundert als Weinkeller genutzt wurde. Hier sind heute auch die großen, historischen Weinkelter aufgestellt. Über dem Laienrefektorium befindet sich das zweischiffige, kreuzgratgewölbte Laiendormitorium – der ehemalige Schlafsaal der Laienbrüder. Mit seinen 85 Metern Länge gilt er als größter mittelalterlicher Profanraum Deutschlands. Nicht weniger imposant ist das frühgotische Mönchsdormitorium mit seinen Spitzbögen, das den etwa 150 Mönchen als Schlafplatz diente.

Besonders beeindruckend ist die dreischiffige, romanische Klosterkirche mit Querhaus und Chor aus dem 12. Jahrhundert – eine Basilika von spartanischer Kraft. Noch etwas älter ist der ursprünglich romanische, zum Innenhof offene Kapitelsaal, in dem der klösterliche Konvent stattfand. Im 14. Jahrhundert wurde das Sterngewölbe dieses Raumes durch eine filigrane Ranken- und Blumenmalerei bereichert.

;TIFTUNG KLOSTER EBERBACH

·tiftung Kloster Eberbach, 65346 Eltville, Tel. 0 67 23-9 17 81 00, ɲfo@klostereberbach.de, www.klostereberbach.de, 2.1.–31.3. und ·0.10.–31.12. tägl. 11–17 h, Regelführungen So 15 h, 1.4.–29.10. ägl. 10–18 h, Regelführungen Fr 15 h, Sa, So, Feiertag 11, 13 und 15 h, :rwachsene € 3,50, Gruppen ab 10 Personen € 2,50, Jugendliche, ·tudenten und Schwerbehinderte € 1,50, Teilnahme an der Regelführung : 1,70 (Stand 2006).

ɲfos und Anmeldung unter Tel. 0 67 23-9 17 81 11 oder ·/ww.weingut-kloster-eberbach.de.

<INDER

ɱ Kloster selbst werden regelmäßig Führungen speziell für Kinder ange-·oten, zum Beispiel unter dem Titel „Bonifaz, die Klostermaus“. Infos und ·uchung über Touristinfo & Kulturamt Eltville, Tel. 0 61 23-90 98 35.

:und um das Kloster Eberbach führt ein ca. 2 km langer, teilweise recht ·olpriger Waldlehrpfad, der beim Parkplatz an der Holzbrücke beginnt.

in gut abgesicherter Spielplatz bei der Klosterschänke lädt die Kinder ein, ·/ährend sich die Eltern daneben auf der Terrasse sorglos verwöhnen lassen önnen.

'or dem Parkplatz der Klosterschänke führt links ein Waldweg zur 1,5 km ntfernten Kisselmühle/Geisgarten. Hier werden Lamas und Alpakas in rsprünglicher Natur gezüchtet.

ɲfos zum Lamatrekking unter Tel. 0 67 23-70 73 oder www.kisselmuehle.de.

ɲfos zum Ostereiermarkt unter www.rheingaumaerkte.de.

KLOSTERSCHÄNKE & GÄSTEHAUS KLOSTER EBERBACH

Kloster Eberbach
65346 Eltville
Klosterschänke Tel. 0 67 23-99 32 99
Gästehaus Tel. 0 67 23-99 32 00
www.klostereberbach.com
Restaurant tägl. 11.30–22 h durchgängig,
28 Zi, EZ € 69, DZ € 125

Bereits im Mittelalter fanden Reisende Ruhe, Einkehr und Verpflegung in dem Zisterzienserkloster. Heute sind in den sanierten ehemaligen Wirtschaftsgebäuden 28 Zimmer (teilweise behindertengerecht) mit Saunabereich, das Kreuzgewölbe-Restaurant mit Terrasse sowie Gesellschafts- und Tagungsräume untergebracht.

HESSISCHE STAATSWEINGÜTER KLOSTER EBERBACH VDP

Schwalbacher Straße 56–62
65343 Eltville am Rhein
Tel. 0 61 23-92 30-0
www.weingut-kloster-eberbach.de
info@ weingut-kloster-eberbach.de
Mo–Fr 8–18 h, Sa 10–16 h

Mit rund 160 Hektar Rebflächen allein im Rheingau das größte Weingut Deutschlands; und überall ist die historische Tradition der Zisterzienser zu spüren. Vor allem im Steinberg, dem einstigen Lieblingsweinberg der Mönche. Sein berühmtestes Merkmal verblüfft auch heute noch: eine in Deutschland einzigartige drei Kilometer lange Bruchsteinmauer. Einst als Schutz vor Taubendieben errichtet, bietet die Mauer auch Schutz vor Kaltlufteinbrüchen und sorgt somit für ein mildes Mikroklima im Wingert. Dort gibt es von Mai bis September im romantischen „Schwarzen Häuschen" Brot und Wein, außerdem ist der Gutsausschank „Im Baiken" ebenso wie die moderne Vinothek eine Empfehlung wert.

- Riesling Classic: der Gutsriesling des Klosters, mit dem sich auch die Mönche von früher identifizieren würden: feinfruchtig, gehaltvoll, aber nicht zu fett.

- Steinberger Riesling Kabinett trocken: mineralisch, rassig, nuancenreich. Die richtige Begleitung für eine Forelle.

- Rauenthaler Baiken Riesling Spätlese trocken: Die Schieferanteile dieser Höhenlage sorgen für den würzigen Ton in einer ansonsten körperreichen, markanten Fruchtsymphonie.

(→ Speisen & Logieren Eltville, Gutsauschank im Baiken S. 125 und → Speisen & Logieren Eltville-Hattenheim, Gutsausschank Schwarzes Häuschen S. 153)

HIN & WEG

Anfahrt zum Kloster Eberbach mit ORN-Bus Nr. 5482 ab Bahnhof Eltville oder Kiedrich

HATTENHEIM

Die Mönche im Kloster Eberbach waren auf der Gemarkung Hattenheim sehr tüchtig: Noch heute zeugen die zahlreichen berühmten Lagen von ihrem Schaffen: Hattenheimer Mannberg, Wisselbrunnen, Nussbrunnen, Hassel, Pfaffenberg, Schützenhaus und Steinberger – alles Namen, die in der Welt des Rieslings klingen.
Der hieraus resultierende Wohlstand zeigt sich in der besonders ausgeprägten, für den Rheingau typischen Fachwerkarchitektur, wie etwa beim historische Rathaus, in dem sich heute das Restaurant „Zum Krug" befindet.

Für die Hattenheimer Bürger von besonderer Bedeutung ist die um 1100 von den "Herren von Hattenheim" erbaute Burg: Stolz erfüllt sie, da dieses verfallene Gebäude in Eigenarbeit wiederaufgebaut wurde. Auch lohnt sich eine Besichtigung der eleganten Barockkirche St. Vinzenz.

WANDERN/SPAZIEREN

Bei einem Spaziergang auf dem von Platanen flankierten Uferweg fallen besonders die Rheinauen ins Auge, Verwilderungen des Rheins, gebildet durch Sand- und Kiesablagerungen mit bewaldeten Naturufern und vielfältiger Tier- und Pflanzenwelt. Früher wurden sie großenteils landwirtschaftlich genutzt, heute stehen die meisten unter Naturschutz.

Hattenheim – Schwarzes Häuschen und zurück: 8 km
Vom Reingau-Wanderclub Eltville ist ein Rundweg durch die Weinberge markiert worden: Start sind die drei Weinprobierfässer am Hattenheimer Rheinufer. Die drei Fässer sind auch die Markierungssymbole für den Weg: Er führt aus Hattenheim hinaus in den Engelmannsberg, weiter am Leimersbach entlang zum Steinberg, dem historischen Weinberg der Zisterziensermönche von Kloster Eberbach. Weiter geht es zum Nussberg und von dort zurück in den Ort.

SCHIFFFAHRT

Eine Schiffsfahrt rund um die Mariannenaue ist vom Anleger Hattenheim aus möglich, jeden So um 12.45 h und 14.45 h, von Ostern bis einschließlich Sep (› Schifffahrt, Oestrich S. 166).

FESTE

Burg- und Winzerfest am letzten Juni-Wochenende.

WEINPROBIERSTÄNDE

Drei 10.000-Liter-Fässer direkt am Rheinufer, Zufahrt von der B 42, gegenüber der Tankstelle: von Ostern bis Mitte Sep Mo–Fr ab 18 h, Sa ab 16 h, So ab 11 h.

DIE ADLER WIRTSCHAFT

Hauptstraße 31
65347 Eltville-Hattenheim
Tel. 0 67 23-79 82
www.adlerwirtschaft.de
Nur Mo, Fr, Sa 12–23 h, So 13–23 h
(Di–Do geschlossen!)

Im schönen Ambiente der Adler Wirtschaft serviert man den Gästen „vom Einfachen das Beste". Allerdings nur solchen, die genug Appetit und Zeit ür drei Gänge mitbringen – diese Eigenwilligkeit behält man sich vor. Wer tattdessen nur eine so genannte „Kleinigkeit" zu sich nehmen kann, darf wischen 15 und 17 h auch Einzelgerichte von einer speziellen Nebenkarte bestellen.

HOTEL & RESTAURANT KRONENSCHLÖSSCHEN

Rheinallee, 65347 Eltville-Hattenheim, Tel. 0 67 23-6 40,
www.kronenschloesschen.de, 18 Zi, EZ € 125–175, DZ € 140–170,
Suiten ab € 210.
Nobles Landhotel mit romantisch-elegantem Interieur und gehobener Küche. Sehr schöne Gartenterrasse.

WEINHAUS & HOTEL ZUM KRUG

Hauptstraße 34, 65347 Eltville-Hattenheim, Tel. 0 67 23-9 96 80,
www.hotel-zum-krug.de, Öffnungszeiten durchgehend,
aber Mo, So Abend und Di Mittag geschlossen, 8 Zi, EZ € 70, DZ € 110.
Holzgetäfelte Gaststube im malerischen Fachwerkhaus mit feiner Küche.

GUTSSCHÄNKEN

WEINAUSSCHANK SCHWARZES HÄUSCHEN

Weingut Hessische Staatsweingüter Kloster Eberbach
Im Steinberg bei Kloster Eberbach, 65347 Eltville-Hattenheim,
Tel. 0 67 23-20 93, www.staatsweingueterhessen.de

WEIN- UND SEKTGUT BARTH

VDP

Bergweg 20
65347 Eltville-Hattenheim
Tel. 0 67 23-25 14
barth.weingut@t-online.de
www.weingut-barth.de
Mo–Fr 14–18 h, Sa 10–17 h

Der umtriebige Norbert Barth organisiert Weinwanderungen, verkauft Weinstockpatenschaften und produziert neben Riesling sogar Cabernet Sauvignon. Aber: „Wein ist unser Leben, Sekt ist unsere Leidenschaft", sagt er gerne mal an einem heißen Sommertag zu seiner Frau, denn beide sehen in ihrem eigenen Sekt vor allem ein Genusserlebnis. Barth ist einer der wenigen Winzer, der die Sektherstellung mit klassischer Flaschengärung und Rüttelpulten komplett im eigenen Keller durchführt. Neben fruchtbetonten, rassig charaktervollen Rieslingweinen hat sich der Winzer in den letzten Jahren auf Schaumweine höchster Qualität spezialisiert.

- Riesling extra brut: cremige Rieslingsäure im Einklang mit eleganter Reife. Ein frischer, lebhafter Sekt für Liebhaber exotischer Früchte.

- Spätburgunder Rotsekt brut: schäumende Tannine, schäumende Seltenheit: Die zweite Gärung des Weines erfolgt nach einem Jahr Holzfassreife des Rotweins. Aromatische Fülle an Waldbeeren. Servieren Sie ihn bitte zu einem Lammcarree.

- Barth ultra: ein weißer Sekt aus den roten Spätburgundertrauben mit Spätlese-Qualität, drei Jahre auf der Hefe gereift. Ein massiver Goût, eine vielschichtige Aromenvielfalt und ein langer, cremiger Abgang. Dieser Ultra trägt seinen Namen völlig zu Recht.

WEINGUT HANS LANG

VDP

Rheinallee 6
65347 Eltville-Hattenheim
Tel. 0 67 23-24 75
langwein@t-online.de
www.weingut-hans-lang.de
Mo–Fr 8–12 h, 13–17 h, Sa 9–13 h

Er besitzt 18 Hektar Rebfläche, davon dreiviertel Riesling, sogar einer vom „Bunten Schiefer". Hans Lang liebt aber auch die traditionellen Burgunder-Rebsorten – schließlich hat er im Badener Land gelernt. Und so wurde er mit der Zeit zum Rheingau-Pionier in Sachen Weißburgunder und Chardonnay: Beide Rebsorten wachsen bei ihm schon seit 1985, zuerst im Rahmen eines Versuchs mit der Geisenheimer Forschungsanstalt. Außerdem griff Lang eine alte Hattenheimer Tradition wieder auf, wurde doch in dieser Gemeinde schon um 1470 der erste Spätburgunder der Region überhaupt angebaut. Als Mitglied im Deutschen Barrique-Forum beweist der Hattenheimer immer wieder, dass sich bei ihm auch Burgunder-Reben im kleinen Holzfass richtig wohl fühlen.

- CHARTA Riesling: eine Komposition nach dem Geschmacksbild des klassischen Rheingauer Rieslings: frischer Pfirsich, Mineralität, Geschmackstyp feinherb. Perfekt zur Kalbsleber.

- Weißburgunder pinot blanc trocken: feiner, komplexer Duft. Zitrus, Mineralität und elegante Fruchtigkeit am Gaumen: Auch dieser Wein verdient ein gutes Essen.

- JOHANN MAXIMILIAN Spätburgunder pinot noir: Eigentlich heißt Hans Lang mit Vornamen Johann Maximilian, und Kreationen, die diesen Namen tragen, verweisen auf das Besondere: Dieser kräftige Burgunder verbrachte ein Jahr im kleinen Holzfass. Ein Lob für Farbe und Aromen. Wir spüren Kakao und samtige rote Früchte. Ein Maximilian, der mindestens drei Jahre im heimischen Keller lagern sollte.

WEINGUT GEORG-MÜLLER-STIFTUNG VDP

Eberbacher Straße 7–9
65347 Eltville-Hattenheim
Tel. 0 67 23-20 20
info@Georg-Mueller-Stiftung.de
www.Georg-Mueller-Stiftung.de
Mo–Fr 9–12, 14–17 h
Sa und So nach Vereinbarung

Seit April 2003 ist der dynamische Peter Winter Inhaber der mit 11,4 Hektar kleinen, aber feinen Georg-Müller-Stiftung. Der ehemalige Vorstandsvorsitzende eines der zehn größten Weinfirmen der Welt hat sich in kürzester Zeit etabliert: mit neuer Kellertechnik, neuen Weinen, der dionysischen Verbindung von Wein und Kunst sowie der Pflege des Terroirs unter dem Motto „Tradition mit Zukunft". Kernbestand des früheren Weingutes der Stadt Eltville sind die Lagen Hattenheimer Schützenhaus, Wisselbrunnen und Nussbrunnen. Vor allem die Parzellen des berühmten Wisselbrunnens, der schon 1211 als „undervistelborne" urkundlich erwähnt wurde, lassen Winters Herz höher schlagen: Die zum Rhein hin geneigte Südhanglage mit einer fast den ganzen Tag über anhaltenden Sonneneinstrahlung verfügt über einen kompakten, lehmigen Mergel-Ton-Boden, prädestiniert als Wasserspeicher, der selbst noch bei größter Trockenheit die Reben dank ihrer tiefen Wurzeln mit Wasser versorgt und dabei würzige Weine hervorbringt.

- Riesling Kabinett trocken: ein exzellenter Fahnenträger des neuen Besitzers: subtile, mineralische Aromen von Pfirsich und Zitrus.

- Hattenheimer Schützenhaus Riesling Kabinett feinherb: subtile Konzentration der Aromen auch in diesem Wein, der im Mund sanft und reichhaltig ausklingt.

- Hattenheimer Wisselbrunnen Riesling Spätlese: Würze und Üppigkeit, verbunden mit nachhaltigen Inhaltsstoffen. Der ideale Begleiter zu einer Gänseleberpastete mit Preiselbeeren.

WEINGUT BALTHASAR RESS

Rheinallee 7, 65347 Eltville-Hattenheim,
Tel. 0 67 23-9 19 50, Fax 0 67 23-91 95-91, www.balthasar-ress.de.
Dynamischer Winzer mit insgesamt 33 Hektar Besitz. Trinkfreude bereitet der Gutsriesling „Von Unserm".

DOMAINENWEINGUT SCHLOSS SCHÖNBORN

Hauptstraße 53
65347 Eltville-Hattenheim
Tel. 0 67 23-9 18 10
schloss- schoenborn@ schoenborn.de
www.schoenborn.de
Mo–Fr 8–13 h, 14–16.30 h,
am Wochenende nach Vereinbarung

1719 beauftragten die Grafen von Schönborn den Barockbaumeister Johann Balthasar Neumann mit der Erschaffung der Würzburger Residenz. Ab 1349 hatten die Grafen sowohl im Fränkischen als auch im Rheingau umfangreiche Rebflächen erworben: Wer wirklich etwas über die Eigenarten der Rheingauer Weine erfahren will, sollte hier einkehren und einige Flaschen erwerben. Der anspruchsvolle Kursus über das Terroir kann sofort beginnen: Hochheimer Domdechaney, Erbacher Marcobrunn, Hattenheimer Pfaffenberg, Rüdesheimer Berg Schlossberg und Assmannshäuser Höllenberg – damit ist die Region in ihrer Vielfalt von Norden nach Westen durchstreift. Zu dem Gut gehört auch der Stockheimer Hof, ein Schlösschen in Geisenheim, das für Veranstaltungen, Degustationen und Dinners gemietet werden kann.

- Riesling Qualitätswein trocken: eine bemerkenswerte gräfliche Visitenkarte: Säure und Frucht vereinigen sich zu perfekter Frische in diesem Gutswein. Der durstige Kenner greife bitte gleich zur Literflasche.

- Hattenheimer Pfaffenberg Riesling Kabinett: kandierte Früchte im Glas, Fülle und Harmonie im Abgang. Sollte zu einem Frikassee vom Kalb serviert werden.

- Erbacher Marcobrunn Riesling Kabinett: die betörende mineralische Pfirsichfrucht des Marcobrunn, verbunden mit Kräuternoten. Ein Wein, der ebenso wie das Erste Gewächs des Gutes aus dieser Lage Zeit zur Entwicklung benötigt. Für das erste Rendezvous.

HIN & WEG

;ahnhof
)RN-Bus 5480

ADRESSEN

'ouristeninformation Eltville
:heingauer Straße 28
;5346 Eltville am Rhein
'el. 0 61 23-9 09 80
ouristik@eltville.de
www.eltville.de
www.hattenheim.de

HALLGARTEN

Oberhalb von Oestrich-Winkel und am Rande des Taunusgebirges mit seiner bis auf 580 Meter aufsteigenden Hallgartener Zange liegt abseits von der belebten Rheinuferstraße dieser malerische Weinort. Liebevoll restaurierte Fachwerkhäuser prägen das Ortsbild, sehenswert ist die kleine gotische Pfarrkirche Maria Himmelfahrt mit ihrer Schröter-Madonna.

Sie war die Patronin für die Weinschröter, eine Zunft, deren Mitglieder den Transport von Weinfässern aus den Kellern und von dort auf die Schiffe organisierten. Mit hölzernen „Weinbäumen", einer Art Schiene, die auf die Treppen gelegt wurde, Seilen und Holzkeilen wurden die Fässer mühsam und oft unter großer Gefahr für die Schröter transportiert. Einer Zunft gehörten mehrere kräftige Männer an: der Zunftmeister, zwei Hauptmänner, der Stopper, der Seilmann und zwei Schrötergehilfen.

WANDERN/SPAZIEREN

Hallgarten – Hallgartener Zange und zurück: 10 km
An der Gabelung Taunusstraße/Zangerstraße der Markierung „roter Balken“ in Richtung Norden folgen, zunächst durch Weinberge, dann ca. 1,5 km durch den Wald, bis man auf einen Querweg mit dem Zeichen „roter Punkt“ stößt. Hier links abbiegen. Kurz darauf ist der höchste Punkt, die „Hallgartener Zange“ erreicht. Weiter geht es auf dem „schwarzen Kreuz“-Weg, der nach links abgeht. Am Waldrand zweigt der Weg mit der Nummer „7“ links ab. Diesem folgt man bis zum bereits bekannten Abzweig des „roten Balkens“, welcher zurück nach Hallgarten führt.

Hallgarten – Weiße Kapelle – Flötenrundweg – Jüdischer Friedhof – Hallgarten: 6 km
Der Hallgartener Flötenweg (Markierung: blaue „Flöte“) beginnt am Weinprobierstand und führt zur „Weißen Kapelle“. Von dort kann man nach rechts auf dem „großen Flötenrundweg“ (cyclamfarbene Markierung) weitergehen, vorbei am Jüdischen Friedhof, der bereits 1673 angelegt wurde, bis man auf den „Querflötenweg“ (Markierung: orange) stößt. Auf diesem nach rechts wandernd, gelangt man zurück zum Ausgangspunkt.

Am Waldparkplatz Kreistanne, nahe bei der Hallgartener Zange, beginnen mehrere örtliche, markierte Rundwanderwege.

Jeden Samstag um 10 h können sich Interessierte am Parkplatz bei der Hallgartener Zange dem Nordic-Walking-Treff anschließen. Infos unter www.rheinhoehenweg.de

FAHRRADFAHREN

Der Tourenvorschlag 1 führt auch durch Hallgarten (→ Übersichten S. 261).

BADEN

In den Sommermonaten ist das kleine Freibad im Rosenthal geöffnet: Mo–Fr 11–20 h, Wochenende und Feiertag ab 10 h (Tel. 0 67 23-43 80).

FESTE

Das Hallgartener Winzerfest, ausgetragen am Hallgartener Platz, jährt sich stets am ersten August-Wochenende.

WEINPROBIERSTAND

Eine Art Gartenlaube, gelegen am nördlichen Ortsausgang, Zangerstraße/Ecke Rebhangstraße vom 1. Mai bis Ende Sep Sa ab 15 h, So, Feiertag ab 11 h, Mo ab 18 h.

HOTEL & RESTAURANT ZUM REBHANG

Rebhangstraße 53, 65375 Oestrich-Winkel (Hallgarten),
Tel. 0 67 23-21 66, www.hotel-zum-rebhang.de,
14 Zi, EZ € 45 , DZ € 80–90.
Ordentliches Hotel und Restaurant in wunderbarer Lage auf den Höhen des Rheingaus.

WEINGUT FÜRST LÖWENSTEIN VDP

Niederwaldstraße 8
65375 Oestrich-Winkel (Hallgarten)
Tel. 0 67 23-99 97 70
hallgarten@loewenstein.de
www.loewenstein.de
Di–Fr 13–17 h, Sa 10–14 h und
nach Vereinbarung

Über viele Jahre war dieses Traditionsgut – seine Wurzeln reichen in das 18. Jahrhundert zurück – verpachtet, nun wird es seit 1997 wieder in eigener Regie bewirtschaftet: Vor allem Dank der engagierten Arbeit von Robert Haller, dem Gutsleiter der Löwenstein'schen Weingüter, ist das Renommee enorm gestiegen. Stammsitz ist das unterfränkische Kreuzwertheim, wo auch die Vinifikation erfolgt. Aromenvielfalt, klare Frucht, harmonisch abgerundete Säure, überwiegend trocken – so lautet die Qualitätsphilosophie des Gutes. Kenner können die Weine direkt vor Ort in stilvoller Atmosphäre erleben: Neben der Probierstube bietet der liebevoll restaurierte historische Gutshof im Gewölbekeller aus dem Jahre 1736 und in der Beletage Platz für kulinarische Weinproben. Etwas zum Feiern und Genießen im individuellen Rahmen.

- CF Riesling Qualitätswein trocken: ein frischer Wein, zum Trinken und zum Essen gleichwohl geeignet. Ein Gutsriesling der modernen Art.

- Hallgartener Jungfer Riesling Kabinett trocken: Dieser Wein steht für den Stil des Gutes: filigran, elegant, mineralische Struktur, dezente Frucht. Kurzum: reintönig.

- Hallgarten Schönhell Riesling Spätlese: ein vollmundiger Früchtekorb, den man zwei Jahre altern lassen sollte. So wird er mit der Zeit zu einem idealen Begleiter einer Gänseleber. Oder aber zum Abschluss eines großen Dinners mit einer Pfirsichtarte. Bemerkenswertes Lagerungspotenzial.

WEINGUT ADAM J. F. NASS VDP

Adam-von-Itzstein-Straße 3, 65375 Oestrich-Winkel (Hallgarten),
Tel. 0 67 23-41 12, Fax 0 67 23-8 81 37, www.weingut-adam-nass.de.

WEINGUT PRINZ VDP

Im Flachsgarten 5, 65375 Oestrich-Winkel (Hallgarten),
Tel. 0 67 23-99 98 47, Fax 0 67 23-99 98 48.
Kleines Weingut mit 4,5 Hektar Besitz. Empfehlenswert ist besonders die Hallgartener Jungfer.

HIN & WEG

.b Bahnhof „Oestrich-Winkel" (in Mittelheim) mit dem Bus Nr. 301,
ahrzeit ca. 10 Minuten.
.uskunft über die Deutsche Bahn

ADRESSEN

erkehrsverein Oestrich-Winkel
n der Basilika 11 a
5375 Oestrich-Winkel
el. 0 67 23-1 94 33
ouristinfo@oestrich-winkel.info
ww.oestrich-winkel.de

Altes Rathaus
1504

OESTRICH

Unübersehbar am Rheinufer für jeden Reisenden zwischen Wiesbaden und Rüdesheim, ob mit dem Auto, dem Boot oder dem Privatflugzeug, ist der Oestricher Weinverladekran aus dem Jahr 1745. Dieser tat seine Dienste noch bis in die zwanziger Jahre des letzten Jahrhunderts. Damals wurde der Weinhandel beinahe ausschließlich über den Wasserweg abgewickelt. Der Oestricher Kran ist das letzte erhaltene Exemplar dieser Art: ein einfacher, quadratischer, schiefergedeckter Fachwerkbau, der etwa zwölf Meter in die Höhe ragt. Im Inneren sind zwei große Mühlräder zu bestaunen, in denen zwei Männer wie in einem Hamsterrad laufend den Kran bewegten, wodurch die Ladung mittels Ketten nach oben gezogen wurde.

Ein weiterer Blickfang vom Rheinufer aus ist das 1628 erbaute Fachwerkhaus, das Hotel und Restaurant Schwan. Eine Attraktion von Oestrich ist auch die dreischiffige, reich ausgestattete Hallenkirche St. Martin aus dem Jahr 1508. Auffällig der breite, spätgotische Kirchenraum mit Triumphkreuz und dem beeindruckenden Sterngewölbe. Mächtig auch der fünfspitzige, noch aus romanischer Zeit stammende Turm. Im Inneren ist vor allem das Erbärmde-Bild (Erbarme dich des leidenden Erlösers) von kunsthistorischem Interesse: Zu sehen ist die Christusfigur am Kreuz, ungewöhnlich sind die Kleeblätter an den Kreuzenden. Stimmungsvoll wirkt der Marktplatz mit dem ehemaligen „Gasthaus zur Krone" aus dem Jahr 1540, vielen schönen Fachwerkhäusern und dem neogotischen Marktbrunnen.

Nördlich von Oestrich erinnern Klostermauern an das 1213 gegründete Kloster Gottesthal. Im Jahr 1801 wurde das Kloster aufgehoben, die Gebäude wurden bis auf das Pfortenhaus abgebrochen.

In Richtung Hattenheim residiert auf Schloss Reichhartshausen, einem ehemals zum Kloster Eberbach gehörenden Hof, die angesehene private European Business School.

WANDERN/SPAZIEREN

Ein reizvoller Wanderweg ist der Flötenweg, den die Stadt Oestrich-Winkel in Zusammenarbeit mit den einheimischen Winzern eingerichtet hat. Benannt wurde er nach der typischen Rheingauer Weinflasche, der „Flöte". Der Weg führt durch die vier Weinbaugemeinden der Stadt – Hallgarten, Oestrich, Mittelheim und Winkel. Eine Übersichtskarte erhält man gegen eine geringe Schutzgebühr bei der Tourist Information in Mittelheim, An der Basilika 11 a, Infos unter www.floetenweg.de. Unser Vorschlag für Oestrich:

Oestrich – Kloster Gottesthal – Oestrich: 10 km
Die Wanderung beginnt am Weinprobierstand (→ Weinpropierstand) und folgt dem ausgeschilderten Weg („braune Flöte") durch die Kranengasse zum Marktplatz, von dort durch die Rheinstraße zum Friedensplatz. Weiter geht es durch die Mühlstraße und später, vorbei an der Clemenskapelle, ins Gottesthal. Der Weg führt am ehemaligen Kloster Gottesthal und der Klostermühle vorbei. Später kommt man an die „Weiße Kapelle" und läuft weiter, bis man auf den „Querflötenweg" (orangefarbene Markierung) stößt. Dieser Weg führt in Richtung Schloss Vollrads. Kurz bevor man das Schloss erreicht, zweigt der Winkeler Flötenweg (rote Markierung) links ab zur Rheinstraße. Auf dem Leinpfad, dem schmalen Fußweg direkt am Rhein, kann man nun flussaufwärts zurück nach Oestrich wandern.

FAHRRADFAHREN

Der Tourenvorschlag 2 führt auch durch Oestrich (→ Übersichten S. 262).

SCHIFFFAHRT

Mit den Schiffen der Charterline van de Lücht kann man jeden Sonntag von Ostern bis einschließlich September eine eineinhalbstündige Rundfahrt um die Naturschutzinsel Mariannenaue unternehmen. Abfahrt jeweils um 12.25 h, 14.25 h und 16.25 h in Oestrich am Weinverladekran. Fahrpreis: € 7,–, Kinder von 4–14 € 3,50. Tel. 0 67 23-44 37 oder www.fvdl.de.

KINDER

Die oben genannte Rundfahrt um die Mariannenaue ist unser Tipp für den Familienausflug zum Kindergeburtstag.

FESTE

Jeweils von Sonntag bis Dienstag nach Christi Himmelfahrt wird der mehr als 400 Jahre alte Dippemarkt abgehalten. Zusätzlich gibt es auch einen Vergnügungspark und Kinderaktionen.

Vom zweiten Juli-Wochenende an öffnen verschiedene Winzer ihre Höfe für das Musikprogramm der „Oestrich-Winkeler Jazzwoche". Auskunft bei Touristinformation Oestrich-Winkel. Am dritten Juli-Wochenende wird auf dem Marktplatz das Lenchenfest gefeiert, zu Ehren der Weinlage Oestricher Lenchen.

Am zweiten Sonntag im September ist Kirchweih-Fest.

WEINPROBIERSTAND

In einem 25.000-Liter-Fass, nahe beim Weinverladekran:
Mitte Apr–Ende Sep Di–Sa ab 15 h, So, Feiertag ab 10 h.

RESTAURANT UND WEINSTUBE GRÜNER BAUM

heingaustr. 45, 65375 Oestrich-Winkel, Tel. 0 67 23-16 20,
ffnungszeiten tägl. außer Mi und Do von 11.30–14 h und ab 17.30 h.
ersönlich geführtes Lokal mit guten, regionalen Speisen.

RESTAURANT ZUR KRONE

arkt 14, 65375 Oestrich-Winkel, Tel. 0 67 23-8 88 99 66,
ww. zurkrone-oestrich.de, Öffnungszeiten tägl. 11.30–14.30 h.
odern eingerichtetes Restaurant, am Marktplatz gelegen, serviert werden
gionale Gerichte mit mediterranem Einfluss.

HOTEL & RESTAURANT SCHWAN

heinallee 5–7, 65375 Oestrich-Winkel, Tel. 0 67 23-80 90,
ww.hotel-schwan.de, Öffnungszeiten Restaurant tägl. 7–12 h und
8–22 h, 54 Zi und Suiten, EZ € 82–105, DZ € 115–160.
harmantes Haus mit erstklassiger Küche und liebevoller Zimmeraus-
attung.

PENSION DORNBACH

eldstraße 1, 65375 Oestrich-Winkel, Tel. 0 67 23-36 02,
ww.weingut-dornbach.de, 4 Zi, EZ € 47, DZ € 67, Appartement € 80.
amilienbetrieb mit einfacher, zweckmäßiger Einrichtung.

GÄSTEHAUS ILSE

heinallee 5, 65375 Oestrich-Winkel, Tel. 0 67 23-80 90,
ww.hotel-schwan.de, 10 Zi, EZ € 50, DZ € 85.
eiswertere, behagliche Dependance des Hotels Schwan.
ühstücksbuffet im Haupthaus.

GÄSTEHAUS WEINGUT QUERBACH

nchenstr. 19, 65375 Oestrich-Winkel, Tel. 0 67 23-38 87,
ww.querbach.com, Öffnungszeiten 8–12 h und 13–18 h,
0 Zi, EZ € 60, DZ € 90.
eingut, das über gepflegte Zimmer verfügt, mit Blick auf die Weinberge.

GUTSSCHÄNKEN

STRAUSSWIRTSCHAFT HERKE

eingut Kaspar Herke, Langenhoffstraße 4, 65375 Oestrich-Winkel,
l. 0 67 23-34 40, www.weingut-kaspar-herke.de

GUTSAUSSCHANK VINUM

eingut Lorenz Kunz, Rheingaustr. 74, 65375 Oestrich-Winkel,
l. 0 67 23-45 22, Fax 0 67 23-8 82 33, www.weingut-lorenz-kunz.de

WEINGUT AUGUST ESER

Friedensplatz 19, 65375 Oestrich-Winkel,
Tel. 0 67 23-50 32, Fax 0 67 23-8 74 06, www.eser-wein.de.
Weingut mit zahlreichen Lagen zwischen Oestrich und Rüdesheim.
Unsere Empfehlung: Oestricher Lenchen Riesling Qualitätswein trocken.
Gutes Preis-Leistungsverhältnis.

WEINGUT BERNHARD ESER VDP

Römerstraße 7, 65375 Oestrich-Winkel,
Tel. 0 67 23-34 16, Fax 0 67 23-73 49

THE GARAGE WINERY

Friedensplatz 12, 65375 Oestrich-Winkel,
Tel. 0 67 23-60 33 40, Fax 0 67 23-60 15 30, www.garage-winery.com.
Seattle in Oestrich, aber ohne Regen und Schlagzeug: Ein Amerikaner namens Anthony Robert Hammond ist im Rheingau hängen geblieben und produziert diverse trockene und fruchtige Gewächse für den nationalen wie internationalen Geschmack. Hip und rührig zugleich.

PETER JAKOB KÜHN VDP

Mühlstr. 70, 65375 Oestrich-Winkel,
Tel. 0 67 23-22 99, Fax 0 67 23-8 77 88, www.weingutpjkuehn.de.
Weine von klarer, exzellenter Frucht, empfehlenswert allen voran der Gutsriesling trocken sowie die Riesling Spätlese vom Oestricher Lenchen. Das Gut grenzt direkt an diese Lage an. Verkauf nach Vereinbarung, Mitte Mai–Mitte Okt Verkaufsstand im Weingut.

WEINGUT LORENZ H. KUNZ VDP

Rheingaustraße 74, 65375 Oestrich-Winkel,
Tel. 0 67 23-45 22, Fax 0 67 23-8 82 33, www.weingut-lorenz-kunz.de,
Mitglied der Charta-Vereinigung.
Empfehlenswert der Oestricher Doosberg, auch als Erstes Gewächs.
(→ Speisen & Logieren, Gutsausschank Vinum S. 167)

WEINGUT JOSEF SPREITZER VDP

Rheingauer Str. 86
65375 Oestrich-Winkel
Tel. 0 67 23–26 25
weingut-spreitzer @t-online.de
www.weingut-spreitzer.de
Mo–Fr 8–12 h, 13.30–18.30 h, Sa 9–16 h

Zwei Brüder, ein Team und ein Weingut: Bernd und Andreas Spreitzer haben sich dem mineralischen Stil verschrieben, verbunden mit einer fruchtigen Reminiszenz an die eigene Geschichte: Großvater Josef erntete 1920 sage und schreibe 600 Liter Most mit einem Oechsle-Gewicht von 303 Grad. Dieser Wein kam als Bremerberg-Eiserberg Trockenbeerenauslese in den Handel und wurde 1929 in Kloster Eberbach einmal für 75.000 Reichsmark versteigert. Wir wissen nicht, was der potente Käufer empfunden hat, als er sein kostbares Gut trank, wir wissen aber, dass die Eiserberg-Tradition weiterlebt: Dieser fiel zwar der Flurbereinigung zum Opfer, ist aber heute als Oestricher Lenchen Riesling Spätlese »303« außergewöhnlichen Stunden vorbehalten.

- Oestricher Doosberg Riesling Kabinett trocken: ein wunderbares Beispiel für die funkelnde Mineralität, die ein Quarzitboden in den Wein bringen kann. Außerdem Schmelz und viel Würze. Perfekt zu einem Hühnchen mit Pfifferlingen.

- Winkeler Jesuitengarten Kabinett halbtrocken: exotische Frucht verbunden mit jugendlichem Ungestüm. Garantiert gute Alterung.

- Oestricher Lenchen Riesling Spätlese »303«: der Extrakt des Eisenbergs. Handlese der Trauben und hohe Mostgewichte ergeben eine harmonische Eleganz. Wir wünschen jedem, der hiervon eine Flasche ergattert, die Nerven, diese Kostbarkeit noch im Keller liegen zu lassen.

WEINGUT WILFRIED QUERBACH VDP

Lenchenstr. 19, 65375 Oestrich-Winkel,
Tel. 0 67 23-38 87, Fax 0 67 23-8 74 05, www.querbach.com
Empfehlenswert: Riesling Classic.
(→ Speisen & Logieren, Gästehaus Querbach S. 167)

WEINGUT WEGELER

VDP

Friedensplatz 9–11
65375 Oestrich-Winkel
Tel. 0 67 23-9 90 90
Fax 0 67 23-99 09 66
info@wegeler.com
www.wegeler.com
Verkauf nach Vereinbarung

„Die Utopie von heute ist die Realität von morgen", hört man häufig bei den Wegelers, und tatsächlich präsentiert sich dieses anerkannte Weingut als dynamische Speerspitze der Dialektik von Tradition und Moderne: 1882 erwarb Geheimrat Julius Wegeler als Mitinhaber der Sektkellerei Deinhard seine ersten eigenen Weinberge rund um Rüdesheim, Johannisberg, Geisenheim und Oestrich-Winkel; inzwischen ist der Besitz auf 48 Hektar angewachsen. Grund genug, vor über 20 Jahren einen außergewöhnlichen Wein zu kreieren, der wie die großen Châteaux-Gewächse im Bordeaux keine Lagenbezeichnungen verwendet, sondern sich kurzerhand als distinguierter Geheimrat »J« vorstellt. Später war man führend an der Initiation des 1. Gewächses beteiligt; im Jahr 2006 kommt nun eine weitere Neuheit: WEGELER PUR, ein Wein, der seinen Namen zu Recht trägt.

- Wegeler Riesling Qualitätswein trocken: Ein weiniger Riesling mit ausgeprägten Aprikosen-Aromen. Idealer Terrassenwein.

- WEGELER PUR: Diese neueste Wegeler-Innovation präsentiert sich als saftiger, unkomplizierter, aber anspruchsvoller Riesling, der sowohl pur als auch zu aromatischen Speisen Freude bereitet. Wir empfehlen gebratenes Huhn mit einer dezenten Curry-Ingwer-Sauce.

- Geheimrat »J« Riesling Spätlese trocken: ein großer Wein, komponiert aus bis zu 16 verschiedenen „Erstes-Gewächs"-Lagen. Frappierend die klare, delikate Ansprache, verbunden mit einem langen Abgang, die dieser Geheimrat auch nach Jahren der Lagerung kultiviert. Der Kenner greift in jedem Fall zur Magnum.

HIN & WEG

Bahnhof „Oestrich-Winkel" (in Mittelheim), ORN-Bus 5480
Autofähre nach Ingelheim (Kontaktdaten → Übersichten S. 270)

ADRESSEN

Verkehrsverein Oestrich-Winkel
An der Basilika 11 a
65375 Oestrich-Winkel
Tel. 0 67 23-1 94 33
touristinfo@oestrich-winkel.info
www.oestrich-winkel.de

MITTELHEIM

Zwischen Oestrich und Winkel liegt Mittelheim mit seiner romanischen Basilika St. Aegidius. Diese im Jahr 1131 vollendete Kirche ist neben der Abteikirche des Klosters Eberbach das bedeutendste romanische Bauwerk im Rheingau: Teile der Fundamente stammen sogar noch von einem karolingischen Vorgängerbau aus dem 9. Jahrhundert. Durch das Rundbogenportal gelangt man ins Innere. In der holzgedeckten, mit schlichten Keramikplatten ausgestatteten Pfeilerbasilika aus Bruchstein finden sich wertvolle Heiligenfiguren des heiligen Urban, des heiligen Aegidius und des heiligen Apostels Johannes, die im Rheingau als „Weinheilige" verehrt und alljährlich am 1. September mit Trauben geschmückt werden. Beeindruckend ist auch die im Jahr 1511 geschnitzte Kanzel. In Mittelheim kann der Besucher exemplarisch erfahren, was eine romanische Basilika auszeichnet: Es ist die einfache, klare Strenge, die zierlose Monumentalität romanischer „Gottesburgen".

Weitere ehrwürdige Gebäude sind: an der Rheingaustraße neben der Kirche das spitzgiebelige, sanierungsbedürftige Rathaus aus dem Jahr 1504 sowie das gepflegte Reitz'sche Weingut mit einer schönen Engelsfigur an der Fassade.

WANDERN/SPAZIEREN

Mittelheimer Flötenweg: 6 km
Der Mittelheimer Flötenweg (gelbe Markierung) beginnt an der Basilika. Man geht 2,5 km bis zum orange markierten Querflötenweg. Auf diesem biegt man nach links ab, bis wenig später der rot gekennzeichnete Winkeler Flötenweg links abzweigt und in den Ort hinunter führt (→ www.floetenweg.de).

FAHRRADFAHREN

Der Tourenvorschlag 2 beginnt und endet in Mittelheim (→ Übersichten S. 262).

KINDER

Auf dem Leinpfad radelt es sich von Mittelheim angenehm flach direkt am Rhein entlang bis Rüdesheim. Von dort kann man mitsamt den Rädern die Personenfähre hinüber ans Binger Ufer nutzen, um rheinaufwärts nach Ingelheim zu radeln. An der dortigen Anlegstelle der Fähre, die einen wieder zurück nach Mittelheim bringt, befindet sich ein Spielplatz.

FESTE

Jedes Jahr Ende April/Anfang Mai feiern die Mittelheimer ein kleines Kerbfest (Termin → Touristinfo S. 177). Weihnachtsmarkt am 3. Adventsonntag.

SONSTIGES

Von April bis Oktober bieten die „Gästebegleiter" immer am 2. Sonntag im Monat um 14 h einen ca. zweieinhalbstündigen Stadtrundgang durch Oestrich-Winkel an. Treffpunkt ist der Parkplatz an der Basilika in Mittelheim. Mindestteilnehmerzahl 5 Personen. Info und Anmeldung unter Tel. 0 67 23-46 00 oder Evelyn.Bleuel@gaestebegleiter.de.

GUTSSCHÄNKEN

STRAUSSWIRTSCHAFT CORVERS-KAUTER

Weingut Dr. Corvers-Kauter,
Rheingaustr. 129, 65375 Oestrich-Winkel (Mittelheim),
Tel. 0 67 23-26 14, www.corvers-kauter.de

STRAUSSWIRTSCHAFT HUPFELD

Weingut Hupfeld, Rheingaustr. 113, 65375 Oestrich-Winkel (Mittelheim),
Tel. 0 67 23-99 92 39

WEINGUT DR. CORVERS-KAUTER

Rheingaustraße 129
65375 Oestrich-Winkel
Tel. 0 67 23-26 14
info@ corvers-kauter.de
www.corvers-kauter.de
Weinverkauf nach telefonischer Anmeldung möglich

Brigitte Corvers-Kauter und Dr. Matthias Corvers haben in den letzten Jahren auf sich aufmerksam gemacht: Insgesamt elf Hektar besitzt dieses Gut, dessen Lagen sich weit gestreut zwischen Assmannshausen und Oestrich befinden. So entstanden mit der Zeit interessante Terroir-Weine, vom Riesling und Spätburgunder geprägt; aber auch Müller-Thurgau und – neuerdings – Roter Riesling werden angebaut. Gerne philosophiert Weindoktor Corvers – er recherchierte auf der Rheininsel Mariannenaue für seine Dissertation, einem Systemvergleich zwischen ökologischem und konventionellem Weinbau – über sein Terroir: „Das Terroir in einem Wein herausarbeiten heißt seine Zukunft schmeckbar machen." Diese Möglichkeit haben die Gäste seines beliebten Gutsausschankes, in dem feine ländliche Küche serviert wird. Dazu 20 offene Weine.

- Oestricher Doosberg Riesling Kabinett trocken: ein dezenter Pfirsich, eingelegt in einer perfekt ausbalancierten Säure. Eine schöne Referenz für dieses Weingut. Der perfekte Begleiter zu einem Spargelgericht.

- Rüdesheimer Berg Rottland Erstes Gewächs: Mineralität und Mangoaromen bescheren uns einen kräftigen Riesling, der zum intensiven Träumen einlädt. Ein Wein für Genießer.

- Rüdesheimer Drachenstein Spätburgunder trocken: Eine tiefe, dunkelrote Farbe verrät ein intensives Gerüst – und was für eines: Dieser Pinot Noir passt ideal zu einer Bitterschokolade.

(→ Speisen & Logieren, Strausswirtschaft Corvers-Kauter S. 175)

WEINGUT HUPFELD – KÖNIGIN VICTORIABERG VDP

Rheingaustraße 113, 65375 Oestrich-Winkel (Mittelheim),
Tel. 0 67 23-99 92 39, Fax 0 67 23-99 92 59
(→ Speisen & Logieren , Strausswirtschaft Hupfeld S. 175)

REITZ'SCHES WEINGUT VDP

Rheingaustraße 128—130, 65375 Oestrich-Winkel (Mittelheim),
Tel. 0 67 23-20 01

WEIN-SEKTGUT F. B. SCHÖNLEBER

Obere Roppelsgasse 1, 65375 Oestrich-Winkel,
Tel. 0 67 23-34 75, Fax 0 67 23-47 59, weingut@fb-schoenleber.de.
Dieses kleine Weingut – 9,5 Hektar – hat in den letzten Jahren auf sich aufmerksam gemacht: Die Rieslingsekte machen Laune, und die trockenen Weine sind ausgezeichnete Begleiter zum Essen.
(→ Speisen & Logieren Winkel, Gutsausschank F. B. Schönleber S. 182)

HIN & WEG

Bahnhof „Oestrich-Winkel" (in Mittelheim)
ORN-Bus 5480
Autofähre nach Ingelheim (Kontaktdaten → Übersichten 270)

ADRESSEN

Verkehrsverein Oestrich-Winkel
An der Basilika 11 a
65375 Oestrich-Winkel
Tel. 0 67 23-1 94 33
touristinfo@oestrich-winkel.info
www.oestrich-winkel.de

WINKEL

Diese Gemeinde hebt sich von ihren Nachbarn durch eine herausragende literarische Vergangenheit ab: Im frühen 19. Jahrhundert war der Weinort Treffpunkt einiger der bedeutendsten Geister aus Kunst und Wissenschaft. In dem im Jahr 1751 erbauten, seit 1804 im Besitz der Frankfurter Adelsfamilie Brentano befindlichen Brentanohaus lebt der Geist der Romantik fort. Clemens Brentano, seine Schwester Bettina und ihr Mann Achim von Arnim verbrachten hier ihre Rheingauer Sommertage. Bettina von Arnim war übrigens die Dame auf dem alten 5-Mark-Schein und eine der emanzipiertesten Frauen des 19. Jahrhunderts. Hier waren die Gebrüder Grimm, die Lyrikerin Karoline von Günderode und natürlich Goethe zu Gast.

Das Brentanohaus mit seinem markanten Mansardendach lohnt eine ausgiebige Besichtigung. Der Besuch dieses geschichtsträchtigen Terrains ist auch ein Ausflug in die aristokratische Wohnwelt jener Zeit: Im Westteil des Hauses ist in einigen Räumen die Innenausstattung noch vollständig erhalten. Sehenswert etwa die Tapeten, einige Familienbilder, die große Bibliothek, das unveränderte Goethe-Zimmer – vor allem aber auch die große Gartenanlage mit dem Gutsausschank.

Ein Blick in den romantischen Gutshof des Zehnthofs an der Hauptstraße 68 ist ebenso lohnenswert wie eine Besichtigung der in derselben Straße gelegenen gotischen Pfarrkirche St. Walburga. Hinter der Kirche erinnert ein in den zwanziger Jahren geschaffenes Denkmal an die oben erwähnte Dichterin Karoline von Günderode, die sich aus Liebeskummer am Rheinufer erdolchte.

In Winkel finden wir auch, nahe am Rheinufer gelegen, eines der ältesten Steinhäuser Deutschlands: Die Theorien zum Baujahr des Grauen Hauses gehen weit auseinander und reichen von 850 bis 1075. Bewohnt wurde das Haus von Bischöfen und Adeligen.

1,5 km nördlich der Stadt liegt zwischen den Weinbergen eine der Hauptattraktionen des Rheingaus – das Schloss Vollrads mit seinem wuchtigen Wohnturm, der Wasserburg aus dem 14. Jahrhundert, dem gepflegten Innenhof und einem herrlichen Garten. Die bei einer Besichtigung zu bewundernde Architektur des Schlosses ist ebenso wie die Innenräume eng verbunden mit der Familie von Greiffenclau. Nach achthundertjähriger Familientradition ging nach dem Tod von Erwein Graf Matuschka-Greiffenclau 1997 Schloss Vollrads in den Besitz der Nassauischen Sparkasse über. Weingut, Gutsausschank und Restaurant laden zum Verweilen ein.

ɜegenüber dem Brentanohaus befindet sich die Brentanoscheune, ein beliebter Veranstaltungsort für diverse Kulturprogramme.
Hauptstraße 134 a, Programmauskunft unter Tel. 0 67 23–99 21 31 oder www.brentanoscheune.de.

WANDERN/SPAZIEREN

Winkel – Schloss Vollrads: 3 km
Der Winkeler Flötenweg (Markierung: „rote Flöte") führt sanft ansteigend vom Weinprobierstand am Kerbeplatz nach Schloss Vollrads.

FAHRRADFAHREN

Unser Tourenvorschlag 2 führt auch durch Winkel (→ Übersichten S. 262).

KINDER

Die Kinder- und Jugendfarm Oestrich-Winkel e. V., ein pädagogisch betreuter Spielplatz, liegt in Winkel, gleich oberhalb der Bahnlinie. Highlights sind eine Baulandschaft, eine Feuerstelle sowie die Spielmöglichkeiten am und im Elsterbach, der durch das Gelände fließt.
Infos unter Tel. 0 67 23-88 94 49 oder www.am-elsterbach.de.

FESTE

Am Wochenende nach Pfingsten findet die Kirchweger Kerb statt.

WEINPROBIERSTAND

Am Rheinufer in der Nähe der Fähre
von Ostern–Ende Sep Fr, Sa und Mo ab 16 h, So und Feiertag ab 11 h.

Im Hof von Schloss Vollrads ist Weinausschank
von Ende April–Ende Oktober Sa, So, Feiertag 11–18 h.

DIE WIRTSCHAFT WEINGUT BASTING GIMBEL

Hauptstraße 70, 65375 Oestrich-Winkel, Tel. 0 67 23-74 26, www.kreller.org, Öffnungszeiten Di–Sa 12–14.30 h und ab 18 h, So 11.30–15 h.
Frisch zubereitete Gerichte der ländlichen Küche mit mediterranen Akzenten und bemerkenswerten Weinen.

GAUMENFREUDE IM BRENTANOHAUS

Am Lindenplatz 2, 65375 Oestrich-Winkel, Tel. 0 67 23-88 56 00, www.brentano.de, Öffnungszeiten Mo–Fr ab 16 h, Sa, So, Feiertag ab 12 h.
Ehemaliger Sommersitz der Brentanos mit schöner Außenanlage und Restauration.

GUTSRESTAURANT SCHLOSS VOLLRADS

Weingut Schloss Vollrads KG, Vollradser Allee, 65375 Oestrich-Winkel, Tel. 0 67 23-52 70, www.schlossvollrads.com, Öffnungszeiten außer Mi tägl. 12–22 h.
Regionale und mediterran angehauchte Küche auf hohem Niveau, mit Bevorzugung ökologisch-biologischer Produkte.

GUTSSCHÄNKEN

GUTSAUSSCHANK ANKERMÜHLE

Weingut Ankermühle, 65375 Oestrich-Winkel, Tel. 0 67 23-24 07, www.ankermuehle.de

GUTSAUSSCHANK GEORGSHOF

Weingut Fritz Allendorf, Kirchstr. 69, 65375 Oestrich-Winkel, Tel. 0 67 23-91 85-0, www.allendorf.de

GUTSAUSSCHANK HAMM

Weingut Hamm, Hauptstr. 60, 65375 Oestrich-Winkel, Tel. 0 67 23-24 32, www.hamm-wine.de

GUTSAUSSCHANK F. B. SCHÖNLEBER

Weingut F. B. Schönleber, Hauptstr. 1 b, 65375 Oestrich-Winkel, Tel. 0 67 23-91 76-0, www.fb-schoenleber.de

GUTSAUSSCHANK SCHÖNLEBER-BLÜMLEIN

Weingut Schönleber-Blümlein, Kirchstr. 39, 65375 Oestrich-Winkel, Tel. 0 67 23-31 10, www.schoenleber-bluemlein.de

GUTSAUSSCHANK ZEHNTENHOF

Weingut Johannes Ohlig, Hauptstr. 68, 65375 Oestrich-Winkel, Tel. 0 67 23-88 86 52, www.weingut-ohlig.de

WEINGUT FRITZ ALLENDORF VDP

Kirchgasse 69
65375 Oestrich-Winkel
Tel. 0 67 23-9 18 50
Allendorf@Allendorf.de
www.allendorf.de
Mo–Fr 8–12 h, 13–18 h, Sa 10–16 h

Wie trügerisch sind unsere Sinne? Ist die wirkliche Welt die wahre Welt? Kann beispielsweise ein Riesling nach Kirschen oder Brombeeren schmecken? Normalerweise nicht, aber in der Allendorfschen Wein.Erlebnis.Welt schon. Denn hier wird der Besucher hinters Licht geführt: In einem Lichtraum erfährt er an der eigenen Zunge, welche Farbe in welcher Intensität auf sein Wahrnehmungs- und Geschmacksempfinden wirkt. Steht der Verkoster in einem mit rotem Licht gefluteten Raum, schmeckt der Riesling tatsächlich nach Johannisbeere. Wird das Licht grün, spürt man Unreife, und bei Blau wirkt der Wein fast wie Wasser. Bei einem satten Gelb treten dann wieder die typischen Pfirsich-Aromen in den Vordergrund. Dafür gab es völlig zu Recht den Innovationspreis der EU.

- Rüdesheimer Berg Roseneck Riesling Spätlese trocken: weiße Früchte, vor allem delikater Pfirsich. Die Goldkapsel zeigt, dass dies ein Liebling des Winzers ist. Nur seiner?

- Quercus Spätburgunder Qualitätswein trocken: Vanille, Holunder und der typische Spätburgunder-Duft von schwarzer Johannisbeere: ein Wein in Barrique-Fässern gereift, der im Abgang den Geschmack von Röstaromen, Nelke und Zimt hinterlässt.

- Allendorf Cuveé Raffinesse Brut: ein Qualitätssekt als Komposition aus Riesling, Chardonnay und Spätburgunder, mit – sehr raffiniert – einer Trockenbeerenauslese als Dosage.

(→ Speisen & Logieren, Gutsausschank Georgshof S. 182)

WEINGUT JACOB HAMM VDP

Hauptstraße 60, 65375 Oestrich-Winkel,
Tel. 0 67 23-24 32, Fax 0 67 23-8 76 66.
Einer der wenigen Betriebe, die ökologischen Weinanbau betreiben.
Der Riesling trocken heißt hier HAMMlet
(→ Speisen & Logieren, Gutsausschank Hamm S. 182)

SCHLOSS VOLLRADS

65375 Oestrich-Winkel
Tel. 06 72-36 60
info@schlossvollrads.com
www.schlossvollrads.com
Vinothek: Mo–Fr 8–12 h, 13–17 h,
Sa 14–17 h (Nov und Dez)
Hofterrasse mit Selbstbedienung für Wein und kleine Speisen von Ostern bis Oktober an Samstagen, Sonn- und Feiertagen geöffnet

Eines der ältesten Weingüter der Welt, dessen respektables Schlossgebäude zwischen 1684 und 1725 erbaut wurde. Die Tradition, „Cabinet"-Weine als Krönung guter Jahrgänge in einem separaten Keller aufzubewahren, geht auf eine 1728 begründete Vollrads-Idee zurück. Aber wer hier durch den Hof flaniert, um dann in der gastlichen Vinothek zu landen, spürt nichts von angestrengter Historie: Im Gegenteil, hier riecht es nach Aufbruch und unverwechselbarem Riesling. Der Vollrads-Stil verbindet die reine Frucht der Traube mit der vielschichtigen Mineralität des Terroirs. 60 Hektar Rebfläche liegen um das Schloss herum, aus denen Weine im Chateau-Stil gekeltert werden. Diese genießen unter Kennern den Ruf von wahrhaften Spätzündern. „Weine sollen nicht gleich ihr Pulver verschießen", lautet daher auch das konsequente Motto von Kellermeister Dr. Rowald Hepp.

- Riesling Qualitätswein trocken: rassig, kernig, rein. Vor allem aber süffig.

- Riesling Kabinett halbtrocken: jung trinkbar, lang haltbar. Die Restsüße verstärkt auf intensive Weise die Mineralität. Eine seriöse Illustration der Devise des Kellermeisters.

- Riesling Spätlese fruchtig-süß: ein barocker Exot mit Konturen, die delikate exotische Aromen und herzhaften Schmelz erkennen lassen. Perfekte Balance von Frucht und Restsüße. Ein Wein, den man seiner Rechtsanwältin nach einem gewonnen Prozess serviert.

(→ Speisen & Logieren, Gutsrestaurant Schloss Vollrads S. 182)

HIN & WEG

Bahnhof „Oestrich-Winkel" (in Mittelheim)
Autofähre nach Ingelheim (Kontaktdaten → Übersichten S. 270)

ADRESSEN

Verkehrsverein Oestrich-Winkel
An der Basilika 11 a
65375 Oestrich-Winkel
Tel. 0 67 23-1 94 33
touristinfo@oestrich-winkel.info
www.oestrich-winkel.de

JOHANNISBERG

Wer glaubt schon an Zufälle? Dass es ausgerechnet Mönche vom Johannisberg waren, die aus der Not eine Tugend machten und die Spätlese erfanden – dies verwundert doch niemanden. Johannisberg, dies ist ein Ort, an dem Arbeit und Innovation Hand in Hand gehen. Und dass die Mönche gar entdeckten, dass Schimmel dem Wein Gutes tut, spricht für sich: Die Botrytis cinerea ist ein Pilz, der bei feuchtwarmem Herbstwetter gerne Äpfel und Trauben attackiert und dabei ein graubräunliches bis schwarzes Fadengeflecht auf der Haut der Früchte hinterlässt. Bei der Weintraube führt der Pilzbefall dazu, dass die Beerenhäutchen porös und durchlässig werden, so dass das in den Beeren enthaltene Wasser langsam verdunstet. Die Beeren beginnen einzutrocknen. Dies ist nicht schön anzusehen, hat aber für den Winzer einen großen Vorteil: Die Zuckerkonzentration in der Frucht steigt an. Was also für einen trockenen Weiß- oder Rotwein absolut unerwünscht ist, kann für eine hochwertige Auslese von Vorteil sein.

Von all dem wussten die Weinmacher auf dem Johannisberg im 18. Jahrhundert natürlich nichts. Schon im 11. Jahrhundert waren hier Benediktiner ansässig, hatten ein Kloster gegründet und im Laufe der Zeit durch Kauf, Tausch und Schenkungen ihren Rebbesitz zu jener geschlossenen Anlage vervollständigt, wie wir sie heute kennen. 1563 wurde das Kloster aufgelöst, kam im Dreißigjährigen Krieg als Pfandobjekt in die Hände eines Reichspfennigmeisters und wurde 1716 von dem Fuldaer Fürstabt erworben. Dieser investierte kräftig in den weinbaulichen Betrieb und führte umfangreiche Neuanpflanzungen durch. Schon damals baute man auf dem Johannisberg nur Riesling an, und ein Herbstkurier musste alljährlich bei der Fürstabtei die Erlaubnis zum Beginn der Weinlese einholen.

1775 dann die unangenehme Überraschung: Der Kurier aus Fulda verspätete sich, und viele Trauben waren vom Schimmel befallen. Aber der damalige Weingutsadministrator Johann Michael Engert reagierte schnell und ließ bei der Lese die grünen von den faulen Trauben getrennt vinifizieren. Ein Jahr später stellte er zu seiner Überraschung fest: „Solch Wein habe ich noch nicht in den Mund gebracht."

Was war geschehen? Engert hatte einen außerordentlich konzentrierten, komplexen und sehr süßen Wein genossen. Einen Wein, der nach würzigem Honig roch und unbeschreiblich fruchtig war. 1787 schrieb der Kurmainzer Hofkammersekretär Heinrich Adam Degenhard in einem Gutachten: „Ein Ohngefähr [Zufall] wie bekannt hat denen Fulder Johannisbergerm diesen Vortheil entdeckt, wodurch sie einen wahren Auszug [Extrakt] von Wein erhalten, und nun haben sie allzeit das spätläßen zum Gesetze gemacht." Die Spätlese war geboren.

Inzwischen sind die edelsüßen und würzig-fruchtigen Beerenauslesen begehrte Raritäten, die weltweit Anerkennung erfahren. Um sie zu erzeugen, gehen viele Winzer große Risiken ein: Sie lassen ihre Trauben bis weit in den November hinein am Stock – in der Hoffnung auf die segensreiche Botrytis cinerea, die das Eintrocknen der Trauben beschleunigt und so höchste Süßweinqualitäten ermöglicht. Dann werden mit großem Aufwand die zu Rosinen geschrumpften Beeren von Hand herausgepickt. Auch die Rheingauer Eisweine, die meist im November, Dezember oder im Januar des folgenden Jahres bei starkem Frost geerntet werden, genießen weltweit einen legendären Ruf. Und es ist kein Zufall gewesen, dass der erste Eiswein 1858 auf Schloss Johannisberg gelesen wurde – so wie heute hatten die Weinmacher damals das stete Streben nach Qualitätsverbesserung auf ihre Fahnen geschrieben

Dort, wo früher das Benediktinerkloster war, steht heute die Schlossanlage von Johannisberg mit ihrem beeindruckenden Schlossgarten. Als der Fürstabt von Fulda die Gebäude erwarb, ließ er hier neben der Weindomäne ein neues Barockschloss errichten, in dem die bestehenden Gebäude zwischen 1826 und 1837 durch Georg Moller im klassizistischen Stil umgebaut wurden. Nach dem Wiener Kongress kam das Schloss im Jahr 1815 in den Besitz des österreichischen Staatskanzlers Fürst Clemens von Metternich – dieser veranlasste zügig die Aufnahme der Sektproduktion. Der heutige Zustand mit der Aussichtsterrasse ist allerdings eine vereinfachte Rekonstruktion des 1942 bei einem Luftangriff weitgehend zerstörten Anwesens. Unversehrt blieben dabei die unterirdische Schatzkammer des Schlosses: In der „Bibliotheca Subterranea" ruhen heute mehr als 11.000 Flaschen Wein in 900 Jahre alten Gewölben. Diese Sammlung großer Jahrgänge reicht bis ins Jahr 1748 zurück.

Neben der Schlossanlage ist vor allem die 1130 geweihte Basilika „St. Johannis der Täufer" mit ihren drei Apsiden und dem massiven Vierungsturm von Bedeutung; auch sie wurde nach ihrer Zerstörung im 2. Weltkrieg in der schönen Schlichtheit ihrer ursprünglichen romanischen Bauweise rekonstruiert. Im Inneren sind gotische Heiligenfiguren wie eine Madonna, die Holzfigur des Heiligen Nikolaus und die um 1300 entstandene Sandsteinfigur eines stehenden Diakons zu bestaunen.

An der Straße nach Marienthal liegt das Kloster Johannisberg. Oberhalb des Ortsteiles Berg wurde 1973 von Jakob Mumm die künstliche Ruine Schwarzenstein errichtet, ein kulturhistorisch bedeutendes Zeugnis der Rheinromantik, das heute ein Hotel und ein Restaurant beherbergt. Schloss Hansenberg nordwestlich von Johannisberg wurde im Jahr 1825 als Waisenhaus errichtet. Es beherbergt heute ein Gymnasium für besonders Begabte.

WANDERN/SPAZIEREN

„Mon Dieu, wenn ich doch so viel Glauben in mir hätte, dass ich Berge versetzen könnte, der Johannisberg wäre just derjenige Berg, den ich mir überall nachkommen ließe", schrieb Heinrich Heine, und dieses dichterische Gefühl lässt sich am besten auf den 6 km des „Johannisberger Wein-Wander-Wegs" nachvollziehen. Er beginnt an der Hauptstraße beim Abzweig zum Schloss und informiert durch Infotafeln über die Geheimnisse des Weinanbaus.

FAHRRADFAHREN

Der Tourenvorschlag 2 führt auch durch Johannisberg (→ Übersichten S. 262).

KINDER

Ein 15-minütiger, ebener Rundweg, auf dem man z. B. gut rollern kann (auch für Rollstuhlfahrer geeignet), beginnt vor der Basilika „St. Johannis der Täufer"– mit dem Wegweiser „Christian-Labonté-Weg" und führt rund um den – nicht öffentlich zugänglichen – Schlosspark.

FESTE

Am Johannistag wird am alten Rathaus eine kleine Kerb gefeiert.
Mitte September ist das Schloss- und Sektfest auf Schloss Johannisberg.

ESTAURANT BURG SCHWARZENSTEIN

Rosengasse 32
65366 Geisenheim-Johannisberg
Tel. 0 67 22-99 50-0
www.burg-schwarzenstein.de
Mi–So 12–14.30 h und 18–22 h,
ab 1.4. tägl.

as Restaurant Burg Schwarzenstein bietet eine herausragende Küche in inem stilvollen und gekonnt gestalteten Ambiente. Ein beeindruckender usblick über den Rheingau wird sowohl vom Restaurant als auch von der aumhaft gelegenen Terrasse geboten. Die umfangreiche Weinkarte mit egionalen und internationalen Weinen rundet dieses Angebot ab.

ESTAURANT KLOSTER JOHANNISBERG

Badpfad 1
65366 Geisenheim-Johannisberg
Telefon: 0 67 22-4 97 91-0
www.kloster-johannisberg.de
8.30–23 h, kein Ruhetag

n liebevoll neu gestalteten Kloster Johannisberg wird der Gast mit leichten nd zeitgemäßen Gerichten verwöhnt. Küchenchef Herr Büsselberg lässt ch dabei von frischen Kräutern und anderen Erzeugnissen des Kloster-artens inspirieren. Auf der Sonnenterasse mit herrlichem Blick kann man rlesene Rheingauer Weine oder kühles Klosterbier genießen.

UTSSCHÄNKE SCHLOSS JOHANNISBERG

65366 Geisenheim-Johannisberg
Tel. 0 67 22-9 60 90
www.schloss-johannisberg.de
Mo–So 11–24 h

n einer der schönsten Stellen des Rheingaus, wie eine große Sommerter-sse über dem Rhein, liegt die herrschaftliche Gutsschänke mit Weingar-n. Ob laue Sommernächte, rustikale Weinproben oder festliche Familien-iern – 150 Außenplätze und 240 Sitzplätze in verschiedenen Räumlich-eiten laden zum Verweilen ein.

RESTAURANT & HOTEL HAUS NEUGEBAUER

65366 Geisenheim-Johannisberg (Straße nach Stephanshausen),
Tel. 0 67 22-9 60 50, www.hotel-neugebauer.de,
Öffnungszeiten Küche Mo–Do 11.30–14 h und 17.30–21.30 h,
Fr–So 11.30–21.30 h, im Januar geschlossen (Hotel aber möglich),
3 EZ € 65, 17 DZ € 90.
Gute Küche – ruhiges Hotel, idealer Ausgangspunkt für Spaziergänge.

HOTEL BURG SCHWARZENSTEIN

Rosengasse 32
65366 Geisenheim-Johannisberg
Tel. 0 67 22-99 50-0
www.burg-schwarzenstein.de
EZ € 90–190, DZ €120–250

Inmitten der Weinberge, fernab vom Trubel des Alltags, liegt hoch über dem Rheingau die romantische Burg Schwarzenstein. In den letzten Jahren wurde sie aufwendig renoviert. Das Ergebnis ist eine exklusive Oase der Ruhe mit zehn luxuriösen Zimmern und einer Suite. Die Burgzimmer sind alle mit individuell ausgesuchten Antiquitäten ausgestattet.

HOTEL KLOSTER JOHANNISBERG

Badpfad 1
65366 Geisenheim-Johannisberg
Telefon: 0 67 22-4 97 91-0
www.kloster-johannisberg.de
42 Zi, EZ € 49-109, DZ € 69-129

Das ehemalige Benediktinerinnen Kloster in wunderschöner Lage, umrahmt von Weinbergen, vermittelt dem Gast Klosteratmosphäre mit Ruhe und Gelassenheit. Das hier im April 2006 eröffnete Hotel bietet komfortable, im zeitgemäßen Stil eingerichtete Zimmer, eine wunderschöne Sonnenterrasse und einen idyllischen Park.

GUTSAUSSCHANK ABTEIHOF ST. NICOLAUS

Weingut Abteihof, Grund 19, 65366 Geisenheim-Johannisberg,
Tel. 0 67 22-87 54, www.abteihof-riesling.de

GUTSAUSSCHANK GOLDATZEL

Weingut Goldatzel, Hansenbergallee 1 a, 65366 Geisenheim-Johannisberg,
Tel. 0 67 22-5 05 37, www.goldatzel.de

GUTSAUSSCHANK HANKA

Weingut Helmut Hanka, Grund 41, 65366 Geisenheim-Johannisberg,
Tel. 0 67 22-88 79, www.weingut-hanka.de

STRAUSSWIRTSCHAFT SCHAMARI-MÜHLE

Weingut Schamari-Mühle, Grund 65, 65366 Geisenheim-Johannisberg,
Tel. 0 67 22-6 45 37, www.schamari.de

STRAUSSWIRTSCHAFT TRENZ

Weingut Trenz, Schulstr. 1, 65366 Geisenheim-Johannisberg,
Tel. 0 67 22-82 85, www.weingut-trenz.de

WEINGÜTER

WEINGUT JOHANNISHOF VDP

Grund 63
65366 Johannisberg
Tel. 0 67 22-82 16
Weingut.Johannishof@t-online.de
www.weingut-johannishof.de
Mo–Fr 8–12 h, 13–18 h,
Weintempel Sa 15–18 h, So 11–17 h

Der Ursprung des Anwesens, ehemals eine Mühle, geht auf das Jahr 1790 zurück: Inzwischen werden 20 Hektar in Winkel, Geisenheim, Johannisberg und Rüdesheim bewirtschaftet. Dieses unterschiedliche Terroir verleiht den jeweiligen Weinen ihren besonderen Ausdruck. Für den Ausbau der Weine und die Lagerung bietet der kühle Bergkeller mit seinen Holzfässern die idealen Voraussetzungen. So entstehen konzentrierte, kraftvolle Gewächse, die auf einen starken Charakter ihrer Erzeuger schließen lassen. Seit dem Jahr 2004 steht neben dem Gutshaus eine moderne Vinothek: In diesem Weintempel findet an Wochenenden und Feiertagen der Weinverkauf statt. Der Weintempel ist aber auch der ideale Rahmen für private oder geschäftliche Feierlichkeiten für bis zu 45 Personen.

- Johannisberger Hölle Riesling Kabinett trocken: das Aushängeschild des Johannisbergs, mit einer für den Rheingau typischen Säure bis zu acht Gramm. Der konzentrierte Pfirsichgeschmack zeigt Harmonie und Länge.
- Johannishof-Charta Riesling Qualitätswein: Die Mutter der Ersten Gewächse erlebt hier eine überraschende Renaissance: ein schöner Botschafter für ein perfektes Zucker-Säure-Spiel.
- Rüdesheimer Berg Rottland Riesling Erstes Gewächs: Aprikosen und Melonen bilden die Basis einer opulenten Fruchtstruktur mit würzigen Komponenten. Cremige Fülle im Abgang. Ein Wein, der so manchen Roten aus südlicheren Gefilden bei einem kräftigen Essen in die Schranken weisen wird.

WEINGUT PRINZ VON HESSEN VDP

Grund 1
65366 Geisenheim-Johannisberg
Tel. 0 67 22-4 09 18-0
info@prinz-von-hessen.de
www.prinz-von-hessen.de
Mo–Fr 9–17 h, Okt–Apr jeden 1. und 3. Sa im Monat 11–15 h, Mai–Sep jeden Sa 11–15 h

Adel verpflichtet: Die Ursprünge des Hauses Hessens gehen auf Heinrich I. zurück, den ersten Landgrafen von Hessen, der 1277 die Stadt Kassel zu seinem Regierungssitz erkor. Bis heute ist Heinrichs Wappen mit dem rotweiß gestreiften Löwen auf blauem Grund das Erkennungszeichen der hessischen Landgrafen und Prinzen – und inzwischen auch das Markenzeichen ihres Weinguts. So überwacht der Löwe viele bedeutende Weinbergsparzellen von Kiedrich bis Rüdesheim sowie einen imposanten, sehenswerten Keller mit vielen alten traditionellen Holzfässern und inzwischen auch modernen Edelstahltanks. Vor allem herrscht der Löwe über eine Vielzahl ausdrucksstarker Lagenweine, die sich dank des versierten Kellermeisters in mannigfaltigen Kabinett-Weinen, Spätlesen und Auslesen niederschlagen.

- Prinz von Hessen Riesling trocken: ein klassischer Schoppenwein, rassig, stoffig, mit knackiger Säure. Repräsentativ für die Qualität des Hauses.
- Kiedricher Sandgrub Riesling Kabinett trocken: ein Wein wie ein Blumengarten, gehaltvoll, oder, wie es das Rheingauer Urgestein Gerhard Kirsch, Kellermeister des Gutes, gerne ausdrückt: „Ein ganz Maul voll Wein."
- Erstes Gewächs Winkler Jesuitengarten Riesling: Wir schmecken Cassis, Pfirsich, Maracuja. Servieren sollte man dieses Erste Gewächs nach zwei oder drei Jahren, wenn Zucker und Säure perfekt verheiratet sind: Erst dann erlangt dieser Wein seine wahre gräfliche Vornehmheit.

WEINBAU-DOMÄNE SCHLOSS JOHANNISBERG VDP

65366 Geisenheim-Johannisberg
Tel. 0 67 22-70 09 0
info@schloss-johannisberg.de
www.schloss-johannisberg.de
Schloss Johannisberger Wein-Cabinet
Mo–Fr 10–13 h und 14–18 h,
Sa, So, Feiertag 11–18 h

Eine außergewöhnliche Konstellation: Ein auf einem Steilhang gelegenes Schloss, das von einem einzigartigen Weinberg umgeben ist. 35 Hektar Rebfläche, seit 1720 ausschließlich mit Riesling bestockt, umfasst die Einzellage "Schloss Johannisberger". Die Besonderheit dieses Terroirs liegt im Untergrund verborgen: Hier entfalten sich die Rebwurzeln in einer zwei Meter tiefen Erdkrume aus lehmigem Löss, um dann auf den harten Quarzitfelsen zu stoßen. Dieser Taunusquarzit ist ein besonderes Mineralgestein, aus dem die alten und tiefwurzelnden Rieslingreben eine gehörige Portion Mineralität für das Gedeihen ihrer Früchte aufnehmen. Eine weitere Besonderheit, 1820 vom Fürsten von Metternich eingeführt, sind die unterschiedlichen Lackfarben (heute Lackkapseln), die die Flaschen schmücken. Sie geben uns Auskunft über die Qualitätsstufen der Weine.

- Riesling Gelblack Qualitätswein trocken: der klassische, trockene Schloss Johannisberger Riesling. Herrlich saftig, diskret und gleichzeitig den Gaumen belebend.
- Riesling Rotlack Kabinett halbtrocken: feingliedrig, mit feiner Balance aus Frucht und zarter Süße, vibrierend auf der Zunge. Ein sinnlich, betörender Wein mit viel Finesse.
- Riesling Grünlack Spätlese: das Paradestück Johannisberger Mineralität: frische Fruchtigkeit verbindet sich mit konzentrierter Eleganz, die sich lange genießen lässt. Ein Schmuckstück von großer Klasse und Komplexität.

(→ Speisen & Logieren, Gutsschänke Schloss Johannisberg S.191)

HIN & WEG

Ab Bahnhof Geisenheim mit Bus Nr. 302 (Fahrtdauer ca. 10 Minuten)
Auskunft über die Deutsche Bahn

ADRESSEN

Stadt Geisenheim
Rüdesheimer Straße 48
65366 Geisenheim
Tel. 0 67 22-70 10
stadtverwaltung@geisenheim.de
www.geisenheim.de

Verkehrsverein Johannisberg
Tel. 0 67 22-56 72

MARIENTHAL

Nur vier Kilometer von Geisenheim entfernt liegen im Elsterbachtal das Kloster und die Wallfahrtskirche Marienthal. Das Kloster wird bis heute von Franziskanermönchen bewohnt. Die ersten Marienwallfahrten gab es hier schon Anfang des 14. Jahrhunderts. Um 1330 wurde die 1858 erneuerte Klosterkirche geweiht, deren bedeutendstes Kunstwerk ein etwa 700 Jahre altes, in Holz geschnitztes Marienbild ist.

Es zeigt Maria mit ihrem toten Sohn auf dem Schoß. Der unbekannte Künstler wollte Maria nicht als Trauernde, sondern als verklärte, ja beinahe heitere Siegerin über das Leid darstellen.

Bemerkenswert auch das Tympanon, also das Bogenfeld, über dem Hauptportal: Es präsentiert in gedrungener, einfacher Formgebung die Marienkrönung.

WANDERN/SPAZIEREN

3,8 km: Der am Parkplatz beim Kloster beginnende Rundwanderweg „Eichblatt“ führt mit dem Kreuzweg steil hinauf bis zum Standbild, dort nach links und ca. 2 km stets leicht ansteigend bis in die Nähe des Sandkopfes. Nun wieder links, gelangt man ins Viertental hinab. Auf der linken Talseite geht es zurück zum Parkplatz.

Die unter Geisenheim beschriebene Wanderung führt ebenfalls durch Marienthal.

FAHRRADFAHREN

Unser Tourenvorschlag 3 führt auch durch Marienthal (→ Übersichten S. 262).

KINDER

Hinter dem Kloster befindet sich ein schöner Picknickplatz mit Holzbänken unter hohen Bäumen. Die große Wiese lädt zum Toben und Tollen ein.

AKZENT WALDHOTEL GIETZ

Marienthaler Straße 20, 65366 Geisenheim-Marienthal,
Tel. 0 67 22-9 96 00, www.waldhotel-gietz.de,
Öffnungszeiten Restaurant 6.30–24 h, 60 Zi, EZ € 78–98, DZ € 118–145.
Angenehmes Traditionshaus in idyllischer Lage mit Tagungsräumen und Wellnessbereich.

GUTSSCHÄNKEN

GUTSAUSSCHANK BEI DEN WEISSEN RÄDERN

Weingut Rosenhof, Am Rosengärtchen 7, 65366 Geisenheim-Marienthal,
Tel 0 67 22-84 84, www.rosenhof-geisenheim.de

WEINGÜTER

WEINGUT ALEXANDER FREIMUTH — VDP

Am Rosengärtchen 25, 65366 Geisenheim-Marienthal,
Tel. 0 67 22-98 10 70, Fax 0 67 22-98 10 71
Empfehlenswert ist der Geisenheimer Kläuserweg.

HIN & WEG

Ab Bahnhof Geisenheim mit Bus Nr. 303, Auskunft über die Deutsche Bahn

ADRESSEN

Stadt Geisenheim
Rüdesheimer Straße 48
65366 Geisenheim
Tel. 0 67 22-70 10
stadtverwaltung@geisenheim.de
www.geisenheim.de

STEPHANSHAUSEN

Im Rheingau sind die Wege kurz. Nur ein paar Kilometer von Geisenheim, mitten im Rheingaugebirge, findet der Besucher ein gänzlich anderes Landschaftsbild vor als im Rheintal. In einer Talsenke zwischen bewaldeten Hügeln und Schafswiesen liegt, 365 Meter hoch, der beschauliche Luftkurort Stephanshausen, der sich bis heute seinen dörflichen Charakter erhalten konnte.

Die Barockkirche St. Michael aus dem 18. Jahrhundert – eine Erweiterung des Vorgängerbaus mit Resten eines romanischen Rundbogens – ist der natürliche Mittelpunkt des Dorfes. Der einfache Bau über rechteckigem Grundriss mit halbrundem Chor ist ein gutes Beispiel für den liebenswerten Charakter kleiner Barockkirchen. Im Kircheninneren kann man den Namenspatron der Kirche studieren: Eine Barockfigur zeigt den Erzengel St. Michael mit seinen Attributen, der Lanze und dem Drachen – Symbol für den besiegten Unglauben.

Täglich von ca. 8–18 h zu besichtigen.

FAHRRADFAHREN

Unser Tourenvorschlag 2 führt auch durch Stephanshausen (→ Übersichten S. 262).

FESTE

Im Oktober feiern die Stephanshäuser ihre Kerb.

HIN & WEG

Ab Bahnhof Geisenheim mit Bus Nr. 302 (Fahrtdauer ca. 15 Minuten), Auskunft über die Deutsche Bahn

ADRESSEN

Stadt Geisenheim
Rüdesheimer Straße 48
65366 Geisenheim
Tel. 0 67 22-70 10
stadtverwaltung@geisenheim.de
www.geisenheim.de
www.stephanshausen.de

IN BESTER GESELLSCHAFT.
CUVÉE
Riesling Sekt
TROCKEN
Fürst von Metternich
RIESLING SEKT – FÜRSTLICH GENIESSEN
WWW.FUERST-VON-METTERNICH.DE

GEISENHEIM

Aus Napa Valley, Ontario, dem Burgund und der Toskana, aber auch aus dem weinbegeisterten Japan kommen die Studierenden der Forschungsanstalt Geisenheim und prägen das Bild der Stadt. Die hiesige Forschung und Ausbildung für Weinbau, Gartenbau und Getränkewirtschaft ist weltbekannt, und so herrscht in Geisenheim kein touristischer Trubel, sondern eher die Atmosphäre eines gemütlichen internationalen Campus. Aber so eifrig die Studentinnen und Studenten tagsüber bei ihrer Sache sind, wer in Geisenheim Wein studiert, der trinkt ihn auch gerne.

Die Forschungsanstalt Geisenheim ist eine der ältesten Forschungseinrichtungen des Wein- und Gartenbaus im deutschsprachigen Raum, gegründet 1872 durch den Freiherrn von Lade und die damalige preußische Landesregierung. Noch heute ist am Ortsausgang in Richtung Rüdesheim die seinerzeit erbaute „Villa Monrepos" mit ihrem Park zu bewundern. Die dazugehörigen Obstanlagen bildeten einst den Grundstock der Anstalt. Damals stand die Erhaltung des gesamten Weinbaus in Deutschland auf dem Spiel. Pilzkrankheiten und Rebläuse waren von Amerika aus nach Europa eingeschleppt worden, wodurch neue Methoden des Weinbaus dringend erforderlich wurden. Die letzte Stunde des Rheingau-Rieslings schien geschlagen zu haben. Die Rettung kam, als man herausfand, dass die alten, wertvollen Sorten aus Europa gerettet werden konnten, indem man sie auf reblausresistente amerikanische Unterlagsreben aufpropfte. Ob Riesling, Weiß- oder Spätburgunder, alle sind sie auf Wurzeln der Amerikanerrebe gepfropft. Hierzu wurden in Geisenheim die ersten Versuche in Deutschland überhaupt durchgeführt, und auch heute noch ist das Institut der wichtigste Züchter von widerstandsfähigen Unterlagsreben in der Bundesrepublik.

Die aktuelle Forschung und Lehre des Instituts umfasst sämtliche Aspekte der Weinzubereitung – Verfahren zur Steigerung der Weinqualität werden ebenso erforscht wie die Optimierung kellertechnischer Verfahren oder die Entwicklung und Prüfung von neuen Materialien und Geräten. Die weinbauliche Versuchsrebfläche des Instituts beträgt 36 Hektar; daraus werden auch Weine gekeltert, die unter eigenem Label verkauft werden. Da hier viele Rebsorten angebaut werden, findet der Weinliebhaber neben Riesling und Spätburgunder auch Müller-Thurgau, Chardonnay, Weißburgunder und als Rotweine Frühburgunder, Garanoir, Gamaret und Zweigelt.

Den Stadtrundgang beginnt man am Rathaus aus der Neorenaissance – ein schönes Gebäude aus Bruch- und Sandstein, gleich bei der großen, etwa 700 Jahre alten, Schatten spendenden Linde, die Geisenheim den Namen „Lindenstadt" gegeben hat. Nur wenige Schritte sind es von hier zum Marktplatz mit der Hauptsehenswürdigkeit des Ortes, dem so genannten „Rheingauer Dom". Die für den Rheingau beinahe überproportionierte, netzgewölbte Hallenkirche mit der signifikanten Doppelturmfassade aus dem 19. Jahrhundert stammt in weiten Teilen noch aus der Spätgotik – einer der elegantesten Kirchenbauten der Region.

In Geisenheim sind noch einige kleine Schlossanlagen zu sehen, bemerkenswert vor allem das Schloss Schönborn aus dem Jahr 1550. Es steht in der Nähe des Bahnhofs, umgeben von Weinreben. Das Frührenaissance-Schloss mit dem achteckigen Treppenturm und dem mittelalterlich anmutenden Fachwerkerker ist noch heute im Besitz der Grafen von Schönborn-Wiesenheidt. Hier wurde 1647 der Text für den Westfälischen Frieden entworfen, mit dem der Dreißigjährige Krieg beendet wurde.

KINDER

Ein wunderschöner Spielplatz der direkt am Rhein in der Nähe des Weinprobierstandes liegt.

FAHRRADFAHREN

Unser Tourenvorschlag 3 beginnt und endet in Geisenheim (→ Übersichten S. 262).

FESTE

Am zweiten Wochenende im Juli wird rund um das Wahrzeichen der Stadt, die 700-jährige Linde, das Lindenfest gefeiert.

RESTAURANT SCHLOSS KOSAKENBERG

Bahnstraße 1, 65366 Geisenheim, Tel. 0 67 22-7 15 43, www.schloss-kosakenberg.de, Öffnungszeiten Di–So 14–16 h und 18–23 h. Stilvolle Räumlichkeiten im 1681 erbauten Schloss, mit Park zum Spielen für Kinder.

GUTSSCHÄNKEN

GUTSAUSSCHANK IM KAPELLENGARTEN

Weingut Peter Ohlig, Rheinstr. 7, 65366 Geisenheim, Tel. 0 67 22-9 92 80, www.peterohlig.de

GUTSAUSSCHANK ZUR TURMSCHÄNKE

Weingut Schuhmann-Nägler, Nothgottesstr. 29, 65366 Geisenheim, Tel. 0 67 22-52 14

WEINGUT ERBSLÖH VDP

Erbslöhstraße 17–19, 65366 Geisenheim,
Tel. 0 67 22-7 51 04, Fax 0 67 22-7 12 74

WEINGUT DER FORSCHUNGSANSTALT GEISENHEIM

Kirchspiel, 65366 Geisenheim,
Tel. 0 67 22-50 21 71, Fax 0 67 22-50 21 80,
www.forschungsanstalt-geisenheim.de
Unter dem Etikett Monrepos bietet dieses Gut auch – der Kenner schätzt es – einige für den Rheingau untypische Rebsorten wie Müller-Thurgau, Weißburgunder, Auxerais, Gewürztraminer sowie Frühburgunder und Garanoir an.

HIN & WEG

Bahnhof, ORN-Bus 5480

ADRESSEN

Stadt Geisenheim
Rüdesheimer Straße 48
65366 Geisenheim
Tel. 0 67 22-70 10
stadtverwaltung@geisenheim.de
www.geisenheim.de

EIBINGEN

Sie gilt als eine der bedeutendsten Frauen des deutschen Mittelalters – denn Hildegard von Bingen (1098–1179) war nicht nur eine souveräne Theologin, sondern auch eine sprachgewaltige Dichterin und Verfasserin dramatischer Dialoge. Sie komponierte und beschäftigte sich außerdem intensiv mit Naturheilkunde. In ihrer Philosophie ging es konkret um den Menschen, denn dieser, so Hildegard, sei frei erschaffen und sein Leben lang in die Entscheidung geworfen, seiner biblisch gewollten Gottesebenbildlichkeit zu entsprechen. „Werde, was du bist Mensch, werde Mensch!", der Nachhall dieses Satzes Hildegards ist heute noch in Eibingen vernehmbar, ist dieser Ort doch wie kein zweiter mit dem Erbe der Hildegard assoziiert.

Eibingen erhielt sein erstes Kloster bereits 1148, von Marka von Rüdesheim als Ort für die Augustiner errichtet. Dieser war aber, bedingt durch die von Kaiser Barbarossa ausgelösten Kriegswirren, schnell verwaist. Dorthin zog es Hildegard von Bingen: Sie hatte bereits das Kloster Rupertsberg bei Bingen gegründet. Als ihre Gemeinde wuchs, ließ sie die beschädigten Gebäude des Eibinger Klosters im Jahre 1165 für 30 Benediktinerinnen herrichten. Hildegard selbst fuhr zweimal in der Woche vom Rupertsberg aus über den Rhein zu ihrer neuen Klostergemeinschaft. 1219, rund vier Jahrzehnte nach Hildegards Tod, unterstellte Papst Honorius III. das Kloster Eibingen seinem Schutz.

Während des Dreißigjährigen Krieges zerstörten die Schweden Kloster Rupertsberg – dieser Ort heißt seit dem 19. Jahrhundert Bingerbrück, und die Nonnen marschierten mit den Hildegard-Reliquien 1636 über Köln nach Eibingen. Innerhalb weniger Jahre verbesserte sich die wirtschaftliche Lage der Benediktinerinnen, größere Bauvorhaben wurden ausgeführt, vor allem, weil man sich erfolgreich dem Weinanbau widmete. Man solle, was Nahrung und Kleidung angehe, sich danach richten, „was am Ort zu haben ist", hatte Hildegard – darin Benedikt von Nursia (480–547) folgend – als wichtige Ordensregel ausgegeben. „Ora et labora", das berühmte Lebensmotto der Benediktiner und Benediktinerinnen, bedeutete, in den Weinbergen zu arbeiten und seinen Lebensunterhalt mit dem Anbau von Wein zu bestreiten. Außerdem wusste Hildegard um die Bedeutung des Weines für die Gesundheit. Sie bezeichnete den Rebensaft als „das Blut der Erde" und lobte seine medizinische Wirkung: „Der Wein – maßvoll genossen – heilt und erfreut den Menschen zutiefst durch seine große Kraft und Wärme."

Mit der Säkularisation verlor das Kloster 1803 seine Besitztümer. Die Gebäude wurden enteignet, die Nonnen des Hauses verwiesen, der West- und Südflügel auf Abbruch verkauft. Es blieb nur die Kirche mit ihrem Ostflügel erhalten. Diese wurde mal als Kanonenschuppen, gelegentlich sogar als Pferdestall in Beschlag genommen, bis sie schließlich von der Stadt Eibingen als neue Pfarrkirche erworben wurde. Im September 1932 geschah ein weiteres Unglück: Die Klosterkirche wurde ein Raub der Flammen, dann wiederaufgebaut und im Juli 1935 konsekriert. Heute wird in der Kirche der Hildegardis-Schrein mit den Gebeinen der Hildegard aufbewahrt. Alljährlich strömen am 17. September, dem Todestag Hildegards, viele Wallfahrer nach Eibingen, um an der Reliquienprozession zu Ehren der Heiligen teilzunehmen.

Aber auch das Kloster erlebte eine unerwartete Renaissance: Fürst Löwenstein-Wertheim-Rosenberg hatte zwei Töchter, die als Benediktinerinnen im Ausland lebten. Aber der Fürst wollte sie unbedingt wieder in Deutschland haben, und so kam es für die Benediktinerinnen in Eibingen zu einem Neubeginn. Nicht mehr an der ursprünglichen Stelle, sondern oberhalb des Ortes, mitten in den Weinbergshängen, ließ der Fürst eine neue Abtei errichten. Seit 1904 beten und arbeiten die Benediktinerinnen in der wiedererrichteten Abtei St. Hildegard und in ihren zumeist Rüdesheimer Weinbergen. Neben den Weinen – derzeit werden 6,5 Hektar bewirtschaftet – und Dinkelprodukten werden im Klosterladen Kerzen, Bücher, Kunstpostkarten und CDs verkauft. Jederzeit sind Gäste eingeladen, mehr über Hildegard von Bingen zu erfahren oder hier eine Zeit der Stille zu verbringen. Vorhanden sind acht Zimmer, der Tagessatz für einen Gastaufenthalt beträgt € 40,–, für Schüler und Studenten € 20,–.

www.eibingen.de
„Inoffizielle" Webseite von Eibingen mit Informationen zu Vereinen, Winzern und Lokalnachrichten. Hier wird der 1. April 1939 als eines der schwärzeren Kapitel der Ortsgeschichte bezeichnet: „Nicht nur wegen der politischen Verhältnisse – sondern es wurde das Dorf Eibingen in die Stadt Rüdesheim eingemeindet."

Benediktinerinnenkloster St. Hildegard, Tel. 0 67 22-49 90, www.abtei-st-hildegard.de

WANDERN/SPAZIEREN

Klosterlay heißt der Weinberg, der um die heutige Pfarrkirche von Eibingen liegt. Der Begriff „Lay" steht für Fels. Dieser war nicht nur im Weinbau bekannt: Man benutzte diese Art des Schiefers auch zum Dachdecken. Die Böden bestehen überwiegend aus tiefgründigen, kalkhaltigen Lössböden. Unsere Empfehlung: von der Kirche aus durch den Weinberg in Richtung Abtei St. Hildegard spazieren.

Zwei Weinwanderungen bietet der Eibinger Weinbauverein an: an jedem dritten Samstag im Januar einen winterlichen Abendspaziergang durch die Eibinger Weinberge, € 16,00 inkl. Glühwein oder Wein und eine Stärkung am Rebenfeuer. Zum Marschieren und Probieren kommt es alljährlich auch am Samstag des zweiten Juni-Wochenendes: Die Wanderung mit Weinproben ist insgesamt fünf Kilometer lang → Infos Rüdesheim Tourist AG.

GUTSSCHÄNKEN

GUTSAUSSCHANK EIBINGER ZEHNTHOF

Eibinger Oberstraße 15, 65385 Rüdesheim-Eibingen,
Tel. 0 67 22–27 55, www.eibinger-zehnthof.de,
Öffnungszeiten Di–Sa ab 16 h, So ab 11 h.
Gaststätte im spätgotischen Steinbau mit herzhafter regionaler Küche und eigenen Weinen.

WEINHAUS FENDEL

Marienthaler Straße 46
65385 Rüdesheim-Eibingen
Tel. 0 67 22-25 55
Di–Sa ab 16 h, So und Feiertag durchgehend ab 11.30 h, Mo Ruhetag

Abseits vom Rüdesheimer Tourismusstrom ist dies der beste Ort, die Gewächse des Weingutes Friedrich Fendel kennen zu lernen. In diesem Rheingauer Weinhaus werden neben einfachen Gerichten auch Black-Angus-Rumpsteaks oder Bandnudeln mit gebratenen Lachswürfeln und saisonale Spezialitäten serviert. Herrlicher Blick von der Terrasse über die Weinberge auf den Rhein.

VEINGUT FRIEDRICH FENDEL — VDP

Marienthaler Straße 46
65385 Rüdesheim-Eibingen
Tel. 0 67 22-90 57-0
info@friedrich-fendel.de
www.friedrich-fendel.de
Öffnungszeiten nach tel. Vereinbarung

m Jahr 1510 wurde dieses Gut am Mittelrhein gegründet. 1860 zogen die endels nach Rüdesheim, um dort mit Anker und Harpune im Familienvappen anzulegen. Das mit dem Weingut gegründete Weinhaus Fendel ntwickelte sich zu einem beliebten und geselligen Treffpunkt, und als um ie Jahrhundertwende der alte Fendel einmal in den Keller wollte, um für eine Gäste Nachschub zu organisieren, rief ihm jemand – wohl wissend, lass die besten Tropfen stets im hinteren Bereich der Gewölbe lagern – vorlaut hinterher: „Aber nur fum Allerhinnerschde." Gesagt, getan. 1903 vurde „fum Allerhinnerschde" beim Patentamt als erster Markenwein iberhaupt eingetragen. Heute wird das Gut von den engagierten Brüdern 'aul und Walter Hetzert geleitet, die inzwischen 10 Prozent ihrer Rebfläche mit Spätburgunder bepflanzt haben.

fum Allerhinnerschde Riesling Qualitätswein: Frucht, Säure und gute Laune: ein leicht zugänglicher, süffiger Geselle für jeden Anlass.

Rüdesheimer Berg Schlossberg Riesling Kabinett trocken: Die Mineralität des Terroirs bringt das Typische dieses Weins hervor. Trinken sollte man ihn zu einem Landhähnchen.

„Josef" Friedrich Fendel: Rüdesheim Berg Rottland Riesling Qualitätswein: Hommage an „Onkel Josef" (1878–1963), wie er immer liebevoll genannt wurde. Dieser harmonische Wein weist eine Restzucker-Säure-Balance von ungefähr 1:1 auf. Frische, Länge und eine gewisse Fülle deuten auf ein schönes Traubengut hin: Tatsächlich liegen hier die Erträge unter 50 hl/ha.

→ Speisen & Logieren, Weinhaus Fendel S. 214)

HIN & WEG

3us Nr. 304 ab Bahnhof Rüdesheim (ca. 5 Minuten),
Auskunft über die Deutsche Bahn

ADRESSEN

Rüdesheim Tourist AG
Geisenheimer Straße 22
65385 Rüdesheim am Rhein
Tel. 0 67 22-1 94 33
www.ruedesheim.de
www.eibingen.de

RÜDESHEIM AM RHEIN

Rüdesheim ist nicht nur die Drosselgasse, die angeblich fröh-ichste Straße der Welt, in der der Kampf zwischen Riesling und 3ier zugunsten des Letzteren schon entschieden scheint. Denn ange vor den Millionen von Touristen gab es in vormittelalterlicher Zeit hier schon ein reges Leben: 1825 landete das erste Dampf-schiff in Rüdesheim, seit 1856 fuhr hier die Eisenbahn und brach-e Reisende in die Stadt. Wäre Dionysos, bekanntlich der Gott des Weines, vor hundert Jahren an Rüdesheim vorbeigekommen, er nätte sich am naturreinen Riesling berauscht. Wahrscheinlich wäre Dionysos auf den Berg Rottland geklettert, auf die berühmte Steil-age mit einer Hangneigung von 33 Prozent am westlichen Orts-and, und hätte dort im Sommer zusammen mit einer Nymphe von den vollreifen Trauben genascht. Abgeleitet ist der Name „Rottland" von „reuten, rotten, roden", worunter man die Urbarmachung für weinbauliche Nutzung verstand. Um 1051 hat der Mainzer Erz-bischof diesen Berg den Rüdesheimer und Eibinger Winzern als Brachland für die Rodung überlassen; kein Wunder, dass die erste urkundliche Erwähnung Rüdesheims im Jahr 1074 in Zusammen-hang mit dem Weinanbau steht. Seitdem strahlt der Berg Rottland seinen dionysischen Zauber aus und ignoriert mit stoischer Gelas-senheit die rätselhafte Seeligkeit der Drosselgasse.

Viel Mittelalterliches hat sich zwischen den unzähligen Souvenir-äden und Weinstuben erhalten. Am Rheinufer erinnert der Adler-urm aus dem 15. Jahrhundert an die alte Stadtbefestigung. Wei-ere Sehenswürdigkeiten sind die Boosenburg mit ihrem 38 Meter hohen Bergfried aus dem 12. Jahrhundert und dem neogotischen Wohnhaus, vor allem aber die tausendjährige Brömserburg – ehe-maliger Stammsitz der Ritter von Rüdesheim und älteste Ritterburg am Rhein, die sich bis Anfang des 19. Jahrhunderts im Besitz der Erzbischöfe von Mainz befand. Hinter den dicken Burgmauern hat das Rheingauer Weinmuseum, das älteste und größte Museum dieser Art in Deutschland, mit seiner bedeutenden Trinkgefäß-ammlung und über 2.000 Exponaten von der Antike bis zur Neu-eit seinen Sitz.

In der nördlich vom Zentrum, parallel zum Rhein verlaufenden Oberstraße liegen einige würdige Adelshöfe wie der Frankensteiner Hof, der Ritter'sche Hof, der Bassenheimer Hof aus dem 17. Jahrhundert und der ab dem Jahre 1392 erbaute Brömserhof mit seinem markanten, von Fachwerk und vier Erkerhäuschen geschmückten Turm, einer Kapelle und dem freskengeschmückten Ahnensaal. In dem einstigen Sitz der Brömserritter, einer alten Rüdesheimer Adelsfamilie, befindet sich seit 1975 Siegfrieds Mechanisches Musikkabinett, die musikhistorisch bedeutsame Sammlung selbstspielender Musikinstrumente Siegfried Wendels – von der kleinen Spieluhr bis zum tonnenschweren Orchestrion. Das Museum für mittelalterliche Rechtsgeschichte ganz in der Nähe präsentiert in historischen Kellergewölben die Rechtsgeschichte des Mittelalters und die Zeit der Hexenverfolgung in Deutschland. Zu sehen sind 140 Exponate der öffentlichen Demütigung und der Folter, ergänzt um eine sehenswerte Fotodokumentation von „Amnesty International".

Das pulsierende Herz der Altstadt ist die von weinumrankten Fachwerkhäusern geprägte Drosselgasse mit ihren Cafés und alten, gediegenen Weinstuben. Hier vermischt sich das Stimmengewirr der vielen Touristen mit der Unterhaltungsmusik aus den Gaststätten und dem stündlichen Glockenspiel vom Turm des Rüdesheimer Schlosses. Unweit der Drosselgasse befinden sich der Marktplatz und die gotische Pfarrkirche St. Jakobus. Diese stammt in ihren ältesten Teilen aus dem 10. Jahrhundert. Bedeutendstes Ausstattungsstück ist das frühgotische Gnadenbild Nothgottes, das im 14. Jahrhundert gefertigt wurde und aus dem nahe gelegenen gleichnamigen Kloster stammt.

Eine Besonderheit für die traditionell katholische Region findet sich in der Langstraße: Hier steht die älteste evangelische Kirche des Rheingaus, eingeweiht am 29. April 1855. Allerdings wurde der Bau im November 1944 durch Kriegseinwirkungen völlig zerstört. 1947 begann man mit dem Wiederaufbau. 1949 weihte der damalige Kirchenpräsident Martin Niemöller das Gotteshaus neu ein. Seit einer Renovierung im Jahr 1968 schmückt das sehenswerte Weinstockfenster des Darmstädter Künstlers Bruno Müller-Linow den Innenraum. Es thematisiert die Rolle des Weines im Alten und Neuen Testament. Auch der markante Satz von Jesus „Man füllt nicht neuen Wein in alte Schläuche" findet hier eine originelle Auslegung.

Über dem Ort liegt der Niederwald, ein gegen Ende des 18. Jahrhunderts von den Grafen von Ostein im englischen Stil eingerichteter natürlicher Landschaftspark. Neben einem Jagdschloss befindet sich hier auch das mächtige – und unübersehbare – Niederwalddenkmal. „Drei Höhen am Mittel Rhein gewähren die ausgedehntesten Fernsichten, der Niederwald, Ehrenbreitstein, und der Drachenfels", mit diesen schon klassischen Worten beginnt Karl Bädeker (1801–1858) das 17. Kapitel seiner berühmten „Rheinreise von Basel bis Düsseldorf". Ein komplettes Kapitel widmete Bädeker dem mit verschiedenen Staffagen ausgestatteten Niederwald; sein Tipp von damals ist zeitlos: „Auf der Grenze der Rebenpflanzungen erhebt sich, 720 F. üb. d. Rhein, aus dunklem Buchenwald ein auf Säulen ruhender Tempel, unstreitig der schönste Punkt des Niederwaldes." Dieser einstige Mittelpunkt des Niederwaldparks wurde im November 1944 durch alliierte Bomber zerstört und durch die Initiative des „Fördervereins Wiederaufbau Niederwaldtempel" neu errichtet. Viele Besucher zieht es heute zu der künstlichen Ruine Rossel, von der man eine wunderbare Sicht auf die pfälzische Rheinseite des hier sehr engen, felsigen Tals hat.

Nur wenige Gehminuten von der Ruine Rossel entfernt, liegt das zwischen 1877 und 1883 nach einem Entwurf von Johann Schilling errichtete Niederwalddenkmal: Insgesamt 38 Meter hoch ist das Monument, in dessen Zentrum die über zehn Meter hohe Kolossalstatue der Germania steht. Im 19. Jahrhundert wurde diese allegorische Figur von Malern und Bildhauern zur nationalen Personifikation eines Deutschen Reiches auserkoren – in Anknüpfung an das antike Germanien, wie es der römische Schriftsteller Tacitus um 98 n. Chr. beschrieben hatte. Das Niederwalddenkmal steht, wie beispielsweise die zwischen 1830 und 1842 bei Regensburg erbaute Walhalla, für eine Huldigung des im 19. Jahrhundert aufblühenden Nationalismus. Der Kult um die Nation nahm in

Deutschland aufgrund der geschichtlichen Konstellation besondere Züge an. Bemerkenswerterweise wurde das Niederwalddenkmal nicht aus öffentlichen Geldern finanziert. Wurden ähnliche Denkmäler vor 1871 durch regionale Herrscher bezahlt, war nach dem Sieg über Frankreich im Krieg von 1870–71 und der darauf erfolgten Reichgründung plötzlich kein Etat mehr für Derartiges vorhanden. Und so wurde das Geld für das Denkmal auf dem Niederwald von den damals sehr populären Kriegervereinen gesammelt. Diese hatten sich im 18. Jahrhundert im Zuge der von Friedrich dem Großen geführten Kriege gegründet und bestanden aus mehr oder weniger zusammenhanglosen Gruppen. Dies sollte sich mit der Initiative für den Bau des Denkmals drastisch ändern. Nach dem Vorbild der Turnervereine wollte man einen gemeinsamen Reichsverband aller Kriegervereine erschaffen; endgültig wurde dieser zwar erst knapp drei Jahrzehnte später als Kyffhäuserbund gegründet, aber das Sammeln des Geldes für das Niederwalddenkmal wurde zum entscheidenden Motor für diese Gründung. Die Folge für Deutschland war, wie es der Historiker George Lachman Mosse einmal beschrieb, „eine noch engere Bindung zwischen nationalem Kult und Nationaldenkmal".

Das Denkmal selbst wurde im September 1883 von Kaiser Wilhelm I. eingeweiht. Das Sockelrelief zeigt den Kaiser hoch zu Ross, daneben Bismarck und die Fürsten der diversen deutschen Teilstaaten. Darunter liest man die Zeilen aus dem seinerzeit beliebten, 1840 von Max Schneckenburger komponierten Lied „Wacht am Rhein": „Lieb Vaterland magst ruhig sein, fest steht und treu die Wacht am Rhein". Natürlich wurde dieses Monument eines pathetischen Nationalismus schnell zu einer Touristenattraktion von besonderer Bedeutung: Seit 1884 transportierte eine Zahnradbahn Besucher zur Germania, die später durch eine Seilbahn mit Gondeln für jeweils zwei Personen abgelöst wurde.

In Rüdesheim beginnt das „Obere Mittelrheintal", das seit dem Jahr 2002 offiziell zum Welterbe der UNESCO zählt.

WANDERN/SPAZIEREN

Tagesausflug zu Lande, zu Wasser und in der Luft
Rüdesheim – Niederwalddenkmal – Assmannshausen – Rüdesheim
Von Rüdesheim aus geht es mit der Seilbahn zum Niederwald-Erholungsgebiet. Man schwebt über Weinhänge und kann schon während der Fahrt den Panoramablick über Rüdesheim und das Rheintal genießen. Von der Bergstation aus führt ein kurzer Fußweg zum Niederwalddenkmal Germania und Adlerwarte (→ Rüdesheim Kinder S. 222). Der gut beschilderte Fußweg zum Jagdschloss (35 Minuten) führt an vielen Sehenswürdigkeiten vorbei: Zuerst erreicht man den Aussichtspunkt Binger Blick, dann die Eremitage und daraufhin die Burgruine Rossel mit einer ebenfalls wunderbaren Sicht, bis man schließlich zur Zauberhöhle gelangt (Taschenlampen sinnvoll). Weiter geht es zum Jagdschloss Niederwald und dem dort angrenzenden Tiergehege. Von hier aus führt der Sessellift hinab durch den Wald und über die steilen Weinhänge mit schöner Aussicht auf das Rheintal und die Burg Rheinstein nach Assmannshausen. Nach Besichtigung dieses schönen Ortes geht es mit dem Schiff nach Rüdesheim zurück, vorbei am Mäuseturm und der Burgruine Ehrenfels. Das Ringticket (Schiff, beide Seilbahnen) kostet € 10,–, für Kinder die Hälfte.
Kontakt: Seilbahn Rüdesheim, Tel. 0 67 22-24 02 und 0 67 22-25 00 oder www.seilbahn-ruedesheim.de.
Sesselbahn Assmannshausen, Niederwaldstraße 30, Tel. 0 67 22-27 65,
Bingen-Rüdesheimer Schifffahrtsgesellschaft, Tel. 0 67 21-1 41 40
(→ Rüdesheim Kinder S. 222, → Assmannshausen Freizeit S. 232).

Rüdesheim – Assmannshausen – Rüdesheim: 10 km
Steile Abhänge und eine weite Sicht hoch über dem Rhein: Vom Oberen Bergweg aus führt ein grandioser Weg direkt zur Burgruine Ehrenfels und weiter nach Assmannshausen. Wem die insgesamt zehn Kilometer Hin- und Rückweg zu lang sind, dem sei zumindest die Hälfte der Route ans Herz gelegt – bis auf Höhe des auf der anderen Flussseite gelegenen so genannten Binger Lochs, wo die Nahe linksrheinisch in den Rhein mündet. Jahrhundertelang lag hier die für die Schifffahrt gefährlichste Stelle: Als der Rhein sich vor Millionen von Jahren seinen Weg durch das Gebirge bahnte, blieb ausgerechnet an dieser Stelle ein Riff stehen. Ein Gestein aus härtestem Quarz, das Schiffskapitäne wie Sprengmeister in die Verzweiflung trieb. Stets durfte immer nur ein Schiff aus einer Richtung kommend das Riff passieren; die Sprengarbeiten zur Flussverbreiterung begannen im 17. Jahrhundert und zogen sich mit Unterbrechungen von 1830 bis 1974 hin. Am Binger Loch liegt auch der Mäuseturm, ein Wachturm – der Name ist abgeleitet vom mittelhochdeutschen „mûsen", lauern –, der auch heute noch der Regulierung der Schifffahrt dient. Eine Besichtigung ist nur am Tag des offenen Denkmals möglich.
Weitere Informationen unter http://tag-des-offenen-denkmals.de/.

Rüdesheim – Geisenheim: 3 km
Ausgangspunkt ist die Niederwaldstraße, von dort geht es über die Ferdinand-Heyl-Straße über die Hugo-Asbach-Straße auf den Eibinger Weg. Weiter bis zum Institut für Rebenzüchtung, dort auf dem Weg nördlich der Versuchsanlagen der Forschungsanstalt Geisenheim bis zur Nothgottesstraße (K 630). Die Kernstadt von Geisenheim ist durch den Park der Forschungsanstalt zu erreichen.

Weinberge Rüdesheim: 3 km
Auf seinen Wanderungen durch die Weinberge zu dem gerade entstehenden Niederwalddenkmal ließ sich Johannes Brahms zu seiner bekannten 3. Sinfonie inspirieren. Der so genannte Brahmsweg beginnt an der am Rheinufer gelegenen Brömersburg und führt durch die Weinbergslagen Rottland und Bischofsberg zurück an die Ringmauer der Innenstadt.

FAHRRADFAHREN

„TalTotal": Jeweils am letzten Juni-Sonntag wird die B 42 von Lahnstein bis Rüdesheim von 9 bis 19 h für Autos gesperrt, ebenso auf der anderen Rheinseite die B 9 von Koblenz bis Bingen. Insgesamt haben Fahrradfahrer und Inline-Skater 120 km freie Fahrt durch das Tal der Loreley. Wer genug Power hat, kann mit der Fähre übersetzen und beide Strecken berollen. Weitere Infos unter Tel. 0 67 22-1 94 33 oder Touristinfo@t-online.de.

Fahrradverleih und -reparatur: Fahrradhaus Frickhofen, Kaiserstraße 4, 65385 Rüdesheim am Rhein, Tel. 0 67 22-91 06 68, 10–18 h.

Fahrradverleih und Tourenorganisation: Radkranz, Ralf Nägler, Oberstraße 42–44, 65385 Rüdesheim, täglich geöffnet.
Infos unter Tel. 0 67 22-4 83 36 oder www.rad-kranz.com.

BADEN

Asbach-Freibad am Rheinufer, Tel. 0 67 22-91 00 40.

KINDER

In der Nachbarschaft des Freibades ist auch die Freizeitanlage „Auf der Lach" mit einem Abenteuerspielplatz und einer Minigolfanlage. Für größere Kinder interessant ist „Siegfrieds Mechanisches Musikkabinett". Auch eine Fahrt durch die Weinberge mit den Bähnchen des „Winzerexpresses" verspricht ein bleibendes Erlebnis. Abfahrt ist von Mai bis Oktober ca. alle 45 Minuten vor dem Brömserhof. Infos unter Tel. 0 67 22-23 76 oder www.winzerexpress.de.

Adlerwarte: Gleich neben dem Niederwalddenkmal waldwärts liegt eine außergewöhnliche Attraktion, die Adlerwarte mit vielen Greifvögeln. Besichtigung März bis Oktober täglich von 10–17 h, Tel. 0 67 22-4 73 39.

Ponyhof Ebental: In der Nähe des Niederwalddenkmals, knapp drei Kilometer oberhalb von Rüdesheim liegt in einem flachen Hochtal dieses familienfreundliche Freizeitparadies. Der Eintritt zu den Ponys samt Streichelzoo mit Kaninchen, Schweinen, Ziegen und Mulis ist frei. Für Ausritte und Planwagenfahrten steht den Kindern, gegebenenfalls unter Aufsicht, ein zwei Kilometer langer Rundweg zur Verfügung. Anfahrt: von Rüdesheim in Richtung Niederwalddenkmal der Vorfahrtsstraße folgen, dort ausgeschildert. Geöffnet von Mitte März bis Oktober, täglich 9–19 h, nach telefonischer Anmeldung auch im Winter. Gaststätte mit Gartenterrasse ist angeschlossen, eine gut ausgestattete Grillhütte kann gemietet werden. Helikopterflüge auf Anfrage, Übernachtungsmöglichkeiten gegeben. Infos unter Tel. 0 67 22-25 18 oder www.ebentalerhof.de.

SCHIFFFAHRTEN

Verschiedene Ausflugsfahrten werden z. B. von der Bingen-Rüdesheimer Fahrgastschifffahrt und der Köln-Düsseldorfer Deutsche Rheinschifffahrt angeboten (Kontaktdaten → Übersichten S. 269).

NIEDERWALD-SEILBAHN

Von Rüdesheim (Niederwaldstraße 30, Kontakt: Seilbahn Rüdesheim, Tel. 0 67 22-24 02 und 0 67 22-25 00 oder www.seilbahn-ruedesheim.de) zum Niederwalddenkmal. Ein besonderes Angebot: von Mai bis September an einigen Wochenenden „Rüdesheim bei Nacht“. Bahnfahrt mit Sektempfang an der Bergstation, nach der Talfahrt Stadtrundgang mit abschließender Mitternachtssuppe. Preis: € 16,–.
Infos unter Tel. 0 67 22-1 94 33
(→ Rüdesheim Freizeit: Tagesausflug zu Wasser, zu Lande und in der Luft S. 221 → Assmannshausen Freizeit S. 232).

FESTE/VERANSTALTUNGEN

Am 1. Juli-Wochenende erstrahlt der „Rhein im Feuerzauber“: Am frühen Abend fahren etwa 50 Schiffe von Rüdesheim flussabwärts bis hinter Assmannshausen, um gegen 22 h in einem Konvoi nach Rüdesheim zurückzukehren. An beiden Seiten des Rheins leuchten dann die Burgen im bengalischen Feuer. Entlang der Strecke werden Feuerwerke gezündet, der Höhepunkt dieses nächtlichen Lichterzaubers findet gegen 23.30 h zwischen Bingen und Rüdesheim statt. Zahlreiche Schifffahrtslinien und Yachtclubs bieten ihre Dienste an, um dieses Ereignis hautnah miterleben zu können (→ Rüdesheim Tourist AG S. 229, → Übersichten S. 269).

„Weihnachtsmarkt der Nationen“: Ende November bis 23. Dezember in der Altstadt. Deutschlands größte Krippe mit Figuren in Lebensgröße. Mit Kinderweihnachtsmarkt, täglich um 18 h kommt das Rüdesheimer Christkind.

WEINPROBIERSTAND

Bleichstraße, am kleinen Parkplatz.
Ostern bis Mitte Oktober Mo–Fr ab 16 h, Sa, So, Feiertag ab 13 h.

KOBLENZ
Bacharacher Kopf (341m)
Gaulskopf (299m)
Hinterkirch
Marienhausen
Sportplatz
AULHAUSEN
Staatsweingut
Assmannshäuser Höllenberg
Röderweg
ASSMANNS-HAUSEN
Hügelgräber
Sesselbahn
Große Allee
Sand Allee
Tierpark
BF
Frankenthal
Jagdschloss Niederwald
Tempelweg
Grillplatz
Zauberhöhle
Adlerwarte
42
Binger Allee
Rittersaal
Rossel
Nieder
Denk
Eremitage
Berg Kaisersteinfels
Berg Ro
RHEIN
Ruine Ehrenfels
Drachenstein
Berg Schlossberg
Binger Loch
Mäuseturm
9
NAHE
BHF

bental
yland
Hof Ebental
Ponyland
Nothgottes
Ehem. Kloster
haus
usen
Kastanien-
wäldchen
Blaubach
WINDECK
Kloster
St. Hildegardis
Kirchenpfad
Klosterberg
Rheingau
Blick
EIBINGEN
Klosterlay
Abtei
St. Hildegardis
Jugend-
herberge
Bischofsberg
RÜDESHEIM
Kabinenbahn
WIES-
BADEN
Erholungsgebiet
auf der Lach
Brömser
Burg
Minigolf
Freibad
Camping
Rottland
BF
42
Personen
fähre
Kripp
Rüdesheimer Aue
RHEIN
Autofähre
BINGEN
Rochuskapelle
Wald
nberge
Felder
auung
Strassen
Fußwege
Eisenbahn
Brahmsweg
Rheinsteig
Rundgang
Rheingau-
Riesling-Pfad
Aussicht
Parkplatz
Kirche

BREUER´S RÜDESHEIMER SCHLOSS

Steingasse 10, 65385 Rüdesheim am Rhein,
Tel. 0 67 22-9 05 00, www.ruedesheimer-schloss.com,
Öffnungszeiten Restaurant ab Apr tägl. ab 11 h,
23 Zi, EZ ab € 95, DZ ab € 115.
Kleines, familiär geführtes Hotel. Restaurant mit gemütlicher Weinstube, regionaler Küche, eigenem Wein und Schlossgarten.

BRÜHL`S HOTEL TRAPP MIT RESTAURANT

Kirchgasse 7, 65385 Rüdesheim am Rhein,
Tel. 0 67 22-91 14-0, www.ruedesheim-trapp.de,
Öffnungszeiten Restaurant 18–22 h,
So auch 12–14 h, 30 Zi, EZ ab € 60, DZ ab € 85.
Gediegenes Haus mit Liebe zum Detail, hervorragende Küche.

FLAIR HOTEL & RESTAURANT ZUM BÄREN

Schmidtstraße 31, 65385 Rüdesheim am Rhein,
Tel. 0 67 22-9 02 50,
Öffnungszeiten Restaurant Di–Sa ab 17 h, Sa, So 11–14 h,
Weihnachten und Ostern geschlossen, 24 Zi, EZ € 76, DZ € 96.
Rustikales Hotel und Gasthaus mit gemütlicher Atmosphäre.

RESTAURANT & HOTEL JAGDSCHLOSS NIEDERWALD

Auf dem Niederwald, 65385 Rüdesheim am Rhein,
Tel. 0 67 22-71 06-0, www.niederwald.de,
Öffnungszeiten Restaurant tägl. ab 7 h,
warme Küche 11.45–14 h und 18–21.30 h, 52 Zi, EZ € 84–95,
DZ € 136–148. Alter Adelssitz, hoch über dem Rhein gelegen mit liebevoll eingerichteten Zimmern.

GUTSAUSSCHANK & GÄSTEHAUS WEINGUT MAGDALENENHOF

Marienthaler Straße 90, 65385 Rüdesheim am Rhein,
Tel. 0 67 22-90 69 00, www.magdalenenhof.de,
Öffnungszeiten Mi–Sa ab 17 h, So und Feiertag ab 15 h.
Inmitten der Rebhügel gelegenes bäuerlich-rustikales Haus mit 7 Zimmern und geschmackvollem, gemütlichem Lokal.

WEINLOKAL REBENHAUS

Am Niederwald 2, 65385 Rüdesheim am Rhein,
Tel. 0 67 22-4 83 58, www.rebenhaus.com,
Öffnungszeiten im Feb Sa, So ab 11 h, von Mär an tägl. ab 10 h.
Kleine, gute Speisenauswahl und wunderbarer Blick auf das Rheintal.

RHEINHOTEL RÜDESHEIM

Geisenheimer Straße 25–27, 65385 Rüdesheim am Rhein,
Tel. 0 67 22-9 03-0, www.rheinhotel-ruedesheim.de,
30 Zi, EZ € 50–85, DZ € 60–130.
Familienbetrieb mit komfortablen Gästezimmern und kleinem, gepflegtem Wellnessbereich.

RINGHOTEL CENTRAL MIT RESTAURANT „STIEBLER'S RAUCHFANG"

Kirchgasse 6, 65385 Rüdesheim am Rhein,
Tel. 0 67 22-91 20, www.centralhotel.net,
Öffnungszeiten Restaurant telefonisch erfragen,
40 Zi, EZ € 60–82, DZ € 90–115.
Romantisches, gediegenes Altstadthotel, im ehemaligen Abtdomizil.

GUTSSCHÄNKEN

STRAUSSWIRTSCHAFT ROSENECK

Sekthaus Solter & Weingut Schmoranz
Zum Niederwalddenkmal 2, 65385 Rüdesheim am Rhein,
Tel. 0 67 22-25 66, www.sekthaus-solter.de

GUTSAUSSCHANK IM ROSENGÄSSCHEN

Weingut Jakob Lill IV. Nachfolger
Im Rosengässchen, 65385 Rüdesheim am Rhein,
Tel. 0 67 22-32 96

WEINGUT GEORG BREUER

Geisenheimer Straße 9, 65385 Rüdesheim am Rhein,
Tel. 0 67 22-10 27, Fax 0 67 22-45 31, www.georg-breuer.com,
Vinothek: Grabenstraße 8, 65385 Rüdesheim am Rhein.
„Sauvage", französisch für wild, heißt hier der Gutsriesling und dies ist eine schöne Umschreibung für den klaren Rüdesheimer Stil, den dieses renommierte Gut favorisiert (→ Speisen & Logieren, Breuer's Rüdesheimer Schloss S. 226).

WEINGUT JOSEF LEITZ VDP

Theodor-Heuss-Straße 5, 65385 Rüdesheim am Rhein,
Tel. 0 67 22-4 87 11, Fax 0 67 22-4 76 58, www.leitz-wein.de.
Ein Großer der Weinszene, der mineralisch klare Rieslinge herstellt. Empfehlenswert sind seine Rüdesheimer Rieslinge. Verkauf nur nach vorheriger Vereinbarung.

WEINGUT DR. NÄGLER VDP

Friedrichstraße 22, 65385 Rüdesheim am Rhein,
Tel. 0 67 22-28 35, Fax 0 67 22-4 73 63, info@weingut-dr-naegler.de, www.weingut-dr-naegler.de.
Proben und Besuche nach telefonischer Anmeldung.

Dieses Weingut hat sich mit seiner ganzen Leidenschaft dem Rüdesheimer Berg verschrieben: Tilbert Nägler konzentriert sich dabei auf die Lagen Berg Rottland, Berg Schlossberg und Berg Roseneck und versteht es geschickt, das jeweilige Terroir mit einem Weintyp zu assoziieren. Der Berg Schlossberg wird als trockene Spätlese ausgebaut, der Berg Rottland mit seinem Schiefer und Lösslehm bringt gerne ein duftiges Erstes Gewächs hervor und der Berg Roseneck eine fruchtige Spätlese. Wer Variation in Sachen Mineralität erleben möchte, ist bei diesem Weingut bestens aufgehoben.

- Rüdesheimer Berg Rottland Riesling Kabinett trocken: Dieser Wein hält eine schöne Balance zwischen Vollmundigkeit und Mineralität. Ein Riesling zu Meeresfrüchten oder Fisch.

- Rüdesheimer Berg Schlossberg Riesling Spätlese trocken: wiederum Mineralität, aber eine filigrane Frucht. Ein Muntermacher.

- Rüdesheimer Berg Roseneck Riesling Kabinett: Diese Lage bringt stets schöne fruchtige Weine hervor. Ein Duft von Mango und Aprikose füllt das Glas und lässt unserer Phantasie freien Lauf.

HIN & WEG

Bahnhof
Busse Nr. 304, 305, 5480 (Haltestelle „Parkplatz")
Tipp für Autofahrer: nur der Parkplatz „Auf der Lach" ist kostenlos (Beschilderung: P 5 bzw. P 6)
Auto- und Personenfähren nach Bingen (Rössler-Linie und Bingen-Rüdesheimer Fahrgastschifffahrt, Kontaktdaten → Übersichten S. 269)
Rüdesheimer Yacht-Club e. V. (Segel- und Motorboote), Infos unter Tel. 0 67 22-29 81 oder www.rued-yc.de

ADRESSEN

Rüdesheim Tourist AG
Geisenheimer Straße 22
65385 Rüdesheim am Rhein
Tel. 0 67 22-1 94 33
touristinfo@t-online.de
www.ruedesheim.de

Rheingauer Weinmuseum
Rheinstraße 2
65385 Rüdesheim am Rhein
Tel. 0 67 22-23 48 oder -29 62
info@rheingauer-weinmuseum.de
www.rheingauer-weinmuseum.de
Mitte Mär bis Ende Okt 9–18 h, für Gruppen auch im Winter. Erwachsene € 3,–, Jugendliche, Studenten und Schwerbehinderte € 2,–, Schüler und Kinder bis 14 Jahre € 1,–. Weinproben nach Absprache.

Siegfrieds Mechanisches Musikkabinett
Oberstraße 27–29
65385 Rüdesheim am Rhein
Tel. 0 67 22-4 92 17
info@siegfrieds-musikkabinett.de
www.siegfrieds-musikkabinett.de
Mär bis Dez 10–18 h und auf Anfrage von 18–22 h.
Erwachsene € 5,50, Kinder, Jugendliche, Studenten und Behinderte € 3,–.

Museum für mittelalterliche Rechtsgeschichte
Oberstraße 49–51
65385 Rüdesheim am Rhein
Tel. 0 67 22-4 75 10
Fomuseum@aol.com
www.foltermuseum.com
Apr–Nov 10–18 h, Jan–Mär Sa, So 11–17 h. Erwachsene € 5,–, Schüler und Studenten € 3,50. Führungen nach Anmeldung.

ASSMANNSHAUSEN

Assmannshausen ist ein Kleinod unter den Rheingau-Gemeinden und inzwischen weltbekannt für den besten – und wohl auch teuersten – deutschen Rotwein.

Hinter dem Binger Loch verlässt der Strom seine Ost-West-Richtung, macht einen scharfen Knick nach Norden und tritt zwischen Hunsrück und Taunus in das Rheinische Schiefergebirge ein. Unterhalb der Burgruine Ehrenfels gelegen, wird das Assmannshäuser Landschaftsbild durch die steilen Weinlagen Höllenberg und Hinterkirch geprägt. Die Hangneigung dieser Weinberge beträgt zwischen 30 und 60 Prozent. Auf den nach Westen zum Rhein hin abfallenden Schieferböden fühlt sich die Rebsorte Spätburgunder besonders wohl. Daher ist der Höllenberg auch die einzige Lage im Rheingau, auf der kein Riesling angebaut wird. Kenner schätzen diese roten Gewächse vor allem wegen ihrer intensiven Aromenvielfalt: Rote Beeren finden sich ebenso im Glas wieder wie delikate Kirschnoten. Schon zu Beginn des 16. Jahrhunderts labten sich die Genießer an diesen Weinen, und Bismarck bejubelte nach einem Assmannshäuser Spätburgunder gar die feurige Sonne des Rheingaus. Hervorragende Gewächse aus dem Höllenberg produzieren heute August Kesseler, die Staatsweingüter sowie der in Aulhausen lebende Robert König. Gerne zitieren die Assmannshäuser die Verse des Dichters Emil Rittershaus (1834–1897): „Ein lustig Leben ist am Rhein, so klingt's in hellem Tone, das macht der Assmannshäuser Wein, Rubin in Rheinlands Krone."

An der Rheinpromenade werben historische Cafés und Restaurants – wie etwa die seit 1808 als Gasthaus betriebene „Krone" – um die Gunst der Touristen. Ausflugsschiffe ziehen gemächlich vorbei, gegenüber thront Burg Rheinstein, im 13. Jahrhundert unter dem Mainzer Erzbistum als Zollburg erbaut, die allerdings im Kampf gegen die Raubritter auch zur Sicherung des Mainzer Territoriums diente. Es ist nicht mehr weit zur Loreley, dem Ort mythischer Rheinromantik. Das Rheintal wird landschaftlich dramatischer, der Blick auf die andere Rheinseite ist von eindringlicher Schönheit. Es ist die besondere Atmosphäre, mit der Assmannshausen seine Besucher verwöhnt. Der Charme vergangener Jahrhunderte, aber auch der rheinweinbeseelten fünfziger und sechziger Jahre, macht Assmannshausen vor allem im Sommer zum Erlebnis. In historischen Weinstuben wird mit Schunkel- und Tanzmusik für Stimmung gesorgt.

Durch schmale Gassen, vorbei an rebenbewachsenen Fachwerkhäusern, gelangt man zur Ortsmitte, wo die spätgotische Pfarrkirche Heilig Kreuz steht. In der mit schönem Sandsteinmaßwerk geschmückten Kirche – sie ist nicht immer offen – darf ein gelungenes Altarbild, gezeigt ist der Tod Mariens, und eine barocke Madonna bestaunt werden.

Von Assmannshausen aus ist über eine Sesselbahn das über Rüdesheim thronende Niederwalddenkmal zu erreichen (→ Rüdesheim). Ein Weg führt außerdem zu der inmitten von Weinbergen und rund 80 Meter hoch über dem Rheintal gelegenen Burgruine Ehrenfels. Diese wurde in den letzten Jahren durch umfangreiche Sanierungsmaßnahmen vor ihrem Verfall gerettet. Mit ihrer zweitürmigen Silhouette prägt die ehemalige Burganlage das Landschaftsbild am Felsdurchbruch des Rheins. Schon um 1150 wohnte hier ein Ritter Widerscholl, im 13. Jahrhundert wurde die Ehrenfels mit einer Zollstation am Rhein versehen. Keine Anfahrt mit PKW möglich.

FREIZEIT

Tagesausflug zu Lande, zu Wasser und in der Luft
Assmannshausen – Niederwalddenkmal –
Rüdesheim – Assmannshausen
Kontakt: Sesselbahn Assmannshausen, Niederwaldstraße 30,
Tel. 0 67 22-27 65, Seilbahn Rüdesheim, Tel. 0 67 22-24 02 und
0 67 22-25 00 oder www.seilbahn-ruedesheim.de
(→ Freizeit Rüdesheim: Tagesausflug zu Lande, zu Wasser und in der Luft S. 221).

FESTE

Am Sonntag nach dem 14. September begehen die Assmannshäuser ihr Kirchweihfest.

WEINPROBIERSTAND

In der Rheinuferstraße: 1. Mai bis Ende Okt, Mo–Fr ab 16 h,
Sa, So, Feiertag ab 10 h.

HOTEL & RESTAURANT KRONE

Rheinuferstraße 10, 65385 Rüdesheim-Assmannshausen,
Tel. 0 67 22-40 30, www.hotel-krone.com,
Öffnungszeiten Restaurant 7–10.30 h, 12–14 h, 18–21.30 h,
65 Zi, EZ € ab 100, DZ € ab 160.
Historisches Hotel und Gasthaus mit prachtvoller Einrichtung und gehobener Küche.

HOTEL & RESTAURANT SCHÖN

Rheinuferstraße 2–4, 65385 Rüdesheim-Assmannshausen,
Tel. 0 67 22-22 25, www.karl-schoen.de, warme Küche 12–14.30 h und 18–21.30 h, Sa, So und Feiertag durchgehend, Nov–Mär geschlossen,
25 Zi, EZ € 50–66, DZ € 75–95.
Hinter historischer Fassade finden sich eine schön gelegene Rheinterrasse und gepflegte Übernachtungsmöglichkeiten.

HOTEL & RESTAURANT CAFÉ UNTER DEN LINDEN

Rheinallee 1, 65835 Rüdesheim-Assmannshausen,
Tel. 0 67 22-22 88, www.unter-den-linden.de,
Öffnungszeiten Restaurant 8–21.30 h,
Nov–Mär geschlossen, 26 Zi, EZ € 42–50, DZ € 72–100.
Panorama-Restaurant und Hotelzimmer mit behaglicher Atmosphäre. Schöne Außenanlage unter schattigen Lindenbäumen.

HOTEL & RESTAURANT ZWEI MOHREN

Rheinuferstr. 1
65385 Rüdesheim-Assmannshausen
Tel. 0 67 22-90 20
www.hotel-zwei-mohren.de
Von Mitte/Ende Mär bis Anfang Nov,
35 Zimmer, EZ € 55, DZ € 84–98

Das familiär geführte Hotel-Restaurant bietet Ihnen in seinem von der Zeitschrift „Feinschmecker" ausgezeichneten Panoramarestaurant oder auf der Rheinterrasse gut bürgerliche bis gehobene Küche mit einer großen Auswahl an regionalen Produkten, unter anderem Wild und ausgewählte regionale Weine. Die gemütlich eingerichteten Zimmer laden zu einem Kurzurlaub ein.

WEINGUT AUGUST KESSELER — VDP

Lorcher Str. 16
65385 Assmannshausen
Tel. 0 67 22-25 13
info@www.august-kesseler.de
www.august-kesseler.de
Verkauf nach Vereinbarung

Einer der eigenwilligsten Weinmacher der Region, der schon 1985 die ersten Barrique-Fässer kaufte, um seinen Spätburgundern eine vom übrigen Rheingau deutlich andere Ausprägung zu verschaffen: markant, kräftig und vom Holz geprägt. Heute baut August Kesseler in Lorch Silvaner an. Sein besonderes Augenmerk gilt daneben seinen stahlig-mineralischen Rieslingen auf dem Rüdesheimer Berg. Hier findet der Durchreisende auch das Schild 530,3 für jenen Rheinstromkilometer, an dem der Fluss nach dem kleinen Intermezzo bei Schierstein wieder in seine ursprüngliche Richtung wechselt und von Süden nach Nordwesten fließt. Grund genug für Kesseler, dieser Stelle einen seiner raffiniertesten Weine zu widmen.

- Silvaner & Riesling Qualitätswein trocken: Die Melone des Silvaners trifft auf grünen Riesling-Apfel. Eine späte Lese und eine geschickte Kombination dieser beiden Rebsorten ergeben einen erfrischenden Trinkwein.

- Riesling Spätlese 530,3: 14 Gramm Restzucker kompensieren perfekt die außergewöhnliche Mineralität dieses Rebgutes. Mangos, reife Aprikosen und ein cremiger Abgang, dessen Körper und Frucht jederzeit ein delikates Gericht auszubalancieren vermögen.

- Assmannshäuser Höllenberg Spätburgunder Qualitätswein trocken: Die Nase setzt auf rote Früchte, im Gaumen machen sich unternehmungslustige süße Schwarzkirschen bereit, eine betörende Attacke auf unsere Sinne zu fahren. Bitte unbedingt zu einem Reh oder einem frischen Ziegenkäse servieren. Ein großer deutscher Wein.

HESSISCHE STAATSWEINGÜTER GMBH KLOSTER EBERBACH DOMAINE ASSMANNSHAUSEN — VDP

Höllenbergstr. 10, 65385 Assmannshausen
Tel. 0 67 22–22 73, Fax 0 67 23-4 81 21
assmannshausen@weingut-kloster-eberbach.de
www.weingut-kloster-eberbach.de
Öffnungszeiten der Vinotheken:
Assmannshausen: Mär–Nov Di–Sa 12–18 h
Eltville: Mo–Fr 10–18 h, Sa 10–16 h
Kloster Eberbach: Apr–Okt tägl. 10–18 h,
Nov–Mär tägl. 11–17 h

Die Rotwein-Dependance des Staatsweingutes in Eltville ist Haupterzeuger im 55 Hektar großen Assmannshäuser Höllenberg: Violetter Schiefer und Steillage mit einer Hangneigung von bis zu 60 Prozent prägen hier das Terroir. Zwei Rotweintypen werden produziert: Einmal verleihen schonende Maischegärung und Lagerung im traditionellen Holzfass dem Spätburgunder seine typische Assmannshäuser Fruchtigkeit, zum anderen wird Ausbau im kleinen Barrique-Fass betrieben.

- Assmannshäuser Höllenberg Spätburgunder trocken: dezente Kirsche im Glas. Wenn er reift, treten Brombeere und dunkle Früchte in den Vordergrund. Zu einem Lammbraten servieren.

- Kloster Eberbach Pinot Noir EDITION: in der Nase Vanille und Röstaromen, die in einen nachhaltigen und strukturierten Geschmack münden. Dieser belegt einen gut gemeisterten Barrique-Ausbau.

- Assmannshäuser Höllenberg Spätburgunder Auslese trocken: ein Wein voller roter Wangen: intensives Beerenaroma, dicht, gehaltvoll. Schöne Typizität und eine große Lagerfähigkeit – zehn Jahre und noch länger.

HIN & WEG

Bahnhof
ORN-Bus Busverbindung mit Omnibusverkehr Rhein-Nahe-GmbH 5480

ADRESSEN

www.assmannshausen-am-rhein.de

Rüdesheim Tourist AG
Geisenheimer Straße 22
65385 Rüdesheim am Rhein
Tel. 0 67 22-1 94 33
touristinfo@t-online.de
www.ruedesheim.de

AULHAUSEN

Von Assmannshausen führt die Straße durch das Höllental nach Aulhausen. Sehenswert ist ein überdachtes Wandbild in der Ortsmitte, das die Geschichte der Weinbaugemeinde zeigt. Kräftige Weinbauern und fröhliche, blonde Weinköniginnen bevölkern das ungewöhnliche Werk aus der Nachkriegszeit.

In dem im Jahr 1180 gegründeten Kloster Marienhausen sind heute ein Jugendheim und das sonderpädagogische St. Vinzenzstift untergebracht.

WANDERN/SPAZIEREN

Aulhausen – Rheinhöhenweg – Aulhausen: 10 km
An der Gabelung Hauptstraße/Vinzenzstraße führt ein Weg zum Waldrand, dort der Markierung „gelber Balken" folgen. Beim (P) „Horwitt" gemeinsam mit dem Zeichen „blauer Schmetterling" links abzweigen, beim (P) „Segelfliegerwiese" geht es nach links auf den „Hirschkäfer"-Weg durch den Wald bis zu dem mit „R" gekennzeichneten Rheinhöhenweg. Die Abzweigung nach links führt durch Wald und Wiesen zurück nach Aulhausen.

FAHRRADFAHREN

Der Tourenvorschlag 3 tangiert auch Aulhausen (→ Übersichten S. 262).

GUTSSCHÄNKEN

WEINGARTEN STRIETH

Weingut Thilo Strieth, Hauptstr. 43, 65385 Rüdesheim-Aulhausen,
Tel. 0 67 22-46 46

GUTSAUSSCHANK ZUM SCHÖNE MICHEL

Weingut Michael Schön
Hauptstraße 80
65385 Rüdesheim-Aulhausen
Tel. 0 67 22-32 01
www.weingut-schoen.de
Do–Sa ab 17 h, So und Feiertag ab 16 h

Winzermeister Klaus Schön hat sich nahezu ausschließlich der Herstellung von Rotweinen verschrieben. Seine gehaltvollen, tiefroten, alkoholreichen Spätburgunder Rotweine kann man allesamt im weingutseigenen Gutsausschank verköstigen. Daneben findet man Gutbürgerliches und Ausgefallenes auf der Speisenkarte.

WEINGUT ROBERT KÖNIG – LANDHAUS KENNER VDP

Landhaus Kenner
65385 Rüdesheim-Aulhausen
Tel. 0 67 22-10 64
www.weingut-robert-koenig.de
Verkauf nach Vereinbarung

In den letzten hundert Jahren war das Erzeugen von Weinen zusammen mit dem Beruf des Baumeisters die Erwerbsquelle der Familie, aber inzwischen hat sich Robert König vollständig dem Wein verschrieben. Einen guten Tropfen zu einem guten Preis anzubieten, lautet Königs Motto, und dafür müssen er und seine Mannschaft hart arbeiten: Die Weinbergsparzellen befinden sich in den Assmannshäuser Steillagen Höllenberg, Frankenthal und Hinterkirch sowie im Rüdesheimer Drachenstein. Um hier die angestrebte Spätburgunder-Vielfalt herauszuholen, bedarf es schon sportlicher Höchstleistung. Königs Spezialität: In seinen Steillagen werden durch selektive Lese mühevoll Trauben für Rotweine von hoher Reife geerntet. Vor allem seine trockenen Auslesen gelten als rote Kraftpakete schlechthin. Das Weingut liegt abseits vom Rüdesheimer Tourismus versteckt in einem Waldstück.

- Assmannshäuser Spätburgunder trocken: ein fruchtiger, nerviger, harmonischer Schoppenwein in der Literflasche.
- Frankenthal Kabinett Spätburgunder trocken: Das Terroir der Lage Frankenthal ist durch Quarzit und Schiefer geprägt. Die Weine sind von hoher Delikatesse: Casiss, Waldbeeren, eine anmutige Frucht, die der Winzer selbst nicht umsonst zu „Roberts Liebling" erkoren hat.
- Höllenberg Spätlese Spätburgunder trocken: feiner Duft, große Dichte und Volumen, Aromen von Waldbeeren. Ein klassischer deutscher Rotweintyp.

WEINGUT MICHAEL SCHÖN

Hauptstr. 76–84, 65385 Rüdesheim-Aulhausen,
Tel. 0 67 22-32 01, Fax 0 67 22-4 88 74,
info@weingut-schoen.de, www.weingut-schoen.de.
Familienbetrieb, der viel beachtete Rotweine aus den Rüdesheimer Lagen Berg Schlossberg und Berg Roseneck produziert. Wenn es sein muss, sogar als Auslese trocken. Ein roter Trinkgenuss zu günstigem Preis (→ Speisen & Logieren, Gutsausschank Zum Schöne Michel S. 238).

HIN & WEG

Ab Bahnhof Rüdesheim mit Bus Nr. 305, Fahrzeit ca. 15 Minuten. Auskunft unter Tel. 0 67 22-23 20 oder www.omnibusbrasser.de oder über die Deutsche Bahn (→ Übersichten S. 269)

ADRESSEN

Rüdesheim Tourist AG, Geisenheimer Straße 22, 65385 Rüdesheim am Rhein
Tel. 0 67 22-1 94 33, touristinfo@t-online.de, www.ruedesheim.de

LORCH AM RHEIN

Zwischen Assmannshausen und Lorch, dem Rhein zugeneigt, zieht sich die Weinbergslage Pfaffenwies von der Bahnlinie aufwärts, erst etwas flacher, dann steil in die Höhe. Der Lagenname wurde erstmals 1211 als „pafenwies" und 1235 als „pfaffenwissen" erwähnt. Benannt wurde der Pfaffenwies nach Pfarrer Dydo, dem Sohn des Ritters Nikolaus von Scharfenstein – ein wilder Bursche, der bei seinem Anhang auch „Der Pfaffe" genannt wurde. Wie die nachfolgenden anderen Lorcher Weinberge Krone, Kapellenberg und Schlossberg bringt der Pfaffenwies säurebetonte Rieslinge hervor, die etwas für Kenner und Liebhaber sind. Es sind Rieslinge mit langem Lagerpotenzial – wenn der Winzer sein Handwerk versteht. Lorch selbst war im Mittelalter dank seiner Stellung als wichtiger Handelsumschlagplatz eine reiche Handelsstadt.

Die katholische Pfarrkirche St. Martin liegt etwas erhöht am Markt und gilt als eine der bedeutendsten gotischen Einrichtungen des Rheingaus. Begonnen wurde mit ihrer Errichtung im späten 13. Jahrhundert. Höhepunkt der über 200 Jahre dauernden Bautätigkeit war die Einweihung des Lorcher Schnitzaltars im Jahr 1483. Dieser gewaltige Altar ist fast 14 Meter hoch und bei geöffneten Altarflügeln über 7 Meter breit. Außerdem sehenswert auch das streng anmutende Triumphkreuz aus dem späten 13. Jahrhundert, das Christus nicht in seinem Leiden, sondern als Sieger über den Tod zeigt, das Chorgestühl aus dem 13. Jahrhundert mit seinen phantasievollen Tierfiguren, das Taufbecken aus dem Jahr 1464 und eine um 1400 entstandene Pietà, also die Darstellung der Maria mit dem Leichnam Christi auf dem Schoß. Eine Reihe beachtenswerter mittelalterlicher Skulpturen finden sich auch im Robert-Struppmann-Museum am Markt 5.

WANDERN/SPAZIEREN

Oberhalb von Lorch am Eingang zum Wispertal liegt die um 1300 errichtete Burg Nollig. Ein kurzweiliger, ausgeschilderter Wanderweg (Weiselberg) führt von Lorch aus zu der Burgruine, die allerdings, da in Privatbesitz, nicht mehr zu besichtigen ist.

Sehr lohnenswert ist auch die Fahrt mit dem Auto durchs Wispertal. Das Befahren dieser Strecke ist allerdings mit Vorsicht zu genießen, weil es im Sommer eine Lieblingsstrecke für Fahrrad-Rennfahrer und Motorradfreaks ist. Dort, wo von der Wisperstraße die Straße nach Dickschied abzweigt, liegt ein Waldparkplatz, an dem eine ausgeschilderte, zwölf Kilometer lange Rundwanderung beginnt, die auch am Wispersee entlang führt.

FAHRRADFAHREN

Unser Tourenvorschlag 4 beginnt und endet in Lorch (→ Übersichten S. 263).

FESTE

Am zweiten Juni-Wochenende wird in den Rheinanlagen das Weinfest „Hilchenfest" gefeiert.

Bei den „Lorcher Kulturtagen" in der zweiten September-Hälfte warten Theater, Konzerte, Ausstellungen, eine Weinmesse und kulinarische Genüsse auf die Besucher. Auskunft → Verkehrsamt Lorch S. 245.

CAFÉ GALERIE ALTE VILLA

Im Wispertal 10
65391 Lorch am Rhein
Ca. 10 km hinter Lorch im Wispertal
Richtung Bad Schwalbach
Tel. 0 67 26-12 62
www.alte-villa.net
Nur von Ostern bis Weihnachten
Do–Mo 11–18 h

Aus einem kleinen Forsthaus ist Ende des 19. Jahrhunderts ein Landhaus im Gründerstil entstanden. Heute kann man drinnen wie draußen hausgebackenen Kuchen und kleine Gerichte genießen. Die integrierte Galerie zeigt vor allem zeitgenössische Kunst. Das Ambiente bietet sich für Familienfeiern und kleinere Seminare an, auf Wunsch mit Verpflegung und Übernachtungsmöglichkeiten.

CAFÉ & RESTAURANT KAMMERBURG

Im Wispertal 8, 65391 Lorch am Rhein,
Tel. 0 67 26-94 15, www.kammerburg.de,
Öffnungszeiten Fr–Mi ab 11 h durchgehend warme Küche.
Restaurant mit schönem Garten und Riesenrutsche.

WEINWIRTSCHAFT LAQUAI

Schwalbacher Str. 20, 65391 Lorch am Rhein,
Tel. 0 67 26-83 92 13, www.weingut-laquai.de,
Öffnungszeiten Mi–Fr ab 17 h, So und Feiertag ab 15 h,
im Winter ab 17 h, Jan geschlossen.
Schönes, modern eingerichtetes Lokal mit regionaler Küche vom Spundekäs über Wildschweinbraten bis zur gebratenen Forelle.

GUTSSCHÄNKEN

STRAUSSWIRTSCHAFT ALTENKIRCH

Weingut Friedrich Altenkirch, Binger Weg 2, 65391 Lorch am Rhein,
Tel. 0 67 26-83 00 12, www.weingut-altenkirch.de

GUTSAUSSCHANK WEINPAVILLON OTTES

Weingut Karl Ottes, Binger Weg 1 a, 65391 Lorch am Rhein,
Tel. 0 67 26-83 00 83, www.weingut-ottes.de

STRAUSSWIRTSCHAFT WEINGUT MICHAEL RÖSSLER

Rheinstraße 20, 65391 Lorch am Rhein,
Tel. 0 67 26-16 58, www.weingut-roessler.de,
Öffnungszeiten Mi–Fr ab 17 h, Sa–So ab 15 h, im Jan geschlossen.
Kleine, urige Straußwirtschaft mit Weinkellergewölbe lädt auch außer der Reihe zu besonderen geselligen Veranstaltungen ein.

WEINGUT FRIEDRICH ALTENKIRCH

Binger Weg 2, 65391 Lorch am Rhein,
Tel. 0 67 26-83 00 12, Fax 0 67 26-24 83
info@weingut-altenkirch.de, www.weingut-altenkirch.de
Traditionsreiches Lorcher Gut mit fruchtigen Terroir-Weinen (→ Speisen & Logieren, Straußwirtschaft Altenkirch S. 243).

WEINGUT GRAF VON KANITZ

Rheinstr. 49
65391 Lorch am Rhein
Tel. 0 67 26-3 46
info@ weingut-graf-von-kanitz.de
www.weingut-graf-von-kanitz.de
Mo–Fr 9–17.30 h, Sa 10–15 h

VDP- UND ECOVIN-MITGLIED

Dieses außergewöhnliche Weingut hat seine Wurzeln im 13. Jahrhundert und ging im 19. Jahrhundert von dem preußischen Minister und Reformer Freiherr von Stein in direkter Erbfolge auf den Grafen von Kanitz über. Die berühmten Steillagen mit den die Wärme speichernden Schiefer-Quarzit-Böden prägen das. Es gibt nur geringe Erträge auf 13 Hektar, nicht nur wegen der Steillagen, sondern auch, weil hier nach den strengen Richtlinien des Bundesverbandes Ökologischer Weinbau (BWÖ) gearbeitet wird: Der schonende Umgang mit Boden und Wasser ist inzwischen gräfliches Programm. Die Quintessenz all dieser vielfältigen ökologischen Anstrengungen liegt in den konzentriert mineralischen Weinen, die seit 1994 das ECOVIN-Zeichen tragen: Wer sie altern sehen will, sollte sie mindestens drei bis acht Jahre in einem guten Keller aufbewahren.

- Lorcher Pfaffenwies Riesling Kabinett trocken: klare Fruchtigkeit und animierende Säure als Ausdruck des Lorcher Terroirs.
- Lorcher Kapellenberg Riesling Spätlese halbtrocken: reintönige Frucht, eingebunden in eine mineralische Restsüße. Ein verführerischer Wein mit Aussicht auf eine sehr schöne Zukunft.
- Lorcher Pfaffenwies Gewürztraminer Spätlese: Hier hat sich ein Traminer ins Riesling-Land eingeschmuggelt, aber was für einer: Duft frischer Rosen, lang anhaltender Geschmack, der perfekt zum Blauschimmelkäse harmonisiert. Oder als außergewöhnlicher Aperitif. Restzucker im Allgemeinen um 25 g/l. Etwas für Liebhaber.

WEINGUT LAQUAI

Schwalbacher Str. 20, 65391 Lorch am Rhein,
Tel. 0 67 26-83 92 13, Fax 0 67 26-83 08 40, www.weingut-laquai.de.
Dieses Gut bewirtschaftet Parzellen am Lorcher Kapellenberg, die einen schönen Riesling Kabinett trocken hervorbringen – sehr mineralisch, mit ausgeprägter Fruchtsäure. Ein Versuch wert ist auch der Spätburgunder trocken aus derselben Lage (→ Speisen & Logieren, Weinwirtschaft Laquai S. 243).

HIN & WEG

Bahnhof
ORN-Bus 5480

ADRESSEN

Städtisches Verkehrsamt Lorch
Markt 5
65391 Lorch am Rhein
Tel. 0 67 26-18 15
info@lorch-rhein.de
www.stadt-lorch-rheingau.de

PRESBERG

Der vielleicht sensationellste Blick des Rheingaus wartet hier auf 450 Metern Höhe. Bei schöner Aussicht sieht man von diesem Hochplateau weit über das Rheintal hinaus in den Hunsrück hinein. Im Sommer ist Presberg der ideale Platz für ein Picknick im Grünen oder für ein Rendezvous Frischverliebter.

Im Winter ist das Dorf ein beliebtes Ziel von Langläufern. In dem seit 1977 zu Rüdesheim gehörenden Ort waren einst viele Schieferbergleute heimisch. Die Kirche St. Laurentius in der Dorfmitte stammt aus gotischer Zeit und wurde um 1700 erweitert.

WANDERN/SPAZIEREN

Presberg – Rheingauer Alp – Presberg: 3,5 km
Vom alten Rathaus in der Ortsmitte der Markierung „roter Hirschkopf" folgend, geht es durch freies Wiesengelände zum Gasthaus „Rheingauer Alp" und von dort zurück zum Ausgangspunkt.

FAHRRADFAHREN

Der Tourenvorschlag 4 führt auch durch Presberg (→ Übersichten S. 263).

RHEINGAUER ALP

65385 Rüdesheim-Presberg, Tel. 0 67 26-93 22,
Öffnungszeiten bis Ostern Sa, So 11–18 h, ansonsten tägl.
Ruhetag ist geplant.
Einfaches, abseits vom Ort liegendes Gasthaus im 50er Jahre Ambiente, breite Fensterfront mit schöner Aussicht und Terrasse.

HIN & WEG

Ab Bahnhof Geisenheim mit Bus Nr. 302 (Fahrtdauer ca. 22 Minuten), Auskunft über die Deutsche Bahn

ADRESSEN

Rüdesheim Tourist AG
Geisenheimer Straße 22
65385 Rüdesheim am Rhein
Tel. 0 67 22-1 94 33
touristinfo@t-online.de
www.ruedesheim.de
www.presberg.de

LORCHHAUSEN

Der Grenzort zwischen Hessen und Rheinland-Pfalz mit seinen Weinlagen Rosenberg und Seligmacher markiert das westliche Ende des Rheingaus und ist also einer der beiden Ausgangspunkte der Rheingau Riesling Route, welche von Flörsheim im Osten bis hierher führt. Das mittelrheinische Landschaftsbild wird vom immer enger werdenden Flusstal geprägt, zur Loreley sind es nur noch 15 Kilometer.

Ursprünglich eine Siedlung von Lorcher Edelknappen, wurde Lorchhausen erstmalig im Jahre 1211 in einem Güterverzeichnis des Klosters Eberbach urkundlich erwähnt. Hoch auf dem Felsen über dem Ort, dem Bischofsberg, liegt die Pfarrkirche St. Bonifatius im neogotischen Stil. Sehenswert ist auch die Clemenskapelle aus dem Jahre 1909. Der Anstieg dorthin führt über den Kalvarienberg mit seinen Kreuzwegstationen aus dem Jahre 1870 und erfordert eine gute Kondition.

WANDERN/SPAZIEREN

Empfehlenswert ist der mit einem Fuchs gekennzeichnete Panoramaweg rund um den Engweger Kopf, der an der Kirche beginnt. Dort findet sich auch eine Hinweistafel auf weitere Wanderwege rund um den Ort.

FESTE

Traditionelle Kerb auf dem Dorfplatz am ersten Juni-Wochenende.

GUTSSCHÄNKEN

GUTSAUSSCHANK KLAUS UND URSULA KÖNIG

Weingut Klaus König, Talweg 2, 65391 Lorch-Lorchhausen,
Tel. 0 67 26-26 62

HIN & WEG

Bahnhof
ORN-Bus 5480

ADRESSEN

Städtisches Verkehrsamt Lorch
Markt 5
65391 Lorch am Rhein
Tel. 0 67 26-18 15
info@lorch-rhein.de
www.stadt-lorch-rheingau.de

RHEINGAU FÜR EILIGE

Sie haben nur ein paar Stunden Zeit, möchten aber die Höhepunkte kennen lernen, den typischen Rheingau erleben? Dann liegen Sie mit dieser Autotour genau richtig.

Starten Sie mit einem Besuch des prächtigen Schlosses Vollrads, das Sie über → Winkel (S. 179) erreichen. Die Vollradser Allee, ein schmaler Asphaltweg, führt kerzengerade auf das herrschaftliche Anwesen inmitten von Weinreben zu. Vor der Schlossmauer gibt es einen kleinen Parkplatz. Schlendern Sie durch den Schlosshof, genießen Sie das würdevolle Ambiente – und vielleicht ein Gläschen Wein am Probierstand?

Weiter geht es über Winkel und die B 42 in Richtung Wiesbaden nach → Hattenheim (S. 151) und von dort über die Eberbacher Landstraße nach Kloster Eberbach. Die idyllische Waldlage und ihr ungewöhnlich gut erhaltener Zustand machen diese romanische Anlage zu einem herausragenden Beispiel sakraler Baukunst. Berühmtheit erlangte das Kloster auch als Kulisse für die Verfilmung von Umberto Ecos historischem Roman „Der Name der Rose".

Die Klosterstraße führt uns in das Weindorf → Kiedrich (S. 139), das etwas vom Rhein abgerückt im „Hinterland" auf der Höhe liegt. Seinen Beinamen „gotisches Schatzkästchen" verdankt der Ort den vielen Bauwerken aus dieser Zeit, allen voran die wundervolle Pfarr- und Wallfahrtskirche St. Dionysius und Valentinus. Stimmungsvoller Höhepunkt ist der Besuch des sonntäglichen Hochamts mit dem berühmten Stiftschor, der auf eine jahrhundertealte Tradition zurückblickt: Die „Kiedricher Chorbuben" singen schon seit 1333 den gregorianischen Choral nach gotischen Hufnagelnoten. In den historischen Holzbänken sitzt man eng und unbequem – aber es lohnt sich!

Über die Eltviller Straße gelangen wir in den schönsten Ort des Rheingaus, → Eltville (S. 119) mit seiner herrschaftlichen Rheinpromenade, an der sich die historischen Häuser wie Perlen aufreihen. Im Sommer trifft man hier zu jeder Tageszeit vergnügte Weinliebhaber, die sich am Probierstand mit kleinen Gläschen versorgen und die mediterrane Atmosphäre genießen.

Wenn Sie nun noch einen kleinen Spaziergang anschließen möchten, bietet sich ein Rundgang durch die Gässchen und den Burghof an. Oder Sie gehen ein Stück flussaufwärts auf dem schmalen Uferpfad Richtung Walluf. Dieser Abschnitt ist der romantischste, urwüchsigste Teil des gesamten Rheinufers.

Unter den mit → markierten Orten finden Sie noch ausführlichere Beschreibungen der genannten Sehenswürdigkeiten, ebenso Tipps zu Einkehrmöglichkeiten.

ÜBERSICHTEN

INFORMATION FÜR WANDERER

In der Regel sind die Wanderwege und ihre Markierungen im Gebiet Rheingau-Taunus sehr gut gepflegt. Allerdings kann hierfür, auch bei den im Ortsteil vorgeschlagenen Rundwegen, keine Garantie übernommen werden. Zur optimalen Orientierung empfiehlt sich daher, auf neues Kartenmaterial zurückzugreifen, z. B.: Topographische Sonderkarte 1 (Rheingau) und 2 (Wiesbaden und Umgebung), 1:25.000, herausgegeben vom Hessischen Landesamt für Bodenmanagement und Geoinformation, Tel. 06 11-5 35 52 34, www.hkvv.hessen.de, erhältlich im Buchhandel (z. B. Angermann, Mauergasse 21, Wiesbaden, Tel. 06 11-9 93 09-0).

REGIONALE LANGSTRECKEN-WANDERWEGE

- Der insgesamt 120 km lange Rheingauer Rieslingpfad, gekennzeichnet mit dem Abbild des traditionellen Rheingauer Weinglases, einem gelben „Rheingauer Römer", führt – mit einigen Verzweigungen – vom „Tor zum Rheingau" in Wicker bis hinter Lorchhausen. Infos unter www.rheingau-taunus.de (Wanderungen).
- Von Wiesbaden-Biebrich bis Rüdesheim immer direkt am Rhein entlang verläuft der Leinpfad, der alte Treidelweg, den die Zugtiere früher benutzten, um die Schiffe flussaufwärts zu ziehen. Der naturbelassenste und damit schönste Teil erstreckt sich zwischen Walluf und Eltville, entlang einer Steinmauer, die vor Wind schützt bzw. Schatten spendet.
- Der Rheingauer Gebück-Wanderweg beginnt in Niederwalluf und endet nach etwa 42 km in Lorch. Begleitet wird man von der Markierung „verschlungene Bäume" und 21 Infotafeln. Dabei erfährt man Genaueres über diesen legendären ehemaligen Grenzwall, eine 50 bis 100 m breite „Mauer" aus eng ineinander verflochtenen Hainbuchenästen, die den Rheingau lange Zeit vor feindlichen Angreifern schützte. Um auch den Ansprüchen der Kurzwanderer entgegenzukommen, ist der Weg in fünf Wanderabschnitte unterteilt:
  1.) Von Niederwalluf nach Martinsthal, Ausgangspunkt ist der Parkplatz in der Haselnussgasse vor dem Eisenbahnviadukt. Dieser Teil ist weniger empfehlenswert, da er lange Zeit durch neuere Wohngebiete führt.
  2.) Von Martinsthal nach Schlangenbad. Einstieg: Wildsauplatz.
  3.) Von Schlangenbad zur Mapper Schanze. Start: Parkplatz zum Waldlehrpfad.

4.) Von der Mapper Schanze zur Kammerburg. Dieses ist der wohl interessanteste Abschnitt, denn bei der Mapper Schanze handelt es sich um eine Gebücktor-Ruine. Dort wurde auch ein Gebückstreifen rekonstruiert.
5.) Von der Kammerburg nach Lorch. Beginn: Gasthaus Kammerburg an der Wispertalstraße.

- Der Europäische Fernwanderweg E 3 (Markierung: weißes „X") verläuft vom Atlantik bis zum Böhmerwald. Im Bereich Kaub bis Jagdschloss Platte bei Wiesbaden ist er gleichlaufend mit dem Taunushöhenweg (Markierung: „T").
- Der Hessenweg 7 verläuft von Kaub über den Rheingau nach Wiesbaden-Biebrich und Darmstadt bis Erbach (im Odenwald), insgesamt 155 km. Markierung: „H 7".
- Der Rheinhöhenweg (Markierung: „R") ist ein sehr beliebter und vermutlich auch der älteste bekannte Wanderweg Deutschlands. Seine Gesamtlänge beträgt 530 km, wobei es auf beiden Rheinseiten jeweils einen Rheinhöhenweg gibt. Der relevante, durch den Rheingau führende Teil des Rheinhöhenwegs beginnt beim Wiesbadener Kurpark und führt über Burg Sonnenberg, Jagdschloss Platte, Eiserne Hand, Hohe Wurzel, Kurparkanlage Schlangenbad, Grüne Bank, Hausen v. d. Höhe, Kasimirkreuz, Kreistanne, Grauer Stein, Siebenwegweiser, Stephanshausen, Kloster Marienthal, Nothgottes, Aulhausen, Forsthaus Kammerforst nach Lorch (insgesamt 72 km).
  Hinzu kommen die Verbindungswege (vielfach mit „RV" gekennzeichnet), die an den Bahnstationen beginnen und den Wanderer aus dem Ort heraus auf die Höhen bringen. Innerhalb der Ortschaften ist etwas Detektivsinn gefragt, da die Markierungen häufig am Stab von Verkehrs- oder Straßenschildern angebracht sind, in kleineren Ortschaften auch an Hausecken. Weitere Infos unter www.rheinhoehenweg.de.
- Insgesamt 320 km lang führt der ganz neue Rheinsteig auf besonders schönen Wegen von Bonn bis Wiesbaden. Markiert ist er mit einem schwungvollen weißen „R" auf blauem Grund. Die Zuwege haben einen gelben Fond. Infos und eine Übersichtskarte gibt es unter www.rheinsteig.de und bei der Rheinland-Pfalz Tourismus GmbH, Tel. 02 61-9 15 20 18 (Mo–Fr 8.30–11.30 h).

INFORMATION FÜR FAHRRADFAHRER

Grundsätzlich gilt: Wanderwege können im Rheingau – sofern sie nicht ausdrücklich für Radfahrer gesperrt sind – auch mit Rädern befahren werden. Allerdings hat der Rheingau eine anspruchsvolle Topographie. Die meisten Attraktionen sind nur durch Überwindung von etlichen Höhenmetern zu erreichen. Zur besseren Orientierung ist es ratsam, neues Kartenmaterial hinzuzuziehen, z. B.: Rad- und Wanderkarte Rheingau, 1:40.000, herausgegeben von Rheingau-Taunus-Kartografie, 65527 Niedernhausen, erhältlich im Buchhandel (z. B. Angermann, Mauergasse 21, Wiesbaden, Tel. 06 11-9 93 09-0).

RADVERLEIH

- Rüdesheim: Radkranz Infos unter Tel. 0 67 22-4 83 36 oder www.rad-kranz.com
- Wiesbaden: Fahrrad Klauss, Bleichstraße 13, Tel. 06 11-40 88 06

Als Anbieter organisierter Radtouren sind zu nennen:

- ADFC Wiesbaden (Details s. u.)
- BAETICA – Infos unter Tel. 0 61 31-4 12 65 oder www.baetica.de
- Radkranz – Infos unter Tel. 0 67 22-4 83 36 oder www.rad-kranz.com

LÄNGERE REGIONALE FAHRRADSTRECKEN

- Auf dem Hessischen Fernradweg R 3 kann man den Spuren des bischöflichen Traubenkuriers folgen, dessen Verspätung 1775 zur Entdeckung der Spätlese führte (→ Johannisberg S. 187). Er kommt – wie der Traubenkurier – aus Fulda. Der für uns relevante Teil beginnt in Flörsheim und verläuft über Hochheim, Wiesbaden, Walluf, Eltville, Kiedrich, Kloster Eberbach, Hallgarten, Johannisberg und Geisenheim nach Rüdesheim.
- Riesling Radweg: Die Route führt über 42 km von Wicker nach Rüdesheim. Als Kennzeichnung dient das Rheingauer Weinglas, der „Rheingauer Römer" (oft gelb auf grünem Grund). In weiten Teilen verläuft er parallel zum R 3. Eine genauere Beschreibung findet sich unter www.rheingau-taunus.de (bei der Suche „Radweg" eingeben).
- Auf dem Rheinhöhenweg (→ S. 260 Regionale Langstrecken-Wanderwege) sind auch Fahrradfahrer willkommen, allerdings ist er eher für anspruchsvollere Mountainbiker geeignet.

VORSCHLÄGE FÜR RUNDTOUREN

Die Tourenvorschläge beginnen und enden jeweils an einem Bahnhof. Auch am Wochenende gibt es mindestens jede zweite Stunde Verbindungen von und nach Wiesbaden/Frankfurt und Köln mit Regionalzügen, in denen die Fahrradmitnahme erlaubt ist (soweit Platz vorhanden). Als Etappenziele sind vor allem die hoch gelegenen Ortschaften im „Hinterland" des Rheingaus miteinbezogen, die man mit öffentlichen Verkehrsmitteln schlecht erreicht. Auch hier gilt wieder: Steigungen sind die Regel! Konditionell durchschnittliche Genussradler mit „normalen" Rädern werden nicht um gelegentliches Schieben herumkommen. Die Wege sind nicht immer optimal befestigt; es empfiehlt sich, einen Fahrradhelm zu tragen.

TOURENVORSCHLAG 1

Abwechslungsreich und teilweise sehr anstrengend.
Nur für Radler mit wirklich guter Kondition! Gesamtlänge ca. 32 km.
Gestartet wird am Bahnhof in Eltville und dann radelt man auf der Wilhelmstraße parallel zu den Bahngleisen bis zur Schwalbacher Straße, in die man rechts einbiegt, um die Unterführung zu passieren. Links geht es in die Balduinstraße, bei der nächsten Gabelung links in die Bertholdstraße, dann rechts in die Eltviller Straße, an dieser entlang bis Kiedrich. Der Weg schlängelt sich aufwärts durch den Ort, bis zur Bingerpforter Straße, in die man links einbiegt. Sie führt zum Ortsausgang, wo sie eine Rechtskurve macht. Hier bleibt man leicht links auf einem asphaltierten Weg, der bis in die Weinberge führt. Am Ende geht es rechts ab. Am nächsten Ende links auf einen Feld-Schotterweg, der durch ein Bauernhofgelände geleitet und später über die Landstraße zur Domäne Neuhof führt. Hier auf dem Asphaltweg an der hohen Steinmauer entlang abwärts radeln. Unten links fahren und weiter bis zu einer kleinen Brücke. Hier rechts halten, am Bach entlang bis zum Ortsrand Hallgarten. Ab da geht es für die nächsten 6 km immer konstant aufwärts: rechts in die Rebhangstraße einbiegen, bis das

Ortsschild „Siedlung Rebhang" passiert ist, danach der scharf links abknickenden Vorfahrtsstraße folgen, die sich bald durch den Wald aufwärts windet. Am (P) Kreistanne ist der höchste Punkt der Tour erreicht. Am Parkplatz begibt man sich in Richtung Norden (!) auf den Rheinhöhenweg (Markierung „R"), der gleichzeitig die Markierungen „T", das Andreaskreuz und „roter Milan" (!) trägt. Hier folgt man dem „R" bis zum Ruheplatz „Grüne Bank" (mit Schutzhütte). Hier wird das „R" verlassen und man fährt mit der Markierung „H"/„roter Balken" abwärts nach Rauenthal (dabei gelangt man an eine schöne Wassertretstelle). Im Ort geht es „Auf der langen Straße" leicht abwärts, dann links in die Jahnstraße abbiegen, die hinunter zur Bäderstraße (B 260) führt. Hier geht es rechts in den Radweg parallel zur Straße. So gelangt man nach Martinsthal. Durch den Ort geht es auf der Hauptstraße bis zum Kreisel, hier rechts, entlang der Schwalbacher Straße, die zurück nach Eltville führt.

TOURENVORSCHLAG 2

Durch die Weinberge und den Wald bis Stephanshausen stetig bergan, danach meist beschwingt abwärts. Mäßig bis ziemlich anstrengend. Gesamtlänge ca. 29 km.
Von der Bahnhofsstation Oestrich-Winkel (in Mittelheim) radelt man nach links, parallel zu den Bahngleisen. Auf dem ersten abzweigenden Sträßchen (Grenzstraße) wieder links, dann auf der Friedhofstraße rechts halten. Die übernächste (Langenhoffstraße) geht es nach links ab. Auf diesem Asphaltweg bleibt man nun und fährt geradeaus in die Weinberge. Bei einer Gabelung geht es links und immer weiter auf dem Hauptweg aufwärts, bis man nach einer Linkskurve zu einem Quersträßchen kommt. Hier links abwärts und bald darauf den ersten asphaltierten (!) Weg rechts abbiegen, vorbei an der Wochenendhaussiedlung „Waldäcker". Bei den letzten Wochenendhäusern geht es mit der Markierung „liegendes U" rechts aufwärts und gleich danach links, bis ein Querweg kommt. Auf diesem rechts hinauf, immer weiter mit dem „liegenden U", bis man auf der Höhe im Wald zu der Kreuzung „Sieben Wegweiser" gelangt. Dort nimmt man den Rheinhöhenweg („R"), der mit dem Wegweiser „Stephanshausen" halblinks abgeht. Auf diesem bleiben, bis im Ort die Hauptstraße folgt. Auf dieser geht es nun links aufwärts und am Ortsende auf der Landstraße immer abwärts bis Johannisberg. Dort dann links zum gleichnamigen Schloss (ausgeschildert). Neben dem Schloss, direkt vor der Basilika „Johannes der Täufer", beginnt der Quer-Flötenweg (orange Markierung), von dem man sich nun zu Schloss Vollrads führen lässt. Von dort rollt man auf der Vollradser Allee senkrecht zum Rhein abwärts nach Winkel. Auf der Hauptstraße geht es nach links zurück zum Bahnhof.

TOURENVORSCHLAG 3

Auf reizvollen Wald- und Wiesenwegen geht es oft sanft, aber anhaltend aufwärts. Mäßig bis sehr anstrengend. Gesamtlänge ca. 30 km.
Man lässt den Bahnhof Geisenheim nach rechts auf der Berliner Straße hinter sich. Kurz darauf geht es wieder rechts, in die Behlstraße, auf dieser bis hoch zum „Nordring", auf dem es nach links geht. In der Kurve den schmalen Asphaltweg verfolgen, der an der hohen Steinmauer entlang führt. Auf diesem nun geradeaus, zwischen Gärten und Weinbergen entlang. Am Ende rechts, gleich wieder links und über die Landstraße in den herrlichen Weg „An der Sommerau", der zum Haus Nothgottes führt. Dort geradeaus weiter auf dem Asphaltweg, der bald in einen holprigen Feldweg übergeht. Immer geradeaus, in und durch den Wald, bis zur Landstraße, die man links abwärts fährt. Kurz vorm Ponyland Ebentaler Hof rechts

in die Einbahnstraße einbiegen. Unten angekommen, würde ein Abstecher nach links nach Aulhausen führen. Hier fährt man rechts auf den breiten, hellen Waldweg. Auf diesem bleibt man nun immerzu (Markierung: „Hirschkäfer") bis zur Kreuzung „Teufelskädrich". Dort lohnt wegen der grandiosen Aussicht ein kurzer Abstecher zur Robert-Weber-Hütte. Weiter geht es mit dem „Hirschkäfer" rechts bis zur nächsten Kreuzung (Ruhebank und Denkmal). Hier nimmt man den breiten Weg ganz rechts, der durch einige Wirtschaftsgebäude hindurch führt. Geradeaus weiter auf diesem breiten Weg (nicht zur Eisernen Hand abbiegen) der die Markierung „brauner Hase", später „schwarzer Punkt" trägt, bis man zu einer Landstraße gelangt. Auf dieser kurz links halten, bei der nächsten Querstraße rechts fahren (Richtung Geisenheim). Kurz darauf vor der Kurve auf den (P) Röspelkopf, von dort auf den beschrankten Waldweg. Nach wenigen Metern links (Markierung „Widderkopf") abbiegen. Bei der nächsten Wegeverzweigung nimmt man den rechten, abwärts führenden Weg („roter Hirschkopf", „grüne Tanne"). Diesen Markierungen folgen bis zum Offermann Teich. Dann geradeaus am Offermann Teich vorbei zum (P) Brünnchen. Hinter dem Parkplatz die Straße überqueren und geradeaus auf dem Waldweg bleiben, bis es am Ende rechts ab zur Siedlung Marienthal geht, hinein in die Straße „Im Hähnchen". Auf dieser ein Stück abwärts. Unten links in die „Marienthaler Straße", die zum gleichnamigen Kloster führt. Von dort geht es auf der kleinen, ruhigen Landstraße durchs schöne Elsterbachtal nach Johannisberg-Grund. Am Ende (bei der Schamari-Mühle) rechts halten, gleich darauf wieder rechts in das Sträßchen „Hütte" abbiegen. Auf diesem bergauf, bis es geradeaus in die Weinberge führt. Immer geradeaus, über die Landstraße hinweg, danach den ersten Asphaltweg links hinunter, bis man wieder auf den Weg gelangt, an dem man die Tour begonnen hat. Auf diesem links und durch den Nordring und die Behlstraße zurück zum Bahnhof.

TOURENVORSCHLAG 4

Vorwiegend auf lauschigen Waldwegen, für ca. 9 km auch auf wenig befahrenen Landstraßen, geht es des Öfteren sachte, aber stetig aufwärts. Mäßig bis ziemlich anstrengend. Gesamtlänge ca. 29 km.
Nach dem Verlassen des Lorcher Bahnhofsgebäudes radelt man auf der Straße nach links, immer parallel zu den Bahngleisen, bis zum Wachturm. Dort geht es nach rechts, in die Schwalbacher Straße, die später in die Wisperstraße übergeht. Auf dieser gelangt man nach etwa 3,5 km zum Abzweig des Sträßchens nach Presberg. Rechts davon führt ein Schotterweg ins Naturschutzgebiet. Auf diesem entlang des Grolochbaches bis zum Forsthaus Groloch radeln. Gleich dahinter gabelt sich der Weg, man nimmt den linken und bleibt weiter auf dem Hauptweg, der später in ein Asphaltgässchen übergeht. Auf diesem aufwärts nach Presberg strampeln. Noch vor den ersten Wohnhäusern führt die Heimbürger Allee steil bergauf. Auf ihr gelangt man zur Landstraße, in die man rechts einbiegt. Nach ca. 3,5 km zweigt die Straße rechts nach Rüdesheim/Geisenheim ab. Nach weiteren ca. 1,8 km wiederum rechts auf die Straße nach Rüdesheim einbiegen. Nun dem zweiten Waldweg folgen, der rechts abzweigt (Markierung: „schwarzer Punkt") und auf diesem hellen Hauptweg bleiben, bis man zu einer Gabelung gelangt. Dort rechts weiter entlang dem „schwarzen Punkt". Bei der Wegeverzweigung an der „Eisernen Hand" den Rheinhöhenweg geradeaus verfolgen. Dies solange, bis die Kreuzung „Zwölf Apostel" kommt. Dort links auf dem breiten Weg abwärts (Beschilderung „Lorch Bahnhof") fahren. Nachdem einige Wochenendhäuser passiert sind, zweigt in einer Kurve der Rheinsteig ab (weißes „R" auf blauem Grund). Auf diesem ein kurzes Stück geradeaus, bis man eine Gabelung

mit Hochsitz erreicht. Hier bleibt man geradeaus und fährt abwärts (während der Rheinsteig rechts aufwärts führt). Unten rechts führt es durch die Weinberge, mit spektakulären Ausblicken auf den Rhein. Am Ende geht es wieder rechts und auf diesem Weg zurück nach Lorch.

TOURENVORSCHLAG 5

Eine recht leichte Tour rund um Wiesbaden, die nach Überwindung des Hindernisses „Stadtverkehr" durch herrliche Bachtäler und Wälder führt. Insgesamt ca. 18 km.
Leider ist Wiesbaden keine sehr fahrradfreundliche Stadt, deshalb muss man, vom Hauptbahnhof kommend, zunächst links aufwärts dem viel befahrenen Kaiser-Friedrich-Ring folgen. Entweder auf der Straße, dem Gehweg oder auf dem Mittelstreifen, der aber immer wieder unterbrochen wird. Kurz hinter der Ringkirche kommt man auf die Dotzheimer Straße. Auf dieser kurz links aufwärts fahren, bis rechts der Kurt-Schumacher-Ring abbiegt. Diesem folgend in die nächste Straße links einbiegen (Hollerbornstraße). Hier nun eine Weile wieder aufwärts. Am Ende links in die Industriestraße, dann rechts auf die Wiesbadener Straße und die übernächste wieder rechts (Bethelstraße). Weiter durch Mühlborngasse und Angerweg, der sich am Ende sehr verengt und schließlich auf die Aunelstraße stößt. In diese rechts einbiegend, kommt man zum asphaltierten Weg „Weilburger Tal", in den man rechts hineinfährt. Dieser führt, immer auf der rechten Seite der Talwiesen, leicht bis etwas stärker ansteigend, zur Waldgaststätte Chausseehaus. Dort überquert man die Landstraße und wählt den Waldweg links der Aartalbahn-Schienen, der mit einem roten Kreuz markiert ist. Nach Überquerung des Gehrner Baches knickt man mit dem „roten Kreuz" scharf rechts ab. Von nun an kann man sich rollen lassen, bis man auf die Landstraße kommt. Hier geht es links, auf einem Weg entlang der Straße, bis zum Tierpark Fasanerie. Dort wechselt man die Straßenseite und nimmt den rechts abgehenden breiten Fasanerieweg. Er mündet nach Durchquerung des Waldes in die Fasaneriestraße, die später in die Lahnstraße übergeht. Von der großen Kreuzung am Dürerplatz geht es in die Seerobenstraße, am Sedanplatz rechts in den Bismarckring, der später in den Kaiser-Friedrich-Ring einmündet. Dieser führt zurück zum Bahnhof.

TOURENVORSCHLAG 6

Stimmungsvolle Fahrt von Wiesbaden durch drei Bachtäler auf Wald- und Asphaltwegen. Im ersten Drittel etwas anstrengend, danach ziemlich leicht. 18 km.
Aus dem Wiesbadener Bahnhofsgebäude kommend, wird die Straße überquert und rechter Hand der Grünfläche „Reisinger-Anlagen" geradeaus durch die Friedrich-Ebert-Allee gefolgt. Auf dieser immer geradeaus, bis sie direkt in die Wilhelmstraße führt. Am Ende der Wilhelmstraße gelangt man zur Taunusstraße, in die man links einbiegt. Bald darauf geht es rechts in die Geisbergstraße und gleich wieder links in die Straße „Dambachtal". Hier entdeckt man bereits die Markierungen „gelber Balken" und „schwarzer Punkt". Letzterem bitte folgen, immer leicht ansteigend, durch das Dambachtal und in den Wald hinein. An einem Waldparkplatz stoßen wir auf einen Asphaltweg (Idsteiner Weg), den man nun abwärts radeln könnte. Er verläuft parallel zum „schwarzen Punkt". An einer Schutzhütte gabelt sich der Weg, hier nimmt man den rechten Abzweig, um gleich darauf die „Idsteiner Eiche" zu erreichen. Dort verlässt man den „schwarzen Punkt" und fährt rechts, und zwar auf dem Weg, der im stumpfen (!) Winkel von dem bisherigen Weg abbiegt. Auf diesem Hauptweg bleibt man für ca. 800 m, bis nach einer Rechtskurve ein schmaler,

nur ca. 30 cm breiter Wiesenpfad rechts abwärts führt, an dessen Ende man bereits einen hellen Querweg erkennt. Auf diesem Querweg geht es zunächst rechts und danach immer geradeaus abwärts, entlang des Rinnsals des Goldsteinbaches, bis man zur bewirtschafteten „Hubertushütte" kommt, an der man geradeaus vorbeiradelt. Etwa 200 m nach der Hubertushütte zweigt ein Waldweg rechts ab. Diesem bis zum Restaurant „Schützenhaus" folgen. Gleich dahinter geht es dort, wo der Asphaltweg links abzweigt, geradeaus auf einem Waldweg entlang des Goldsteinbaches, bis man auf ein Asphaltsträßchen stößt. Hier rechts und immer auf diesem Weg namens „Goldsteintal" bleiben, bis man die Rambacher Straße erreicht. In diese rechts einbiegen und vorsichtig (weil sehr eng) bis zum Hofgartenplatz weiterfahren. Von hier weiter geradeaus auf der Danziger Straße, dann links in das Sträßchen „An der Hofwiese". Am Ende rechts in die Gartenstraße biegen und nun für mehrere Kilometer immer geradeaus auf dem Weg entlang des Rambachs, bis man zum Kurpark gelangt. Da dieser für Radfahrer gesperrt ist, rechts aufwärts fahren und oben links entlang der Sonnenberger Straße bleiben, bis man wieder auf die Wilhelmstraße kommt. Nun geht es auf dem schon bekannten Weg wieder zurück zum Bahnhof.

ADFC

Der Allgemeine Deutsche Fahrrad-Club Wiesbaden bietet von April bis Oktober eine Menge gemeinsamer Radtouren unterschiedlicher Kategorien an. Kontakt: Tel. 06 11-9 01 86 88, oder Tel. 06 11-9 49 02 74. Das Programm gibt es unter www.adfc-wiesbaden.de
Von November bis März finden die Winter-Sonntagstouren statt. Treffpunkt ist jeden Sonntag um 13 h der Pegelturm an der Biebricher Köln-Düsseldorfer Bootsanlegestelle. Dabei werden in der Regel nicht allzu lange Strecken gefahren. Besucht werden unter anderem Weihnachtsmärkte und andere Feste in der Region.
Mountainbikertreff: Mitfahrer, die über ein geländegängiges Fahrrad und ausreichend Kondition verfügen, sind hier herzlich willkommen. Es besteht Helmpflicht. Gefahren werden Touren mit mittlerem Schwierigkeitsgrad. Ziele sind unter anderem die Platte oder die Hohe Wurzel. Treffpunkt ist ganzjährig (außer in den Schulferien) samstags um 14 h der Parkplatz der Schule IGS Kastellstraße. Infos unter Tel. 06 11-30 27 61.
Feierabendtouren am Mittwoch: Von Ende März bis Ende Oktober sind Mitfahrer herzlich willkommen. Treffpunkt ist um 18.30 h das Schillerdenkmal am Warmen Damm hinter dem Wiesbadener Staatstheater. Gefahren werden Touren in die nähere Umgebung Wiesbadens (z. B. Hochheim oder Walluf). Das Tempo ist gelegentlich sportlich. Jede Mittwochstour ist mit einer geselligen Einkehr verbunden. Information unter Tel. 06 11-9 01 86 88.
Genussradeln: Wer ohne großes Tempo und bemerkenswerte Steigungen eine Radtour unternehmen möchte, ist bei den Genussradlern gut aufgehoben. Treffpunkt ist von April bis September immer am ersten Donnerstag im Monat um 18.30 h, im Oktober um 17.30 h das Schillerdenkmal am Warmen Damm hinter dem Wiesbadener Staatstheater. Information unter Tel. 06 11-9 49 02 74 .

BADEN/WELLNESS

- Eltville: Freibad
- Geisenheim: Hallenbad
- Hallgarten: Freibädchen

- Rüdesheim: Asbach Freibad
- Schlangenbad: Thermalfreibad mit Sauna, Aeskulap-Therme (Hallenbad)
- Wiesbaden: Kaiser-Friedrich-Therme, Opelbad (Freibad mit Sauna), Badhaus – Radisson SAS Schwarzer Bock, Thermalbad Aukammtal

GOLFPLÄTZE

Golfclub Main-Taunus
Lange Seegewann 2
65205 Wiesbaden-Delkenheim
Tel. 0 61 22-58 86 80

Golfclub Wiesbaden e. V.
Chausseehaus 17
65199 Wiesbaden
Tel. 0611-46 02 38

FESTE/VERANSTALTUNGEN

Januar
- 3. Samstag: Rebenfeuer in Eibingen

Februar
- Ostereiermarkt in Kloster Eberbach

Februar/März
- Rheingau Gourmet & Wein Festival: Knapp zwei Wochen lang wird an verschiedenen Orten ein kulinarisches Feuerwerk entfacht. Spitzenstars aus Küche und Keller geben sich ein Stelldichein zwischen Rhein und Reben. Bunt gemischt zeigt sich das gesamte Festival mit Kochshows und Dinners.
  Infos unter Tel. 0 67 23-6 40 oder www.rheingau-gourmet-festival.de

März
- 1. Samstag: traditionelle Frühjahrs-Weinversteigerung in Kloster Eberbach (siehe Hattenheim)

April/Mai
- Ende April bis zweiter Sonntag im Mai: Während der Rheingauer Schlemmerwochen bieten Rheingauer Winzer und Gastronomen unter dem Motto „Wo Gutes leit im Keller, gehört auch ebbes Gutes uff de Teller" Gaumenschmaus für die ganze Familie.
  Infos unter Tel. 0 67 23-9 95 50 – Rheingau-Taunus-Information.
- Ende April/Anfang Mai: Frühlingsfest in Eltville
- Ende April/Anfang Mai: Kerb in Mittelheim

Mai/Juni
- Von Mittwoch vor Christi Himmelfahrt bis Sonntag: Kranzplatzfest in Wiesbaden
- Von Sonntag bis Dienstag nach Christi Himmelfahrt: Dippemarkt in Oestrich
- Pfingst-Reitturnier im Biebricher Schlosspark (→ Wiesbaden)
- Pfingsten: Weinfest in Schlangenbad
- Internationale Maifestspiele in Wiesbaden
- Fronleichnam Wochendene: Oldtimer-Rallye (→ Wiesbaden)

Juni
- „Winzerfest in den Weinhöfen" in Dotzheim
- 1. Sonntag: Champagnerfest in Kiedrich
- 1. Wochenende: Kerb in Lorchhausen
- 1. Wochenende, jedes zweite Jahr, in Zukunft eventuell jährlich: Eltviller Rosentage
- Anfang Juni: Straßenfest „Theatrium", Wilhelmstraße Wiesbaden
- 2. Wochenende: Weinfest „Hilchenfest" in Lorch
- Mitte Juni: Erdbeerfest im Erbacher Ortskern
- Wochenende nach dem 24. Juni: Johanniskerb in Niederwalluf (→ Walluf)
- Letztes Wochenende: Burg- und Winzerfest in Hattenheim
- Letztes Wochenende: Rieslingfest in Kiedrich
- Letztes Wochenende: TalTotal (Tag der Radfahrer, → Rüdesheim)

Juli
- 1. Wochenende: Altstadtfest in Hochheim
- 1. Wochenende: „Rhein im Feuerzauber" (→ Rüdesheim)
- 1. Wochenende: Sekt- und Biedermeierfest Eltville
- 1. (verlängertes) Wochenende: Weinfest Hochheim
- 2. Wochenende: Lindenfest in Geisenheim
- 2. Wochenende: Schiersteiner Hafenfest
- Am 2. Wochenende: Beginn der Oestrich-Winkeler Jazzwoche
- Mitte Juli: Weinfest in Martinsthal
- 3. Wochenende: Lenchenfest in Oestrich
- Letztes Wochenende vor den Sommerferien: Flörsheimer Sommerfest

August
- 1. Wochenende: Winzerfest in Hallgarten
- 1. Wochenende: Wallufer Weindorf
- 1. Wochenende: Wickerer Weinfest
- Mitte August: Rheingauer Weinwoche in Wiesbaden
- 3. Wochenende: Kirchweih und Weinfest in Rauenthal
- Letztes Wochenende: Folklore im Garten in Dotzheim

September
- 1. Wochenende: Taunusstraßenfest in Wiesbaden
- 1. Samstag: Dibbemarkt Dotzheim
- 2. Sonntag: Kirchweih in Oestrich
- 2. Wochenende: Sekt- und Schlossfest Schloss Johannisberg
- 2. Wochenende: Oberwallufer Kerb (→ Walluf)
- Sonntag nach dem 14. September: Kirchweih in Assmannshausen
- 2. Septemberhälfte: Lorcher Kulturtage

September/Oktober
- Tage der offenen Weinkeller: Die Rheingauer Winzer öffnen ihre Keller und präsentieren ihre Köstlichkeiten. Infos bei der Gesellschaft für Rheingauer Weinkultur unter Tel. 0 67 23-9 17 57 oder www.rheingauer-wbv.de

Oktober
- St. Michaels-Kirmes in Stephanshausen
- Am Wochenende nach St. Gallus (16.10.): Flörsheimer Kerb
- Am Wochenende nach der Flörsheimer Kerb: Nachkerb in Flörsheim
- Letztes Wochenende: Kappeskerb und Weinlesefest in Eltville

November
- Anfang November: Hochheimer Herbstmarkt
- „Die Glorreichen Rheingau Tage" in Kloster Eberbach

November/Dezember

- 1. Adventsonntag: Weihnachtsmarkt in Kiedrich
- 1. Adventwochenende: Flörsheimer Weihnachtsmarkt
- 2. Adventsonntag: Erntedankfest der Rheingauer Winzer mit Gottesdienst in Kloster Eberbach
- 2. Adventwochenende: Weihnachtsmarkt in Eltville
- 2. Adventwochenende: Hochheimer Weihnachtsmarkt
- 2. Adventwochenende: Kiedricher Weihnachtsmarkt
- 2. Adventwochenende: Wickerer Nikolausmarkt
- Weihnachtsmarkt in der Brentanoscheune Infos → Winkel
- Während der gesamten Adventzeit: Weihnachtsmarkt der Nationen in Rüdesheim
- Während der gesamten Adventzeit: Sternschnuppenmarkt in Wiesbaden
- 31. Dezember: Silvesterfeier mit Feuerwerk am Bowling Green

RESTAURANTS MIT SCHÖNEN AUSSENPLÄTZEN (AUSWAHL)

- Assmannshausen: Krone
- Eltville: Gutsausschank Baiken, Burg Crass, Gelbes Haus, Weingut Koegler, Klostermühle, Piccolo Mondo
- Eltville-Erbach: Zum Jungen Oetinger
- Eltville-Hattenheim: Kronenschlösschen
- Kloster Eberbach: Klosterschänke
- Eltville-Martinsthal: Gutsausschank Im Messwingert
- Johannisberg: Schamari-Mühle, Burg Schwarzenstein, Schloss Johannisberg, Kloster Johannisberg
- Kiedrich: Schloss Groenesteyn
- Lorch: Alte Villa, Kammerburg
- Oestrich: Krone
- Wiesbaden: Beau Site, Biebricher Schloss, Burg Sonnenberg, Domäne Mechthildshausen, Ente, Hubertushütte, Jagdschloss Platte, Käfer´s Bistro, Landhaus Diedert, Lumen
- Wiesbaden-Frauenstein: Weinhaus Sinz, Zum Kapellchen
- Winkel: Gaumenfreude im Brentanohaus, Gutsrestaurant Schloss Vollrads

MIT KINDERN IN DEN RHEINGAU

- Aartalbahn → Dotzheim
- Bähnchen → Rüdesheim (Winzerexpress), Wiesbaden (Thermine, Nerobergbahn)
- Eislauf nur im Winter → Wiesbaden (Henkell-Kunsteisbahn, Schlittschuhbahn vor dem Kurhaus, Dezember und 1. Januarwoche, Infos: Tourist Information)
- Erfahrungsfeld der Sinne in Schloss Freudenberg → Dotzheim
- Erlebnispark → Schlangenbad (Taunus-Wunderland)
- Fahrradfahren/Fähre → Mittelheim, Walluf
- Freibäder → Baden/Wellness (Eltville, Hallgarten, Rüdesheim, Schlangenbad, Wiesbaden)
- Führungen für Kinder → Eltville, Hattenheim (Kloster Eberbach)
- Kinder- und Jugendfarm → Oestrich-Winkel (Winkel)
- Kinderbetreuung → Wiesbaden (Stadtbabysitter „Die kleinen Racker“)
- Lehrpfade → Hattenheim, Wiesbaden (Neroberg)
- Leichtweißhöhle → Wiesbaden
- Minigolf → Dotzheim, Flörsheim, Rüdesheim, Wiesbaden (Jagdschloss Platte)
- Museen: → Rüdesheim (Siegfrieds mechanisches Musikkabinett), Wiesbaden (Museum Wiesbaden, Feuerwehrmuseum)

- Parks → Wiesbaden (Kurpark, Warmer Damm, Neropark, Biebricher Schlosspark)
- Rodelbahnen → Wiesbaden (Jagdschloss Platte, Neroberg)
- Schifffahrten → Hattenheim, Oestrich, Schierstein, Biebrich
- Schwebebahnausflug → Assmannshausen, Rüdesheim
- Tiere → Kloster Eberbach (Kisselmühle: Lamas, Alpakas), Rüdesheim (Adlerwarte, Ponyhof Ebental), Schierstein (Störche), Wiesbaden (Fasanerie)

RESTAURANTS MIT AUSSENANLAGEN FÜR KINDER (AUSWAHL)

- Eltville: Klostermühle
- Eltville-Erbach: Gutsausschank Zum Jungen Oetinger, Terrasse Schloss Reinhartshausen
- Kloster Eberbach: Klosterschänke
- Geisenheim: Schloss Kosakenberg
- Kiedrich: Waldmühle
- Lorch: Alte Villa, Kammerburg
- Wiesbaden: Beau Site, Landhaus Diedert, Domäne Mechthildshausen, Hubertushütte, Jagdschloss Platte, Biergarten Käfer's im Kurpark, Der Turm auf dem Neroberg
- Winkel: Gaumenfreude im Brentanohaus, Gutsrestaurant Schloss Vollrads

HIN & WEG

- Mit dem Auto: Hauptzubringer sind die A 66 und B 42. Speziell für die motorisierte Entdeckung konzipiert ist die Rheingau Riesling Route. Sie beginnt am „Tor zum Rheingau" in → Wicker und führt über alle Rheingauer Orte bis nach Lorchhausen. Die Übersichtskarte „Rheingauer Riesling Routen" im Maßstab 1:75.000, in die auch der Rieslingpfad sowie der Riesling-Radweg eingezeichnet sind, erhält man bei der Rheingau-Taunus Kultur und Tourismus GmbH, An der Basilika 11 a, 65375 Oestrich-Winkel, Tel. 0 67 23-1 94 33 oder www.rheingau-taunus-info.de
- Deutsche Bahn, Fahrplanauskunft unter Tel: 18 61 (24 Stunden, 3 Cent/Sekunde) oder www.bahn.de
- Den Streckenfahrplan des „Loreley-Express" (Wiesbaden–Koblenz, Linie 466) finden Sie unter www.der-takt.de im Download.
- RMV (Rhein-Main-Verkehrsverbund): Fahrplanauskunft unter Tel. 0 18 05-7 68 46 36 (0,12 Euro/Minute aus dem Festnetz) oder www.rmv.de
- ESWE Verkehr (Stadtbusverkehr Wiesbaden): 24-Stunden-Fahrplanauskunft unter Tel. 06 11-4 50 22-4 60 oder www.eswe-verkehr.de
- ORN (Omnibusverkehr Rhein-Nahe GmbH): Fahrplanauskunft unter Tel. 06 11-9 77 58 22 oder www.orn-online.de (Fahrpläne → Linienfahrpläne). Der ORN-Bus 5480 fährt z. B. zwischen Bahnhof Wiesbaden und Lorchhausen alle am Rhein gelegenen Orte an.
- RTV (Rheingau-Taunus Verkehrsgesellschaft): Ausführliche Informationen über den regionalen öffentlichen Nahverkehr. Tel. 0 61 24-51 08 85
- Bingen-Rüdesheimer Fahrgastschifffahrt: Auto- und Personentransport zwischen Rüdesheim und Bingen sowie Loreley- und Burgenfahrt, Abendfahrten mit Musik und Tanz. Infos unter Tel. 0 67 22-29 72 oder www.bingen-ruedesheimer.com, bingen-ruedesheimer@t-online.de
- Köln-Düsseldorfer Deutsche Rheinschifffahrt AG: Infos unter Tel. 02 21-2 08 83 18, Tel. 0 67 22-38 08, info@k-d.com oder www.k-d.de
- Primus-Linie Anton Nauheimer GmbH: Touren rheinabwärts von Wiesbaden-Biebrich aus. Infos unter Tel. 0 69-1 33 83 70, Tel. 0171-5 40 75 59, mail@primus-linie.de oder www.primus-linie.de

- Rössler-Linie: Auto- und Personentransport zwischen Rüdesheim und Bingen sowie Loreley- und Burgenfahrt, außerdem Schiffsexkursionen ins Europareservat Rheinauen. Infos unter Tel. 0 67 22-23 53 (Biebrich), roesslerlinie@t-online.de oder www.roesslerlinie.de
- Van De Lücht Fahrgastschifffahrt: Infos unter Tel. 0 67 23-44 37, Tel. 0171-6 20 50 69, info@charterliner.de oder www.fvdl.de
- Rheinfähre Mittelheim – Ingelheim, Horst Maul:
  Das Boot legt an beiden Stationen jede halbe Stunde ab. Mitfahren können Autos, Fußgänger und Fahrradfahrer. Infos unter Tel. 0 67 22-29 76 oder www.rheinfaehre.de
- Personenschifffahrt Nikolay: Fahrrad- und Personentransport zwischen Walluf und Budenheim. Infos unter Tel. 0 61 39-3 78 oder www.schiffahrt-nikolay.de

DIE ZENTRALE INFORMATIONSSTELLE

Rheingau Taunus Information
An der Basilika 11 a
65375 Oestrich-Winkel
Tel. 0 67 23-9 95 50
www.rheingau-taunus-info.de

WAS KÖNNTE NOCH WICHTIG SEIN?

www.wiesbaden.de
www.rheingau-taunus-info.de
www.rheinsteig.de
www.rheinhoehenweg.de
www.floetenweg.de
www.gaestebegleiter.de (Verein für Touren, Besichtigungen und Unterhaltungsangebote)

BUCHEMPFEHLUNGEN

WANDERFÜHRER

Der Rheingauer Gebückwanderweg .... 3,50 €
Naturpark Rhein-Taunus

Alfred Zirwes: Höhenwanderungen am Mittelrhein .... 15,50 €
Auf Kur in den Rheingau (Rhg. Sauerwasserpfad) .... 14,50 €
Beide im Eigenverlag

Im Rheingau unterwegs (Leinpfad) .... 9,90 €
Im Rheingaugebirge unterwegs .... 12,80 €
Beide Societätsverlag

Sabine Bongartz: Mit Kindern unterwegs:
Im Rheingau mit Mainz und Wiesbaden .... 12,80 €
Fleischhauer und Spohn

Stefan Etzel: Wandern im Taunus .... 12,00 €
DuMont-Verlag

Norbert Forsch: Wanderführer Taunus .... 12,95 €
Kompass-Verlag

Ulrich Tubbesing: Rother Wanderführer Taunus .... 10,90 €
Bergverlag Rother

Wolfgang Blum: Wanderwege zum Wein
(Rhg. Rieslingpfad u. Mittelrhein-Weinwanderweg) .... 12,00 €
Wanderwege zum Wissen
(u. a. Aar-Höhenweg, Gebück-Wanderweg) .... 12,00 €
Abenteuer Rheinsteig .... 12,80 €
Alles im Floh-Verlag

Renate und Olaf Goebel, Wander-Touren Rheinsteig .... 12,95 €
idee-media

RADWANDERFÜHRER

Erndt, Igstadt, Taitl: Die schönsten Erlebnistouren
mit dem Rad .... 6,95 €
TRIO-Verlag

Norbert Forsch: Radführer Taunus-Wetterau .... 12,50 €
Kompass-Verlag

REGISTER

FOTONACHWEIS

Titelbild – Schloss Vollrads
Eltville und Ortsteile: Dieter Schenk
Schlangenbad: Dagmar Rittner und Dirk Brömmel
Desweiteren danken wir der Stadt Flörsheim, der Stadt Hochheim, der Tourist Information Wiesbaden, der Gemeinde Walluf, dem Verkehrsamt Kiedrich, dem Verkehrsverein Oestrich-Winkel, Schloss Vollrads, der Stadtverwaltung Geisenheim, der Rüdesheim Tourist AG, Alfred Demant, Johannes Knauf, Hans Glebocki, Karlheinz Walter und der Rheingau Taunus Information für das uns zur Verfügung gestellte Bildmaterial.

HERAUSGEBER

Dr. Bernd Ditter ist praktizierender Internist und Autor. Er ist Herausgeber von 20 Restaurant- und Hotelführern – darunter „Himmlisch essen ohne Sterne", ein Geheimtippführer der für Deutschland und mehrere Städte erschien. Darüber hinaus leitet Bernd Ditter Seminare im Bereich Rhetorik und Körpersprache und ist Autor und Produzent preisgekrönter Unternehmensfilme.

Christian Göldenboog ist Journalist und Autor von Champagner (1998), Das Loch im Walfisch – Die Philosophie der Biologie (2003) und Wozu Sex – Von der Evolution der zwei Geschlechter (2006). Er lebt in einer mittelalterlichen Kleinstadt in der Nähe Frankfurts.
www.goeldenboog.de
Die Herausgeber bedanken sich bei Oliver Donnerecker, Sommelier des alten Literaturhauses Frankfurt am Main, für die genussreiche Unterstützung.